绿色和谐
共治共享

高质量跨越式发展的
林芝实践

刘小珉 等／著

社会科学文献出版社
SOCIAL SCIENCES ACADEMIC PRESS (CHINA)

目　录

导　言

西藏具有显著、独特的自然环境、资源禀赋和人文特征。西藏地处中国西南边陲,与印度、尼泊尔、不丹、缅甸四国接壤,边境线长达 4000 多公里,约占全国陆地边境线的 1/6,沿线分布着林芝市 4 个县、山南市 4 个县、日喀则市 9 个县、阿里地区 4 个县等 21 个边境县,是中国西南边疆的重要门户、连接中国与南亚的重要纽带、中国向南亚开放的重要通道,战略位置十分重要。西藏高原是世界上海拔最高的高原,是青藏高原的主体,具有"上山、上风、上水"的特征。"上山"是指西藏高原被誉为"世界屋脊",平均海拔 4500 米以上;"上风"是指西藏高原是我国和东亚地区地理环境格局形成的地形屏障,高原气候深刻影响我国气候系统;"上水"是指青藏高原被誉为"中华水塔",是中国水资源安全战略基地和水能资源接续基地,全国有 1/5 的水来自青藏高原。西藏高原也是南亚恒河、印度河的发源地,养育了中华文明和印度文明。作为重要的跨国生态安全屏障,西藏高原的生态环境保护不仅具有全国意义,且具有全球意义。西藏境内有藏族、汉族、门巴族、珞巴族、回族、纳西族等 46 个民族,其中,以藏族为主的少数民族人口合计约占西藏常住人口的 88%。① 众多民族共同创造了多民族文化的图景,形成了西藏多样的文化生态,使西藏成为重要的中华民族特色文化保护地。西藏独特的高原地理环境和民族文化,催生了数量众多、类型丰富、品质优异、典型性强、保存较为完整的旅游资源。在全国 165 个旅游资源基本类型中,西藏就有 110 个,约占总数的 2/3。西藏在全国旅游资源系统中处于不可替代的重要地位,是重要的世界级旅游目的地。

西藏具有特殊的社会历史发展进程。和平解放前,西藏经历了漫长的封建农奴制社会,西藏人民是从封建农奴制社会一步跨入社会主义社会的。受

---

① 根据西藏自治区统计局《西藏自治区第七次全国人口普查主要数据公报》(2021 年 5 月 20 日)数据计算得出,参见 http://tjj.xizang.gov.cn/xxgk/tjxx/tjgb/202105/t20210520_ 202889.html。

地理位置、生态环境、历史文化等因素的影响，相对于其他地区，西藏长期处于比较闭塞的状态，经济社会发展程度比较低。可以说，西藏是我国自然条件最恶劣、生态环境最脆弱、基础设施最不完善、基本公共服务最不普及、贫困面最广、贫困程度最深、劳动力受教育程度最低、宗教氛围最浓、守土固边任务最重、反分裂斗争形势最尖锐的地区，① 是我国经济发展、民族团结、文化繁荣、社会建设、生态保护乃至守边固边治边中一个十分独特的样本。

基于西藏的特殊情况，为推动西藏和全国共同走上繁荣发展之路，党中央历来高度重视西藏工作，不断丰富发展党的治藏方略。1980 年 3 月 14 ~ 15 日，中央在北京召开第一次西藏工作座谈会，重新审订西藏自治区经济建设规划，西藏的经济社会发展得到中央政府机制化的重视和推动。②

1984 年 2 月 27 日至 3 月 28 日，中央召开第二次西藏工作座谈会，制定了一系列符合西藏实际的经济政策和改革开放政策，并决定由北京、天津、上海等九省市支援西藏，按照西藏提出的要求，帮助建设 43 个工程项目。

1994 年 7 月 20 日至 23 日，中央召开第三次西藏工作座谈会。会议总结了西藏工作的五条基本经验，为西藏制定了财税、金融、投融资、价格补贴、外贸、社会保障、农业和农村、企业改革等八项优惠政策，并提出"分片负责、对口支援、定期轮换"的干部援藏政策和中央各部委对口支援西藏自治区各部门的政策，全国 14 个省市（后来增加了重庆市，为 15 个省市）对口支援西藏 7 个地市 44 个县，正式拉开"对口援藏"大幕。

2001 年 6 月 25 日至 27 日，中央召开第四次西藏工作座谈会。会议归纳了西藏工作的六条基本经验，强调"西藏的发展、稳定和安全，事关西部大开发战略的实施，事关民族团结和社会稳定，事关祖国统一和安全，也事关我们的国家形象和国际斗争。全党必须着眼于党和国家的工作全局，增强政治意识、忧患意识、大局意识、责任意识，深刻认识做好西藏工作的极端

---

① 参见刘凯、陈敦山《以处理好"十三对关系"为根本方法，着力推进"西藏经济社会发展十大工程"》，《西藏民族大学学报》（哲学社会科学版）2019 年第 3 期。
② 李青：《西藏的发展阶段、主要矛盾与战略地位》，《财经智库》2019 年第 2 期。

重要性"。^① 会议再次明确提出，要继续加大扶持力度，实现西藏跨越式发展，并指出西藏应该采取"通过国家和各地的支持，直接引进、吸收和应用先进技术和适用技术，集中力量推动跨越式发展"的战略。

2010 年 1 月 18 日至 20 日，中央召开第五次西藏工作座谈会，会上总结提炼了"七个必须"，即七条基本经验，进一步明确了推进西藏跨越式发展的基本思路。为确保 2020 年西藏与全国同步实现全面小康社会的目标，会议明确了建立援藏资金稳定增长机制，并进一步将援藏期限延长 10 年至 2020 年。

2015 年 8 月 25 日，中央召开第六次西藏工作座谈会，习近平总书记将在 60 多年的实践过程中形成的党的治藏方略概括为"六个必须"。中央对西藏未来发展的战略定位也更为清晰，即要把西藏建设成"重要的国家安全屏障，重要的生态安全屏障，重要的战略资源储备基地，高原特色农产品生产基地，重要的中华民族特色文化保护地，重要的世界旅游目的地，面向南亚开放的重要通道，同西方敌对势力和境内外敌对势力、分裂势力斗争的前沿"。^②

2020 年 8 月 28 日至 29 日，中央召开第七次西藏工作座谈会。习近平总书记在会上指出，面对新形势新任务，必须全面贯彻新时代党的治藏方略，将"维护祖国统一、加强民族团结作为西藏工作的着眼点和着力点"，将"改善民生、凝聚人心作为经济社会发展的出发点和落脚点"，提出了"治国必治边、治边先稳藏"的重要战略思想和"依法治藏、富民兴藏、长期建藏、凝聚人心、夯实基础"的工作原则，做出"确保国家安全和长治久安，确保人民生活水平不断提高，确保生态环境良好，确保边防巩固和边境安全，努力建设团结富裕文明和谐美丽的社会主义现代化新西藏"的重要指示。显然，以习近平同志为核心的党中央确定的新时代党的治藏方略，为今后一个时期的西藏工作提供了根本遵循。

中国地域辽阔，地区之间发展不平衡问题非常突出。党的十九大报告指出，"中国特色社会主义进入新时代，我国社会主要矛盾已经转化为人民日

---

① 参见《中共中央国务院召开第四次西藏工作座谈会》，《人民日报》2001 年 6 月 30 日，第 1 版。
② 参见汪德军《改革开放以来的中央历次西藏工作座谈会主要特点和重大影响》，《西藏日报》2018 年 12 月 10 日。

益增长的美好生活需要和不平衡不充分的发展之间的矛盾"。这意味着在中国特色社会主义新时代，要把解决好发展不平衡不充分问题作为最重要的工作。虽然经过几十年的发展，西藏经济社会发展取得了翻天覆地的变化，高质量发展迈出坚实步伐，民生福祉大幅提升，但是，与东部地区或其他省区相比，西藏经济社会发展相对滞后的问题仍然十分明显。2019 年，西藏人均 GDP 为 48902 元，仅为全国平均水平的 69%。在西藏自治区内部，受自然地理条件和历史影响，各地市之间发展也非常不平衡。特别是边境地区，由于其自然条件更严酷、交通更不方便、生产生活条件更艰难，更是处于发展不充分状态，是西藏反贫困工作的重点地区，是西藏实现共同富裕的工作重心所在，也是未来我国实现第二个百年奋斗目标的难点和重点地区。加大力度支持西藏特别是其边境地区经济社会加快发展，缩小西藏特别是其边境地区与发达地区的发展差距，是解决西藏特别是其边境地区发展不平衡不充分问题的必然要求，是实现我国第二个百年奋斗目标需要补足的短板之一，也是我国社会和谐与国家整体安全的重要保障之一。

全面建成小康社会、实现第一个百年奋斗目标之后，我们进入乘势而上开启全面建设社会主义现代化国家新征程、向第二个百年奋斗目标进军的新发展阶段。新发展阶段是建设社会主义现代化国家的阶段。党的二十大报告指出："高质量发展是全面建设社会主义现代化国家的首要任务。发展是党执政兴国的第一要务。没有坚实的物质技术基础，就不可能全面建成社会主义现代化强国，必须完整、准确、全面贯彻新发展理念……"作为习近平新时代中国特色社会主义经济思想的主要内容之一，以"创新、协调、绿色、开放、共享"为核心的新发展理念，是新时代、新发展阶段推动高质量跨越式发展的战略指引和重要遵循。《中共中央关于制定国民经济和社会发展第十四个五年规划和二〇三五年远景目标的建议》指出，"十四五"时期经济社会发展必须坚持新发展理念，把新发展理念贯穿发展全过程和各领域，构建新发展格局，切实转变发展方式，推动质量变革、效率变革、动力变革，实现更高质量、更有效率、更加公平、更可持续、更为安全的发展。在新的形势下，我们有必要在已有研究的基础上，对西藏社会经济发展状况做系统的调查研究，找出其特点和规律，并在理论层面上把新发展理念内化为西藏社会经济发展的指导思想，在实践层面深入贯彻新发展理念，以新时代党的治藏方略为引领，以铸牢中华民族共同体意识为主线，以建设社会主义现代化新西藏为目标，进一步思考未来西藏社会经济发展的机遇、挑战和应对策略，找准西藏脱贫攻坚成果巩固和乡村振兴有效衔接的突破点和着力点，以实现西藏稳定、发展、生态、强边"四件大事"的高质量发展。基于此，本书建构了以下研究思路和框架，研究框架如图 1 所示。

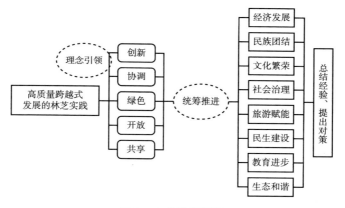

图 1　本书研究框架

本书的研究思路是通过总结西藏林芝市及其下辖 4 个边境县的政治、经济、生态、社会和文化等方面取得的成就，客观反映其经济社会发展中存在的问题和面临的困境，并对其经济、社会、文化、生态发展与变迁中出现的新情况、新问题，进行深入的分析和研究，探寻解决这些问题的路径，为进一步推进林芝市经济行稳致远、社会和谐安定、文化繁荣发展、生态和谐稳定的高质量跨越式发展建言献策。

基于课题要求和目的，课题组在林芝市及其下辖的米林县①、察隅县、

---

① 2023 年 4 月 3 日，西藏自治区官网发布《关于批准撤销米林县设立县级米林市的公告》，经党中央、国务院批准，撤销米林县设立县级米林市。以原米林县的行政区域为米林市行政区域。米林市由西藏自治区直辖，林芝市代管。因本书的写作完成于 2020 年底，故在本书中仍沿用"米林县"的称呼。

朗县、墨脱县4个县开展了较为全面系统的调研。课题组的调研活动分两个阶段进行。第一阶段是2018年5月22日至6月9日，历时19天，共10人参与，主要调研地点是林芝市及其下辖的察隅县、墨脱县；第二阶段是2019年5月20日至6月3日，历时15天，共11人参与，主要调研地点是拉萨市、林芝市及其下辖的米林县、朗县。课题组根据项目研究目的，在两次调研过程中，分别组织了林芝市及察隅县、墨脱县、米林县、朗县各政府相关部门的座谈会。在座谈会上，各相关政府部门负责人为课题组全面介绍了西藏和平解放以来，特别是党的十八大以来林芝市及察隅县、墨脱县、米林县、朗县政治、经济、社会、文化、生态、边防等方面的发展概况。并且课题组请当地干部做了"全面建成小康社会与守边固边治边稳藏问卷调查（干部卷）"，为课题组后续的调研工作提供了思路与线索。课题组在开展座谈会与问卷调查的基础上，深入四县的典型乡镇进行实地考察，与当地乡镇干部以及村民进行了半结构式的深度个案访谈，进一步充实和丰富了调研资料。具体来讲，课题组的调研形式和内容可以分为两个层次。

第一，专题调研座谈会。课题组在林芝市及察隅县、墨脱县、米林县、朗县县委、县政府相关部门进行了五个专题调研，分别是民族团结与守边固边治边稳藏专题座谈调研、经济发展与守边固边治边稳藏专题座谈调研、社会发展与守边固边治边稳藏专题座谈调研、文化建设与守边固边治边稳藏专题座谈调研、生态保护与守边固边治边稳藏专题座谈调研。这五个专题调研，得到了林芝市及察隅县、墨脱县、米林县、朗县的宣传部、人大、政协、法院、发展与改革委员会、规划局、扶贫办、脱贫攻坚指挥部、财政局、民政局、自然资源局、教育局、文化局、旅游局、生态环境局、人力资源和社会保障局、民宗局、统计局以及武警、边防部队等部门的支持。这些部门领导和相关工作人员的详细报告及他们所提供的详尽资料是课题组顺利完成调研和写作任务的有力保障。

第二，深度个案调研。调研工作包括两个方面，一是针对重要和典型问题，到相关单位和部门进行深度调研，调研内容主要涉及文化旅游产业、特色农业、精准扶贫、医疗卫生、教育、社会保障、边境稳定等；二是基于经济发展水平、产业结构和地理区位，课题组选择有代表性的乡镇、村庄、企业、学校、合作组织等进行个案典型调研，挑选比较有代表性的个案，如领导干部与一般干部、援藏干部与受援单位人员、企业老板与员工、驻村干部与村委会成员、老师与学生、贫困与非贫困的家庭等，进行深入访谈。同时，深入各种生活场所，随生活环境和事件的不同，通过观察、旁听和闲谈等方式了解各种情况，全方位收集资料。为了在把握整体性和动态性的同时呈现现象的多样性和丰富性，课题组采用类属分析和情景分析相结合的方法，对访谈资料进行了分析研究。基于扎实的田野调查和细致的分析研究，课题组合作撰写了本书。

在本书中，我们展示了林芝市及其下辖 4 个边境县政治、经济、生态、社会和文化等方面取得的成就，客观反映其经济社会发展中存在的问题和面临的困境，并对其经济、社会、文化、生态发展与变迁中出现的新情况、新问题，进行深入的分析和研究，探寻解决这些问题的路径，为未来林芝市实现脱贫攻坚成果巩固和乡村振兴有效衔接提供思路。

第一章 高质量跨越式发展的经济基础：林芝市经济发展的现状及建议

刘小珉[*]

在中央关怀、全国人民支援下，在各族干部群众的努力奋斗下，林芝市经济发展取得了巨大的成就，经济总量稳步扩大，综合实力持续增强，经济结构不断优化，产业发展实现新突破，为经济高质量跨越式发展奠定了基础，也为守边固边治边稳藏做出了重要贡献。但是，林芝在经济发展过程中，还面临一些困境，还存在一些影响经济发展的制约因素。为了实现经济高质量跨越式发展和长治久安，林芝必须贯彻创新、协调、绿色、开放、共享的新发展理念，用好中央、对口援藏省市、中央企业对西藏的优惠政策，落实好《兴边富民行动"十三五"规划》，强化基础设施，发展特色产业，确保经济又好又快发展。要坚持屯兵与安民并举、固边与兴边并重，加快边境地区建设。

---

* 刘小珉，中国社会科学院民族学与人类学研究所研究员。

一　林芝市经济发展的态势与成就

（一）林芝市基本情况

众所周知，西藏是这个地球上最多元、最特殊的地区之一。体现在西藏不仅具有显著的、独特的自然环境、资源禀赋和人文特征，还具有特殊的社会历史发展进程。林芝市是西藏下辖的 7 个地市之一，具有西藏自治区整体情况的所有特点，基本可以体现西藏经济社会发展的特征。

林芝市位于西藏自治区东南部，属典型的高山峡谷、高原丘陵、山川河谷地貌，平均海拔 3100 米。林芝市辖巴宜区、波密县、察隅县、工布江达县、米林县、朗县、墨脱县六县一区。其中米林县、朗县、察隅县、墨脱县分别与缅甸、印度接壤，是国家安全屏障的第一道防线；巴宜区、米林县、波密县、察隅县和墨脱县五个区县被列入藏东南高原边缘森林生态国家重点生态功能区。保护区域占到林芝市辖区总面积（控制线以内）的 51.2%，林芝市在全国生态安全屏障建设中占据重要位置。林芝处于热带、亚热带、温带及寒带气候并存的多种气候带，被称为西藏江南；拥有丰富的土地、矿产、水利和文化旅游资源；是一个以藏族为主体，包括汉族、门巴族、珞巴族、独龙族、纳西族、怒族、苗族、满族、侗族、彝族等民族及僜人在内的多民族聚居的市。各民族历史悠久、文化灿烂。

相对于我国东部或其他地区，林芝市经济社会一直欠发达，尤其是该市的墨脱县、察隅县、朗县三个边境县，属于西藏的深度贫困县。2015 年，林芝市常住人口 227500 人，城镇化率为 38.36%，比全国平均水平低 17.74 个百分点。同年，林芝市人均 GDP 为 47435 元，比全国平均水平少 2593 元，是全国平均水平的 94.82%。农村居民人均可支配收入为 10703 元，比全国平均水平少 718.7 元，是全国平均水平的 93.71%。贫困发生率为 16.42%，高于全国农村平均贫困发生率 10.72 个百分点。其中深度贫困县墨脱县、察隅县、朗县的贫困发生率分别为 24.48%、24.49% 与 19.83%，分别比林芝市平均贫困发生率高 8.06 个、8.07 个与 3.41 个百分点，分别高于全国农村贫困发生率 18.78 个、18.79 个与 14.13 个百分点。[①]

（二）经济稳定快速发展，经济实力大大提升

自 1951 年和平解放以来，西藏经济发展历经起步阶段（1951～1978年）、提高阶段（1979～1993 年）、加快发展阶段（1994～2011 年）以及跨越式发展阶段（2012～2018 年）四个阶段，经济总量不断扩大，综合实力持续增强。2018 年西藏 GDP 达到 1477.63 亿元，是 1951 年的 1145.4 倍；西藏人均 GDP 达到 43398 元，是 1951 年的 380.7 倍。[②] 按年平均美元汇率折算，2018 年西藏人均 GDP 为 6558.0 美元，超过 3000 美元中等收入水平线一倍多，表明西藏正处于全面建成小康社会决胜阶段。虽然西藏经济发展保持较快增速，但由于起点太低，相对我国东部发达地区，西藏整体经济发展水平是很低的。2018 年西藏 GDP 在 31 个省份中排倒数第一位，倒数第二位的青海省 GDP 是西藏的 1.94 倍。西藏人均 GDP 在 31 个省份中排第 26位。基于数据的可得性，借鉴西藏自治区统计局的经济发展阶段划分，下面分析林芝市及该市 4 个边境县 2000～2018 年的经济发展状况。

21 世纪以来，随着西部大开发、兴边富民政策的实施，尤其是中央第四次西藏工作座谈会提出西藏要实现"跨越式发展"，中央政府和各援藏省市、单位对包括林芝在内的西藏财政投入力度逐步加大，林芝市经济高速增长，经济发展水平连上新台阶。2000～2018 年，林芝市 GDP 从 10.97 亿元增长到 150.01 亿元（见表 1），按可比价计算，年均增长 12.97%（见表2），不仅高于同期全自治区的平均增速 1.3 个百分点，还高于全国平均增速3.84 个百分点。2018 年，林芝市人均 GDP 为 65063 元，不仅高于除拉萨市外的西藏自治区其他 5 个地市的人均 GDP，还高于西藏自治区平均水平，甚

[①] 根据《中国统计年鉴》（2016）、《西藏统计年鉴》（2016）、《林芝市领导干部手册》（2015）等资料整理、计算得出。

[②] 《建国 70 周年西藏经济社会发展成就》，西藏调查统计信息网，2019 年 10 月 16 日，http：//tjj. xizang. gov. cn/tjxx/14677. jhtml。

至高于全国平均水平（64644 元），表明林芝市基本实现全面建成小康社会
中的经济发展任务。

表 1　2000～2018 年林芝市 GDP 与全国、西藏全区及林芝各县比较

单位：亿元

年份	全国	西藏自治区	林芝市	巴宜区	工布江达县	米林县	墨脱县	波密县	察隅县	朗县
2000	100280.1	117.80	10.9715	5.3242	0.9294	1.1140	0.3465	1.3772	0.8724	0.5496
2001	110863.1	139.16	12.9464	6.2346	1.0798	1.2747	0.3900	1.7583	1.1230	0.6453
2002	121717.4	162.04	15.8874	7.2944	1.2613	1.5168	0.4155	2.0607	1.2228	0.7552
2003	137422	185.09	19.0093	9.0614	1.5165	1.8100	0.4648	2.4646	1.3451	0.9001
2004	161840.2	220.34	21.7449	10.5264	1.9658	2.4664	0.5247	3.2855	1.3133	1.2771
2005	187318.9	248.80	24.5029	12.3057	2.2711	2.7772	0.5761	3.6894	1.4762	1.4339
2006	219438.5	290.76	27.9900	14.3964	2.6732	2.9705	0.6710	4.1554	1.6518	1.6044
2007	270092.3	341.43	33.7100	17.1722	3.1707	3.5102	0.7600	4.7735	1.8880	1.8677
2008	319244.6	394.85	38.9900	19.5030	4.9550	4.0880	0.8650	5.3940	2.1490	1.9350
2009	348517.7	441.36	40.8200	22.5290	4.4030	4.6620	1.2270	6.2030	2.5480	2.1680
2010	412119.3	507.46	53.6900	27.2735	5.7351	5.4075	2.0128	7.7391	3.0087	2.5578
2011	487940.2	606.13	61.3500	31.4403	6.4844	6.1855	2.2529	8.8316	3.4600	2.8801
2012	538580	701.65	72.3900	36.2333	7.3782	7.9475	2.5998	10.4300	4.4173	3.3839
2013	592963.2	816.57	81.8300	39.9993	8.4309	9.0836	3.0921	12.1034	5.1549	3.9658
2014	641280.6	921.73	92.8600	45.3800	9.6900	10.0800	3.7000	13.7300	5.8000	4.4800
2015	685992.9	1027.43	104.3300	50.9900	10.8200	11.4900	4.1600	15.3400	6.5100	5.0200
2016	740060.8	1151.41	115.7700	56.6100	11.9800	12.8200	4.5900	16.9900	7.1700	5.6100
2017	820754.3	1310.92	133.3100	65.2800	13.7600	14.8900	5.3000	19.5300	8.0500	6.5000
2018	900309.5	1477.63	150.0100	72.9300	14.7300	16.6100	6.0100	23.5500	9.1700	7.0100

资料来源：全国及西藏自治区数据来自《中国统计年鉴》（2019）、《中国统计摘要》（2019）、
《西藏统计年鉴》（2007）（2018）、《2018 年西藏自治区国民经济与社会发展统计公报》；2000～
2014 年林芝市及各县数据来自《林芝地区统计年鉴》（2015）；2015～2018 年林芝市及各县数据来
自《林芝市领导干部手册》（2015～2018）以及《米林县国民经济与社会发展统计公报》（2016～
2018）、《墨脱县国民经济和社会发展公报》（2016～2018）、《朗县国民经济和社会发展统计公报及
年鉴》（2015～2018）、《察隅年鉴》（2017）。下文中所分析的数据，没有特别注明的，均来自以上
资料的整理和计算，不再一一注明。

表 2　2000～2018 年林芝市 GDP 增速与全国、西藏全区及林芝各县比较

单位：%

年份	全国	西藏自治区	林芝市	巴宜区	工布江达县	米林县	墨脱县	波密县	察隅县	朗县
2000	8.5	10.4	15.3	10.8	-0.2	13.8	8.3	1.0	14.2	21.2
2001	8.3	12.7	16.6	16.8	13.5	11.9	10.6	19.1	37.3	8.5
2002	9.1	12.9	16.7	15.4	14.7	14.6	5.3	12.1	1.1	13.0
2003	10.0	12.0	17.8	21.7	15.4	21.7	15.0	16.7	16.8	10.4
2004	10.1	12.1	14.4	15.1	19.6	23.5	4.1	23.3	5.3	7.8
2005	11.4	12.1	11.2	13.4	13.1	11.1	8.2	11.0	11.0	10.6
2006	12.7	13.3	12.7	16.0	16.5	14.1	11.0	11.6	10.1	10.9
2007	14.2	14.0	15.9	17.1	16.6	14.2	9.3	12.3	12.3	12.4
2008	9.7	10.1	11.0	11.0	25.0	11.1	9.2	10.6	10.1	9.0
2009	9.4	12.4	13.5	14.8	10.9	11.0	12.5	14.2	13.2	10.5
2010	10.6	12.3	13.0	14.3	8.0	12.5	20.0	15.0	11.4	12.8
2011	9.6	12.7	12.8	13.5	11.6	12.9	10.5	12.8	13.0	11.1
2012	7.9	11.8	12.0	11.9	11.7	13.1	11.6	12.9	12.5	11.5
2013	7.8	12.1	12.3	10.0	12.2	12.2	15.0	13.7	14.0	14.1
2014	7.3	10.8	10.8	10.8	10.9	10.7	11.1	10.7	10.6	10.5
2015	6.9	11.0	11.2	11.2	10.6	11.9	11.2	10.6	11.1	11.0
2016	6.7	10.1	10.1	10.2	10.0	10.3	9.8	10.0	9.7	10.3
2017	6.8	10.0	10.1	10.1	10.0	10.2	10.0	10.1	9.9	10.2
2018	6.6	9.1	9.3	9.3	9.1	9.3	9.4	9.5	9.3	9.2

（三）经济结构不断调整、优化，发展质量不断提升

我们按照西藏自治区统计局的发展阶段划分，分析提高阶段（1979～1993 年）、加快发展阶段（1994～2011 年）以及跨越式发展阶段（2012～2018 年）西藏、林芝市及其 4 个边境县的产业结构变化情况。

1. 经济发展提高阶段（1979～1993年）

1979～1993 年（提高阶段），西藏第一产业增加值从 3.5 亿元增长到 18.3 亿元，均高于同年第二产业、第三产业的增加值。第一产业占 GDP 的比重从 47.9% 缓慢波动上升到 48.9%，第二产业占比从 27.7% 缓慢波动下降到 14.7%（见表 3），第三产业占比从 24.4% 缓慢波动上升到 36.4%。三次产业结构从 1979 年的"一二三"转变为 1985 年的"一三二"，到 1993 年仍是"一三二"。显然，这一阶段，西藏的第一大产业是第一产业，西藏经济增长主要依靠农业的稳定发展。可以说，这一阶段西藏经济是以农牧业为主的相对落后的农业型经济。相对于全国，西藏的产业结构层次低，且与全国一样产业结构转换慢，当然，经济增长速度也比较慢。

在西藏经济发展的提高阶段（1979～1993 年），从我们能收集到的数据看，林芝市第一产业增加值从 1986 年的 0.398 亿元增长到 1993 年的 1.39 亿元，高于同年第二产业、第三产业的增加值。第一产业占 GDP 的比重从 60.21% 缓慢波动上升到 60.46%，第二产业占比从 19.67% 缓慢波动上升到 21.27%，第三产业占比从 20.12% 缓慢波动下降到 18.27%。三次产业结构从 1986 年的"一三二"转变为 1989 年的"一二三"，到 1993 年仍是"一二三"。显然，林芝市这一阶段的产业结构发展变化，与西藏自治区整体的产业结构布局既有相似性，也存在差异性。与西藏自治区整体情况相似的是，这一阶段，林芝的第一产业是第一大产业，且 1986～1988 年产业结构呈现"一三二"分布。不同的是，这一阶段，林芝市第一产业占比基本为 60% 左右，高于西藏第一产业占比 10 个百分点左右，林芝市经济更加依赖以农牧业为主的第一产业。可以说，与西藏自治区经济整体情况相似，这一阶段林芝经济是以农牧业为主的比较落后的农业型经济，但产业结构层次更低，产业结构几乎没有转换，经济增长速度也相对较慢。

2. 经济加快发展阶段（1994～2011年）

1994～2011 年（加快发展阶段），西藏第一产业增加值从 21.14 亿元增

表 3 1979～2018 年林芝市产业结构变化与全国、西藏全区及林芝各县比较

单位：%

年份	全国			西藏			林芝			米林县			墨脱县			察隅县			朗县		
	第一产业	第二产业	第三产业	第一产业	第二产业	第三产业	第一产业	第二产业	第三产业	第一产业	第二产业	第三产业	第一产业	第二产业	第三产业	第一产业	第二产业	第三产业	第一产业	第二产业	第三产业
1979	30.70	47.00	22.30	47.90	27.70	24.40															
1985	27.90	42.70	29.40	49.90	17.40	32.70															
1986	26.60	43.50	29.80	47.00	12.80	40.20	60.21	19.67	20.12												
1987	26.30	43.30	30.40	45.60	12.00	42.40	59.36	20.32	20.32												
1988	25.20	43.50	31.20	47.70	11.90	40.40	57.26	21.30	21.44												
1989	24.60	42.50	32.90	45.90	13.00	41.10	60.69	19.79	19.53												
1990	26.60	41.00	32.40	50.90	12.90	36.20	61.48	19.90	18.62												
1991	24.00	41.50	34.50	50.80	13.70	35.50	63.77	18.90	17.33												
1992	21.30	43.10	35.60	49.80	13.40	36.80	63.76	18.90	17.34												
1993	19.30	46.20	34.50	48.90	14.67	36.42	60.46	21.27	18.27												
1994	19.50	46.20	34.40	45.97	17.13	36.90	53.83	18.39	27.78												
1995	19.60	46.80	33.70	41.85	23.60	34.56	48.26	22.77	28.97												
1996	19.30	47.10	33.60	41.86	17.42	40.72	35.53	16.74	47.73												
1997	17.90	47.10	35.00	37.84	21.85	40.30	31.54	17.60	50.86												
1998	17.20	45.80	37.00	34.28	22.01	43.70	25.95	23.25	50.80												
1999	16.10	45.40	38.60	32.32	22.51	45.16	25.20	27.99	46.81												
2000	14.70	45.50	39.80	30.89	22.96	46.15	22.90	28.32	48.78	32.29	14.80	52.91	29.21	2.74	68.05	41.71	10.25	48.04	44.98	25.44	29.59

年份	全国			西藏			林芝			米林县			墨脱县			察隅县			朗县		
	第一产业	第二产业	第三产业	第一产业	第二产业	第三产业	第一产业	第二产业	第三产业	第一产业	第二产业	第三产业	第一产业	第二产业	第三产业	第一产业	第二产业	第三产业	第一产业	第二产业	第三产业
2001	14.00	44.80	41.20	26.98	22.97	50.05	21.17	28.35	50.48	28.93	13.00	58.07	26.26	7.54	66.21	34.23	22.01	43.76	46.71	17.85	35.44
2002	13.30	44.50	42.20	24.53	20.19	55.27	19.45	30.18	50.37	24.74	22.63	52.64	20.82	8.50	70.69	33.69	22.24	44.06	41.00	21.23	37.78
2003	12.30	45.60	42.00	21.99	25.74	52.28	17.69	32.41	49.90	26.23	25.34	48.44	17.94	9.32	72.74	32.34	22.20	45.46	42.73	27.66	29.62
2004	12.90	45.90	41.20	20.11	23.94	55.96	17.97	33.36	48.67	23.25	47.57	29.18	13.87	22.37	63.75	31.89	17.76	50.35	29.07	27.21	43.72
2005	11.60	47.00	41.30	19.31	25.53	55.16	16.87	33.59	49.54	22.04	27.57	50.39	13.61	33.14	53.25	29.37	19.63	51.00	28.79	23.40	47.81
2006	10.60	47.60	41.80	17.51	27.60	54.90	16.62	36.39	46.99	19.98	37.59	42.43	16.53	31.83	51.64	28.34	19.91	51.76	28.89	30.26	40.85
2007	10.20	46.90	42.90	16.10	28.80	55.10	14.95	35.54	49.51	20.89	34.37	44.74	15.22	31.16	53.62	26.53	21.41	52.07	27.15	32.76	40.10
2008	10.20	47.00	42.90	15.30	29.30	55.40	13.54	34.06	52.40	18.10	34.20	47.70	16.30	27.05	56.65	28.90	18.99	52.12	25.32	25.58	49.10
2009	9.60	46.00	44.40	14.50	30.90	54.60	13.67	36.28	50.05	16.62	25.91	57.46	12.31	43.77	43.93	26.37	25.27	48.35	23.05	23.39	53.55
2010	9.30	46.50	44.20	13.50	32.30	54.20	11.10	31.29	57.61	16.94	24.11	58.96	8.79	60.43	30.78	24.60	26.26	49.14	21.09	23.98	54.93
2011	9.20	46.50	44.30	12.30	34.40	53.30	10.61	36.14	53.25	16.24	27.32	56.44	8.62	51.90	39.47	23.99	29.18	46.83	20.81	25.46	53.73
2012	9.10	45.40	45.50	11.50	34.60	53.90	9.74	36.07	54.19	13.59	36.77	49.65	8.75	50.38	40.87	21.17	38.10	40.74	20.09	27.71	52.20
2013	8.90	44.20	46.90	10.40	35.90	53.70	9.34	35.67	54.99	13.29	36.61	50.10	8.79	51.40	39.81	20.01	40.13	39.86	19.41	28.41	52.18
2014	8.70	43.30	48.00	9.90	36.58	53.50	8.81	36.55	54.64	12.80	35.71	51.49	8.11	55.41	36.49	18.97	39.83	41.21	17.86	27.68	54.46
2015	8.40	41.10	50.50	9.60	36.60	53.80	8.35	36.26	55.39	12.01	37.60	50.39	7.93	50.48	41.59	17.97	43.93	38.10	16.73	28.29	54.98
2016	8.10	40.10	51.80	10.00	37.30	52.70	7.99	35.20	56.81	10.61	37.13	52.26	8.06	50.54	41.39	17.57	42.96	39.47	16.22	28.16	55.61
2017	7.60	40.50	51.90	9.40	39.10	51.50	8.00	37.52	54.48	10.68	38.82	50.50	8.11	53.02	38.87				16.15	31.38	52.46
2018	7.20	40.70	52.10	8.80	42.50	48.70	7.48	40.68	51.84	10.11	48.59	41.30	7.49	54.41	38.10						

长到 74.47 亿元（见表4），年均增长 3.9%（见图1）；第二产业增加值从 7.88 亿元增长到 208.83 亿元（见表5），年均增长 16.89%（见图2）；第三产业增加值从 16.97 亿元增长到 322.83 亿元（见表6），年均增长 13.23%（见图3）。三次产业结构从 1986 年到 1996 年保持为"一三二"，到 1997 年转变为"三一二"（第三产业占比首次超过一产，产业结构实现了历史性的突破），到 2003 年又转变为"三二一"（第二产业占比首次超过一产，且第二、第三产业占比均超过一产，产业结构得到进一步调整优化），到 2011 年仍是"三二一"。显然，这一阶段，西藏的第一大产业从 1997 年前的第一产业，转变为 1997 年之后的第三产业，西藏经济增长主要依靠非农产业，特别是以文化旅游为主的第三产业的快速发展。

表4 1994~2018 年林芝市第一产业增加值与全国、西藏全区及林芝各县比较

单位：亿元

年份	全国	西藏自治区	林芝市	巴宜区	工布江达县	米林县	墨脱县	波密县	察隅县	朗县
1994	9471.8	21.14	1.3760							
1995	12020.5	23.48	1.3994							
1996	13878.3	27.20	1.9015							
1997	14265.2	29.23	2.1178							
1998	14618.7	31.37	2.0667							
1999	14549.0	34.25	2.365							
2000	14717.4	36.39	2.5126	0.4403	0.4036	0.3597	0.1012	0.5901	0.3639	0.2472
2001	15502.5	37.54	2.7408	0.4560	0.1148	0.3688	0.1024	0.7170	0.3844	0.3014
2002	16190.2	39.75	3.0903	0.4567	0.4541	0.3752	0.0865	0.8055	0.4120	0.3096
2003	16970.2	40.70	3.3624	0.6700	0.5581	0.4747	0.0834	0.8367	0.4350	0.3000
2004	20904.3	44.30	3.9084	0.8706	0.6499	0.5734	0.0728	0.9214	0.4188	0.3713
2005	21806.7	48.04	4.1336	0.7140	0.7316	0.6121	0.0784	1.1532	0.4335	0.4128
2006	23317.0	50.90	4.6514	0.7459	0.8892	0.5936	0.1109	1.1568	0.4681	0.4635
2007	27674.1	54.89	5.0400	0.7757	0.9540	0.7332	0.1157	1.2756	0.5008	0.5070
2008	32464.1	60.62	5.2800	0.8190	1.1030	0.7400	0.1410	1.3730	0.6210	0.4900
2009	33583.8	63.88	5.5800	0.8970	1.0535	0.7750	0.1510	1.4460	0.6720	0.4998
2010	38430.8	68.72	5.9600	0.9019	1.1579	0.9158	0.1769	1.5370	0.7400	0.5395
2011	44781.4	74.47	6.5100	0.9930	1.2425	1.0045	0.1943	1.6444	0.8301	0.5993

年份	全国	西藏自治区	林芝市	巴宜区	工布江达县	米林县	墨脱县	波密县	察隅县	朗县
2012	49084.5	80.38	7.0500	1.0562	1.3494	1.0799	0.2275	1.7221	0.9350	0.6799
2013	53028.1	84.68	7.6400	1.1130	1.4518	1.2075	0.2717	1.7946	1.0316	0.7698
2014	55626.3	91.64	8.1800	1.1800	1.5900	1.2900	0.3000	1.9200	1.1000	0.8000
2015	57774.6	98.04	8.7100	1.2700	1.6600	1.3800	0.3300	2.0600	1.1700	0.8400
2016	60139.2	115.78	9.2500			1.3600	0.3700		1.2600	0.9100
2017	62099.5	122.72	10.6600			1.5900	0.4300		1.4500	1.0500
2018	64734.0	130.25	11.2200			1.6800	0.4500			1.5600

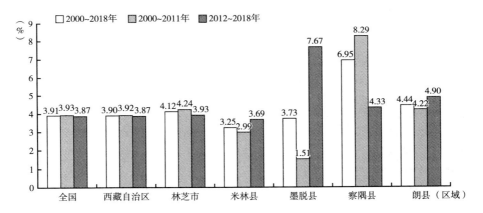

图1　林芝市第一产业增长速度与全国、西藏全区及林芝各县比较

注：由于数据缺失，2000～2018年阶段中，察隅县和朗县计算的是2000～2017年年均增长速度；2012～2018年阶段中，察隅县和朗县计算的是2012～2017年年均增长速度。

表5　1994～2018年林芝市第二产业增加值与全国、西藏全区及林芝各县比较

单位：亿元

年份	全国	西藏自治区	林芝市	巴宜区	工布江达县	米林县	墨脱县	波密县	察隅县	朗县
1994	22452.5	7.88	0.47							
1995	28676.7	13.24	0.6604							
1996	33827.3	11.32	0.8956							
1997	37545.0	16.88	1.182							
1998	39017.5	20.14	1.8519							

年份	全国	西藏自治区	林芝市	巴宜区	工布江达县	米林县	墨脱县	波密县	察隅县	朗县
1999	41079.9	23.86	2.6263							
2000	45664.8	27.05	3.1066	1.6766	0.2218	0.1649	0.0095	0.2609	0.0894	0.1398
2001	49660.7	31.97	3.6698	1.9745	0.2513	0.1657	0.0294	0.3613	0.2472	0.1152
2002	54105.5	32.72	4.7942	2.6389	0.2991	0.3432	0.0353	0.2984	0.2720	0.1603
2003	62697.4	47.64	6.1616	3.8304	0.3369	0.4586	0.0433	0.6957	0.2986	0.2766
2004	74286.9	52.74	7.2538	3.7763	0.5200	1.1732	0.1174	1.1193	0.2333	0.3475
2005	88084.4	63.52	8.2295	4.9589	0.6759	0.7656	0.1909	0.9946	0.2898	0.3355
2006	104361.8	80.10	10.1862	5.5095	0.8814	1.1166	0.2136	1.1644	0.3288	0.4855
2007	126633.6	98.48	11.9800	6.3484	1.0121	1.2065	0.2368	1.0418	0.4042	0.6118
2008	149956.6	115.56	13.2800	6.4240	2.4920	1.3980	0.2340	0.9910	0.4080	0.4950
2009	160171.7	136.63	14.8100	7.5330	2.5815	1.2080	0.5370	1.2850	0.6440	0.5072
2010	191629.8	163.92	16.8000	8.7351	2.1057	1.3037	1.2164	2.0356	0.7902	0.6133
2011	227038.8	208.83	22.1700	12.1933	2.0024	1.6900	1.1693	2.4542	1.0095	0.7334
2012	244643.3	243.03	26.1100	13.5881	2.3292	2.9220	1.3097	3.3405	1.6829	0.9376
2013	261956.1	293.12	29.1900	14.3063	2.6671	3.3251	1.5894	4.1066	2.0688	1.1267
2014	277571.8	336.97	33.9400	17.0500	3.0400	3.6000	2.0500	4.6500	2.3100	1.2400
2015	282040.3	376.28	37.8300	18.5600	3.6400	4.3200	2.1000	4.9000	2.8600	1.4200
2016	296547.7	429.17	40.7500			4.7600	2.3200		3.0800	1.5800
2017	332742.7	513.65	50.0200			5.7800	2.8100			2.0400
2018	366000.9	628.37	61.0300			8.0700	3.2700			

资料来源：同表4。

表6 1994~2018年林芝市第三产业增加值与全国、西藏全区及林芝各县比较

单位：亿元

年份	全国	西藏自治区	林芝市	巴宜区	工布江达县	米林县	墨脱县	波密县	察隅县	朗县
1994	16713.1	16.97	0.71							
1995	20642.7	19.39	0.8399							
1996	24108.0	26.46	2.5541							
1997	27904.8	31.13	3.4158							
1998	31559.3	39.99	4.0465							
1999	34935.5	47.86	4.3933							
2000	39897.9	54.37	5.3523	3.2073	0.3040	0.5894	0.2358	0.5262	0.4191	0.1626

年份	全国	西藏自治区	林芝市	巴宜区	工布江达县	米林县	墨脱县	波密县	察隅县	朗县
2001	45700.0	69.65	6.5358	3.8041	0.3867	0.7402	0.2582	0.6800	0.4914	0.2287
2002	51421.7	89.56	8.0029	4.1988	0.5081	0.7984	0.2937	0.9568	0.5388	0.2853
2003	57754.4	96.76	9.4853	4.5610	0.6215	0.8767	0.3381	0.9322	0.6115	0.2962
2004	66648.9	123.30	10.5827	5.8795	0.7959	0.7198	0.3345	1.2448	0.6612	0.5583
2005	77427.8	137.24	12.1398	6.6328	0.8636	1.3995	0.3068	1.5416	0.7529	0.6856
2006	91759.7	159.76	13.1524	8.1410	0.9026	1.2603	0.3465	1.8342	0.8549	0.6554
2007	115784.6	188.06	16.6900	10.0481	1.2046	1.5705	0.4075	2.4561	0.9830	0.7489
2008	136823.9	218.67	20.4300	12.2600	1.3600	1.9500	0.4900	3.0300	1.1200	0.9500
2009	154762.2	240.85	20.4300	14.0990	1.7680	2.6790	0.5390	3.4720	1.2320	1.1610
2010	182058.6	274.82	30.9300	17.6365	2.7715	3.1880	0.6195	4.1665	1.4785	1.4050
2011	216120.0	322.83	32.6700	18.2540	3.2395	3.4910	0.8893	4.7330	1.6204	1.5474
2012	244852.2	378.24	39.2300	21.5890	3.6996	3.9456	1.0626	5.3674	1.7994	1.7664
2013	277979.1	438.77	45.0000	24.5800	4.3120	4.5510	1.2310	6.2022	2.0545	2.0693
2014	308082.5	493.12	50.7400	27.1500	5.0600	5.1900	1.3500	7.1600	2.3900	2.4400
2015	346178.0	553.11	57.7900	31.1600	5.5200	5.7900	1.7300	8.3500	2.4800	2.7600
2016	383373.9	606.46	65.7700			6.7000	1.9000		2.8300	3.1200
2017	425912.1	674.55	72.6300			7.5200	2.0600			3.4100
2018	469574.6	719.01	77.7600			6.8600	2.2900			

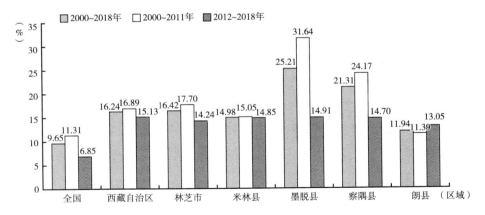

图 2　林芝市第二产业增长速度与全国、西藏全区及林芝各县比较

注：由于数据缺失，2000～2018年阶段中，察隅县计算的是2000～2016年的年均增长速度，朗县计算的是2000～2017年年均增长速度；2012～2018年阶段中，察隅县计算的是2012～2016年年均增长速度，朗县计算的是2012～2017年年均增长速度。

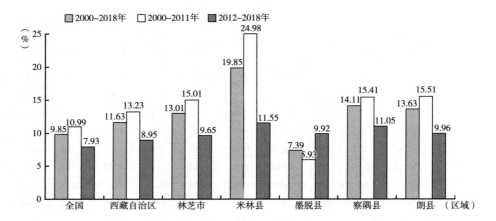

图 3　林芝市第三产业增长速度与全国、西藏全区及林芝各县比较

注：由于数据缺失，2000～2018 年阶段中，察隅县计算的是 2000～2016 年的年均增长速度，朗县计算的是 2000～2017 年年均增长速度；2012～2018 年阶段中，察隅县计算的是 2012～2016 年年均增长速度，朗县计算的是 2012～2017 年年均增长速度。

在西藏经济加快发展阶段（1994～2011 年），林芝市第一产业增加值从 1.376 亿元增长到 6.51 亿元；第二产业增加值从 0.47 亿元增长到 22.17 亿元；第三产业增加值从 0.71 亿元增长到 32.67 亿元。第一产业增加值从 1994 年的最高（比第二产业、第三产业增加值分别高 0.906 亿元、0.666 亿元），变化为到 2011 年的最低（比第二产业、第三产业增加值分别低 15.66 亿元、26.16 亿元）。第一产业占 GDP 的比重从 53.83% 逐渐下降到 10.61%，第二产业占比从 18.39% 稳步上升到 36.14%，第三产业占比从 27.78% 波动上升到 53.25%。三次产业结构从 1994 年的"一三二"转变为 1996 年的"三一二"（第三产业占比首次超过第一产业，产业结构实现了历史性的突破），再转变为 1999 年的"三二一"（第二产业占比首次超过第一产业，且第二、第三产业占比均超过一产，产业结构得到进一步调整优化），到 2011 年仍保持为"三二一"。显然，这一阶段，林芝市与西藏自治区整体的产业结构布局既有相似性，也存在差异性。与西藏自治区整体情况相似的是，这一阶段，林芝的第一大产业从第一产业演化为第三产业，且 1994 年至 1995 年产业结构均呈现"一三二"分布，1997～1998 年产业结构均呈现"三一二"分布,2003年开始产业结构均呈现"三二一"分布。不同的是,到2011年,林芝市第一产业占比低于西藏第一产业占比,第二产业占比高于西藏第二产业占比。可以说,与西藏自治区经济整体情况相似,这一阶段,在工业化起步的同时,以文化旅游产业为主的第三产业成为林芝经济发展的主导产业,产业结构得到进一步优化,产业结构转换速度较快,经济增长速度也相对较快。

综上,在这一阶段,受西藏的生态和地理条件、社会发育条件,以及其特殊的战略地位等因素的影响,与全国工业为主的产业结构不同的是,包括林芝市及其4个边境县在内的西藏的产业结构,逐渐从以传统农牧业为主向以文化旅游产业为主方向发展。基于各县的资源禀赋差异,产业结构的演化也不尽一致,如墨脱县水能丰富,在这一阶段,其以建筑业、水电为主的第二产业得到大幅发展,第二产业成为拉动墨脱经济发展的主要产业。总之,通过几十年的发展,尤其是改革开放后近20年,即1979~1993年(西藏经济提高阶段),西藏、林芝市及其4个边境县的经济社会发展已经有了很大提高,进入经济加快发展阶段(1994~2011年)后,西藏、林芝市及其4个边境县的产业结构转换速度均较快,经济结构得到进一步优化,经济增长速度也较高(均超过11%)(见图1、图2、图3)。

3. 经济跨越式发展阶段(2012~2018年)

2012~2018年(跨越式发展阶段),西藏第一产业增加值从80.38亿元增长到130.25亿元,年均增长3.87%;第二产业增加值从243.03亿元增长到628.27亿元,年均增长15.13%;第三产业增加值从378.24亿元增长到719亿元,年均增长8.95%。第三产业增加值一直最高,是这一阶段的第一大产业。第一产业占GDP的比重从11.50%波动下降到8.80%,第二产业占比从34.60%稳步上升到42.50%,第三产业占比从53.90%慢慢下降到48.70%。三次产业的"三二一"结构从2003年一直保持到2018年。显然,这一阶段,第三产业一直是西藏的第一大产业,西藏经济增长主要依靠第三产业与第二产业同时的稳步发展。在此背景下,西藏保持了以文化旅游为主的第三产业与第二产业双驱动的经济发展模式。在这一阶段,与全国相似,西藏的产业结构基本没有转换，经济增长幅度也较前一阶段有所放缓，但年均经济增速仍超过 10%，较全国平均增速高 3.56 个百分点。

在西藏经济跨越式发展（2012～2018 年）阶段，林芝市第一产业增加值从 7.0500 亿元增长到 11.22 亿元，年均增长 3.93%；第二产业增加值从 26.11 亿元增长到 61.03 亿元，年均增长 14.24%；第三产业增加值从 39.23 亿元增长到 77.76 亿元，年均增长 9.65%。第三产业一直是林芝市第一大产业。第一产业占 GDP 的比重从 9.74% 逐渐下降到 7.48%，第二产业占比从 36.07% 小幅上升到 40.68%，第三产业占比从 54.19% 波动下降到 51.84%。三次产业的"三二一"结构从 1999 年一直保持到 2018 年。显然，这一阶段的林芝市产业结构发展状况，与西藏自治区整体的产业结构布局既有相似性，也存在差异性。与西藏自治区整体情况相似的是，这一阶段，林芝的第一大产业一直是第三产业，三次产业结构分布一直呈现"三二一"形态。不同的是，2018 年，林芝市第三产业占比仍超过 50%，文化旅游产业是林芝市经济发展的绝对优势产业。

综上，在这一阶段，由于国际环境不确定、不稳定因素凸显，中国经济发展由以数量扩张为主的高速增长阶段转向以质量提升为主的中高速增长阶段，经济结构性矛盾比较突出，经济增速下行压力较大，经济增长速度及三次产业增长速度均较前一阶段有所下降。受国际国内环境的影响，包括林芝市及其 4 个边境县米林县、墨脱县、察隅县、朗县在内的西藏自治区经济增长速度及三次产业增长速度，均较前一阶段有所下降。具体而言，西藏自治区经济增速及第一、第二产业增速较前一阶段增速下降幅度低于全国相应指标的平均下降幅度，但第三产业增速较前一阶段增速下降幅度大于全国第三产业增速下降幅度 1.22 个百分点。

但总体而言，从西藏经济发展提高阶段（1979～1993 年），到经济加快发展阶段（1994～2011 年），再到经济跨越式发展阶段（2012～2018 年），随着西部大开发、兴边富民政策的深入及福建、广东等援藏省市、单位对口支援的加强，林芝市及其 4 个边境县米林县、墨脱县、察隅县、朗县按照"一产上水平，二产抓重点，三产大发展"的总体思路，加大产业建设力度，壮大产业规模，提高产业素质，将资源优势转化为产业优势，第三产业快速发展，第二产业逐渐崛起成为主导产业。因此，其产业结构基本符合我国的产业结构演进规律：第一产业占比呈现逐年下降的趋势，第二产业占比呈波动上升的状态，第三产业呈上升和下降交替状态。从2018年的三次产业增加值和比重数据可以看出，米林县、察隅县、墨脱县的产业结构呈现"二三一"状态，林芝市及朗县的产业结构呈现"三二一"状态，实现了第二、第三产业双驱动、共进步的发展格局。按照罗斯托经济成长阶段论，以及黄群慧等中国学者的阶段论理论，林芝市及其4个边境县正在努力从"准备起飞阶段"迈向"起飞阶段"。这一阶段与生产方式的急剧变革联系在一起，意味着工业化和经济发展的开始，在所有阶段中是最关键的阶段，是经济摆脱不发达状态的分水岭[①]。这表明林芝市及其4个边境县米林县、墨脱县、察隅县、朗县开始从工业化初期的后半阶段迈向工业化中期的前半阶段（虽然目前我国整体处于工业化的后期），经济发展势头较好。

（四）固定资产投资逐渐加大，为经济跨越式发展奠定基础

全社会固定资产投资是以货币形式表现的在一定时期内全社会建造和购置固定资产的工作量以及与此有关的费用的总称。通过投资增加资本量，是支撑经济发展的必要保证。投资对经济既有需求拉动作用，又有供给推动作用。投资增长波动会导致经济同向波动。当投资增加时，会增加对投资品的需求，增加投资品生产企业的产量和效益，并促进消费增加和经济增长速度加快。反之亦然。[②]

表7报告的是2000～2018年林芝市及各县全社会固定资产投资情况。从表7可以看出，2000～2017年，林芝市全社会固定资产投资从4.4322亿元增长到27.3732亿元，按当年价格计算，年均增长26.69%，比同期

---

① 参见宋承先主编《西方经济学名著提要》，江西人民出版社，1989。
② 参见中国统计局《中国统计年鉴》（2014）。

西藏自治区年均增幅高 4.3 个百分点，比同期全国年均增幅高 7.6 个百分点。

表 7　2000～2018 年林芝市与全国、西藏自治区全社会固定资产投资情况

单位：亿元

年份	全国	西藏自治区	林芝市	米林县	墨脱县	察隅县	朗县
2000	32918	66.5044	4.4322	0.1646	0.0842	0.1868	0.0505
2001	37214	85.7725	5.8649	0.277			
2002	43500	108.9868	15.8951	1.9357			
2003	55567	138.6165	16.6284	2.7622			
2004	70477	168.4361	19.4395	4.7588			
2005	88774	196.1916	25.0455	5.5746	0.7039	1.2521	1.1841
2006	109998	232.3503	28.4964	4.3254			
2007	137324	271.1811	32.6625	3.9918			
2008	172828	309.9304	36.3394	4.9789			
2009	224599	379.4158	43.0374	3.3824			
2010	251684	463.2585	50.662	4.26	4.7017	3.4451	2.0443
2011	311485	549.269	60.8956	4.9496	2.4578	4.7679	2.273
2012	374695	709.9822	75.2881	8.6172	4.0231	7.2037	3.3179
2013	446294	918.483	100.0319	10.5539	9.0886	12.2945	7.2083
2014	512021	1119.7345	130.694	10.4525	10.5403	8.7673	5.6416
2015	562000	1342.1621	163.7402	16.24	13.31	18.2677	6.5862
2016	606466	1655.5043	202.2261	22.2547	14.4431	17.1224	13.6554
2017	641238	2051.0398	247.3149	27.3732	18.9006	10.2237	23.0185
2018	645675		225.79				

资料来源：《中国统计年鉴（2019）》、《西藏统计年鉴》（2016～2018）、《林芝统计年鉴（2015）》、《林芝市国民经济与社会发展统计公报》、《林芝领导干部手册（2018）》、《米林县 2001～2018 年主要经济指标明细表》。

　　随着投资的大幅增加，林芝市及其 4 个边境县的基础设施建设发生了翻天覆地的变化。例如，"十五"期间，林芝市①抓住国家实施西部大开发战

---

① 林芝行政区划经历建立—撤销—恢复成立—撤地设市等几次大演变。1960 年 1 月自治区筹备委员会设立塔工地区专员公署，2 月更名为林芝市专员公署，1964 年 5 月撤销林芝市专员公署，1986 年 2 月恢复成立行政公署。2015 年 3 月，国务院批准撤销林芝地区设地级林芝市，翻开林芝建制史崭新一页。参见《西藏举行林芝市"十二五"期间经济社会发展成就发布会》，国务院新闻办公室网站，2016 年 12 月 2 日，http：//www.scio.gov.cn/xwfbh/gssxwfbh/xwfbh/xizang/Document/1534448/1534448.htm。

略的历史机遇，加大固定资产投资力度，社会固定资产投资累计完成 80.11 亿元。林芝机场、机场公路、色季拉公路、岗派公路、错高湖旅游公路、二期农网改造、八一镇第二水厂和垃圾填埋场等一批重点项目相继建设，基础设施条件得到较大改善，"瓶颈"制约得到缓解。全地区共投资 3.52 亿元，新建和完善农牧区小城镇 28 个，城镇人口达到 35196 人，城市化水平得到提高。投资 7.23 亿元，改造农房 5896 户，2.5 万名群众迁入新居，过上了健康文明的新生活①。"十一五"期间，林芝市固定资产投资累计超过 137 亿元，以水电能源、交通运输为重点的基础设施建设力度不断加大，林芝机场、雪卡电站、米朗油路、八一二桥等一大批重点项目相继建成并发挥效益，老虎嘴电站、墨脱公路等重大项目在加紧建设中。至 2009 年年底，全地区公路通车总里程达到 4734 公里，县通油路率达到 71.8%，乡（镇）通公路率达到 96.3%，建制村通公路率达到 84.88%；全地区电力装机容量达到 7.624 万千瓦，乡（镇）通电率达到 90.74%，建制村通电率达到 77.88%②。"十二五"期间，林芝共落实国家投资 397.7 亿元，实施重点项目 127 项 1028 个，主要包括墨脱公路、机场快速通道、林拉高等级公路一期工程、川藏铁路林芝至拉萨段、林芝机场改扩建工程等一批重点项目和航空运力，还包括一批流域治理工程、安全饮水工程、农田水利工程等，防洪减灾、饮水安全、水土保持、电力供应保障等多目标水利综合社会功能更加完善。林芝市共改造贫困乡村中低产田 5.49 万亩，建设人畜饮水和灌渠工程 241 公里，新修村级道路 16 条 287.23 公里、桥梁 28 座，改善灌溉面积 12.28 万亩，改良土壤 4.14 万亩，新增灌溉面积 4.34 万亩，人工种草 0.837 万亩，改良草场 2.4 万亩。乡（镇）通光缆实现全覆盖，村通电话率、通宽带率分别达 100% 和 91%。建成农村综合信息服务站 353 个，覆盖率达 72%③。

"十三五"以来，林芝市基础设施得到新提升。2016 年，全年新建项目

---

① 《林芝市经济和社会发展第十一个五年总体规划纲要》。
② 《林芝市"十一五"项目建设成绩斐然》，《西藏日报》2010 年 5 月 27 日。
③ 《多措并举精准扶贫》，《西藏日报》2015 年 7 月 26 日。

220 个，续建项目 218 个。川藏铁路拉萨至林芝段、林拉高等级公路二期、滇藏新通道等工程稳步推进，川藏铁路康定（新都桥）至林芝段前期工作进展顺利。新建农村公路 349 公里，公路总里程达 5779 公里，乡镇、行政村公路通达率分别为 98.15%、96.77%，通畅率分别为 81.48%、58.67%。八一镇集中供暖试点工程顺利完工，二期试点有序推进[①]。2017 年，全年开复工项目 639 个，林拉高等级公路林芝段全线通车。拉林铁路、滇藏新通道等重点交通项目进展顺利，新改建农村公路 367 公里。藏中和昌都电网联网工程、拉林铁路供电工程、新一轮农村电网改造升级工程加快推进，7 个县区农电国网移交工作完成，全市水电总装机容量达 35.68 万千瓦，发电量达 7.9 亿千瓦时。尼洋河八一镇城区段堤防加固工程、第二批 20 个乡镇供水工程稳步推进，农田有效灌溉面积为 25.74 万亩。以"央企助力富民兴藏"活动为契机，与 15 家央企签约合作项目 58 个，完成 8 个，落实资金 104.7 亿元。全年签约招商引资项目 127 个，到位资金 46 亿元，增长 9%；民间投资项目 64 个，到位资金 16 亿元，增长 12%，项目落地率和资金到位率不断提高[②]。2018 年，开复工项目 557 个，完成投资 135 亿元。林拉高等级公路二期米拉山隧道全线贯通，拉林铁路林芝段路基主体工程顺利完工，藏中和昌都电网联网工程竣工投运。实施农村公路项目 98 个，完成投资 32.73 亿元，新改建公路里程 670 公里，全市乡镇通达率、通畅率分别达到 100%、92.6%，行政村通达率、通畅率分别达到 100%、84.74%，朗县被评为"四好农村路"全国示范县。加快网络基础设施建设，光纤通达 461 个行政村，覆盖率达到 94.3%。综合治理河道 189 公里，解决 1.47 万人安全饮水问题。尼洋河综合治理与保护项目完成投资 3.55 亿元，江巴、百朗等重点灌区及 5 个县小型农田水利项目稳步实施，新增和改善农田灌溉面积 4.2 万亩[③]。

综上，根据林芝市经济社会发展的实际需要，基于中央财政及广东、福

---

① 《2017 年林芝市人民政府工作报告》，林芝市政府办公室提供。
② 《2018 年林芝市人民政府工作报告》，林芝市政府办公室提供。
③ 《2019 年林芝市人民政府工作报告》，林芝市政府办公室提供。

建两省对口援藏的投资力度不断加大，近几年，林芝及其边境县相继实施了一大批影响深远的重大项目工程，林芝市水利、交通、通信、电力等条件得到进一步改善，在很大程度上克服了林芝市及其 4 个边境县因距离和地理环境产生的交通、通信障碍，为经济跨越式发展创造了良好条件。林芝市也充分利用国家、对口援藏单位投资强劲的带动作用，不断优化投资结构。固定资产投资持续大幅增长，成为有效拉动林芝经济快速增长的引擎，投资拉动经济发展成效显著。由上述分析可知，2012～2018 年，西藏自治区年均经济增长幅度是 10.7%，高于全国平均水平 3.56 个百分点，而林芝市及其 4 个边境县米林县、墨脱县、察隅县、朗县的年均经济增长幅度均高于西藏自治区平均水平。

（五）地方财政收入较快增长，财政支出更关注民生建设

财政收入指国家财政参与社会产品分配所取得的收入，是实现国家职能的财力保证。财政支出指国家财政将筹集起来的资金进行分配使用，以满足经济建设和各项事业的需要。

表 8 报告的是 2000～2018 年林芝市财政收入与财政支出情况。随着经济的快速发展，林芝市财政收入实现了较长时间的持续增长。由表 8 可见，2000～2018 年，林芝市公共财政预算收入从 5356 万元增长到 138011 万元，按当年价格计算，年均增长 19.78%，比同期全国财政收入的年均增幅高 4.14 个百分点，但比同期西藏自治区财政收入的年均增幅低 3.42 个百分点，占西藏自治区地方财政收入的比重从 9.95% 波动下降到 5.99%。这说明，林芝市公共财政预算收入稳步增长，但在西藏自治区的地位有所下降。

2000～2018 年，林芝市公共财政预算支出从 25585 万元增长到 1190747 万元，按当年价格计算，年均增长 23.78%，比同期西藏自治区与全国财政支出的年均增幅分别高 2.38 个百分点与 8.03 个百分点，占西藏自治区地方财政支出的比值从 4.27% 波动上升到 6.04%。同样表明，林芝市地方财政支出稳步增长，在西藏自治区的地位逐步上升。

表8　2000～2018年林芝市财政收支情况分布

单位：万元，%

年份	林芝市公共 财政预算收入	林芝市公共 财政预算支出	林芝市财政 收支差额	林芝市财政 自给率	林芝市财政收入 占全自治区比重	林芝市财政支出 占全自治区比重
2000	5356	25585	−20229	20.93	9.95	4.27
2001	5877	30902	−25025	19.02	9.62	2.96
2002	6204	40878	−34674	15.18	8.49	2.97
2003	8699	48389	−39690	17.98	10.67	3.32
2004	10716	63129	−52413	16.97	10.70	4.72
2005	12887	76416	−63529	16.86	10.71	4.12
2006	15523	69632	−54109	22.29	10.66	3.48
2007	20321	112025	−91704	18.14	10.09	4.07
2008	24011	137329	−113318	17.48	9.65	3.61
2009	28694	157237	−128543	18.25	9.54	3.34
2010	34612	191292	−156680	18.09	9.44	3.47
2011	48000	464558	−416558	10.33	8.76	6.13
2012	56640	588990	−532350	9.62	6.54	6.51
2013	69500	420613	−351113	16.52	7.31	4.15
2014	75833	496367	−420534	15.28	6.10	4.19
2015	86323	746538	−660215	11.56	6.30	5.40
2016	106067	856818	−750751	12.38	6.80	5.40
2017	129647	989503	−859856	13.10	6.98	5.88
2018	138011	1190747	−1052736	11.59	5.99	6.04

在财政收支稳步增长的同时，为实现基本公共服务均等化的目标，林芝市财政继续优化支出结构，加快民生工程建设。2010～2018年，林芝市财政支出中公共服务支出一直呈较高幅度增长。教育支出、文化体育与传媒支出、社会保障与就业支出、医疗卫生支出、环境保护支出、城乡社区事务支出、农林水事务支出、住房保障支出年均增幅分别为18.71%、19.81%、24.35%、22.60%、60.50%、55.54%、41.50%、35.54%。

（六）人民生活水平稳步提高，从温饱迈向小康

林芝市经过40年的快速发展，城乡居民收入稳步提高，人们拥有的财

富显著增加，城乡居民生活实现了从温饱到总体小康的历史性跨越。

1. 把实施产业发展工程作为提高农牧民生产生活水平的主要支撑和关键举措

首先，推进林芝市"一带四基地"（林果产业带、藏猪养殖加工基地、藏药材种植基地、绿色有机茶叶种植基地、设施蔬菜种植基地）建设，把发展林芝市高原特色农牧产业作为农牧民增收的主要支撑点来抓。2018 年林芝市新增特色林果、绿色有机茶叶、设施蔬菜、藏药材种植面积 2.36 万亩，种植规模达到 32.99 万亩。新增藏猪养殖 7 万头，养殖规模达到 47 万头。新增涉农商标 187 枚、"三品一标"认证产品 18 个、农牧民专业合作社 40 家。其次，做好林芝市全域旅游，把发展旅游业作为农牧民增收的主要途径之一。近年来，林芝市探索"旅游 +"文章，促进旅游业与文化、农牧特色产业等深度融合，培育发展田园旅游、文化旅游、体育旅游、康养旅游、休闲旅游等新业态新产品，以产业融合发展带动农牧民增收致富，一批贫困乡村因此阔步迈向小康。

2. 城乡居民收入快速增长

林芝市城镇居民人均可支配收入由 2005 年①的 7243.6 元提高到 2018 年的 29680 元，按当年价计算，增长了 3.1 倍，年均增长 11.46%②，比同期全国平均增幅高 0.69 个百分点，也比西藏自治区平均增幅高 0.32 个百分点。林芝市农村居民人均可支配收入由 1986 年的 425.4 元提高到 2018 年的 14820 元（见表 9），按当年价计算，增长了 33.8 倍，年均增长 11.73%，比同期全国及西藏自治区平均增幅都要高③。2018 年林芝市城镇居民人均可支配收入是西藏自治区平均水平的 87.82%，是全国平均水平的 75.62%；

---

① 由于缺乏林芝市 2005 年之前的城镇居民人均可支配收入的历史数据，我们只能将 2005 年作为计算林芝市城镇居民人均可支配收入变化的基年。

② 根据下列资料计算、整理：《林芝统计年鉴》（2015）、《林芝领导干部手册》（2015 ~ 2018）。

③ 表 9 中全国、西藏自治区农村居民人均收入数据在 2014 年之前均已推算为可支配收入，林芝市及米林县、墨脱县、察隅县、朗县的农村居民人均收入数据在 2014 年之前仍是农村居民人均纯收入，口径不一致。我们在这里只做一个粗略的比较。

农村居民人均可支配收入是西藏自治区平均水平的 129.43%，是全国平均水平的 101.39%。显然，林芝市城乡居民收入水平从温饱迈向了小康。

表9　1986～2018 年林芝市与全国、西藏自治区农村居民人均可支配收入情况

单位：元

年份	全国	西藏自治区	林芝市	米林县	墨脱县	察隅县	朗县
1986	423.8	490	425.4	537.02	248.12	334.46	382.28
1990	686.3	580	578.55	686.48	310.09	548.35	628.42
1995	1577.7	875	1154.58	1229.83	818.82	1075.77	1087.19
2000	2282.1	1326	1656	2373.55	1282.87	1422.48	2062.91
2001	2406.9	1399	1807	2497			
2002	2528.9	1515	1934	2632			
2003	2690.3	1685	2112	3009			
2004	3026.6	1854	2392	2928			
2005	3370.2	2070	2723	3300	1762	1737	3300
2006	3731.0	2426	3149	3752			
2007	4327.0	2777	3596	4327			
2008	4998.8	3164	4095	4919			
2009	5435.1	3519	4562	5416			
2010	6272.4	4123	5410	6427			5617
2011	7393.9	4885	6433	7551			6584
2012	8389.3	5697	7498	8782			7599
2013	9429.6	6553	8612	10078	5731	5891	8759
2014	10488.9	7359	9582	11195	6481	6603	9715
2015	11421.7	8244	10703	12537	7259	7375	10802
2016	12363.4	9094	11812	13915	7989	8111	11943
2017	13432.4	10330	13407	15822	9073	9192	13545
2018	14617.0	11450	14820	17491	10039	10170	14980

注：本表 2013～2018 年全国农村居民人均可支配收入来源于住户收支与生活状况调查，1978～2012 年数据是根据历史数据按住户收支与生活状况调查可比口径推算获得。可支配收入绝对数按当年价计算。西藏农村居民人均可支配收入中，2014 年及之后的为可支配收入，2014 年以前的历史数据均也已推算为可支配收入。林芝市及米林县、墨脱县、察隅县、朗县的农村居民人均可支配收入中，2014 年开始使用可支配收入，以前历史数据均为人均纯收入。

可以说，西藏和平解放以来，林芝市城乡居民收入均得到大幅提高。我们通过近几年在林芝市及各县的田野调研可以明显感受到，随着收入的增加，林芝市城乡居民的消费水平也发生很大变化。我们在北京能看到的各种食物、家用交通工具、家具家电、衣服鞋帽，在林芝市的城乡居民家庭基本都能看到，城乡居民食品消费种类越来越多，着装也更加鲜艳亮丽，温饱型的消费特征逐渐被现代消费方式所取代，消费需求正从生存资料消费向享受资料消费转变，城乡居民生活基本从温饱迈向小康。

3. 强力推进社会保障全覆盖工程，城乡居民社会保障水平不断提高

目前，林芝市以养老、医疗、失业、工伤和生育五大保险为主体的覆盖城乡全体居民的社会保障体系全面建立。2018 年，城乡居民养老保险参保缴费人数为 79813 人，征缴基金 828 万元。其中领取待遇人数为 13471 人，基本养老金支出 2805 万元。[①] 城镇职工基本医疗保险参保人数为 20922 人、城镇居民基本医疗保险参保人数为 17328 人、失业保险参保人数为 14389 人，征缴失业保险金 1316.84 万元，领取失业保险金人数 15 人。2018 年，农牧区医疗保险制度覆盖率为 98%，全年资金到位率为 100%。在编僧尼和城乡居民免费健康体检常态化，2018 年，体检率分别为 100% 和 92.14%。农牧区孕产妇住院分娩率达 96.37%，高危产妇管理率达 100%，住院分娩率达 100%，婴儿死亡率为 7.94‰。[②] 另外，林芝市全面深化医疗卫生体制改革，进一步完善以免费医疗为基础的农牧区医疗制度，逐步提高补助标准和医疗保障水平，推动医疗、医药、医保联动协调发展。截至 2018 年底，全市发放民政医疗救助资金 1225 万元，救助困难群众 2.23 万人次[③]。林芝市因病致贫健康扶贫对象家庭医生签约覆盖率达 100%，服务率达 95.4%，其中米林、墨脱、朗县、察隅等 4 个边境县建档立卡贫困户签约率达

---

① 资料来源：《林芝市社保中心 2018 年工作总结》；资料提供部门：林芝市人力资源与社会保障局；资料提供时间：2019 年 5 月 21 日。

② 资料来源：《林芝领导干部手册》（2018），林芝市统计局。

③ 资料来源：《林芝市脱贫攻坚社会保障 2018 年工作总结暨 2019 年工作安排》；资料提供部门：林芝市脱贫攻坚指挥部社会保障组；资料提供时间：2019 年 5 月 21 日。

100%，服务率达 92.9%；一般群众签约率达 66.1%，服务率达 62.5%。2018 年初农村低保标准由每人每年 3311 元提高到每人每年 3840 元，2018 年 7 月 1 日起，农村低保标准又由每人每年 3840 元提高到每人每年 4450 元，农村低保与扶贫开发政策标准实现了有效衔接。截至 2018 年底，共计发放农村低保资金 721.4 万元，累计救助 34325 人次。从 2018 年 1 月 1 日起，农村分散特困人员救助供养标准提高到每人每年 5760 元，集中供养和城市分散供养标准提高到每人每年 11700 元。截至 2018 年底，共计发放特困人员供养金 767.9 万元，累计救助 11128 人次。[①]

（七）脱贫攻坚取得了决定性胜利

在脱贫攻坚期间，在中央、西藏自治区统一部署下，为了实现"到 2020 年，稳定实现贫困人口'三不愁'、'三有'、'三保障'[②]，全面解决现行标准下区域性整体贫困问题，农村贫困人口和贫困县全部脱贫摘帽，确保贫困人口人均可支配收入每年平均增长 16% 以上，且贫困发生率不高于 5%，全面建成安居乐业、保障有力、家园秀美、民族团结、文明和谐的小康社会"的目标，[③] 针对林芝市的贫困特征和致贫原因，林芝市全面推进脱贫攻坚战略，建构了"政策扶贫、专项扶贫、行业扶贫、金融扶贫、援藏扶贫"等"多位一体"的大扶贫格局，全面实施到村到户的产业扶贫、搬迁扶贫、生态扶贫、就业扶贫、健康扶贫等"十项行动"。例如，为了实现脱贫攻坚目标，林芝市加大脱贫攻坚资金支持力度。自 2016 年开展脱贫攻坚工作以来，到位脱贫攻坚资金累计 16.45 亿元。林芝市还出台《林芝市金融扶贫风险补偿及担保基金管理办法》，落实贷款资金共 27.29 亿元，发放

---

① 资料来源：《林芝市脱贫攻坚社会保障 2018 年工作总结暨 2019 年工作安排》；资料提供部门：林芝市脱贫攻坚指挥部社会保障组；资料提供时间：2019 年 5 月 21 日。

② "三不愁"：不愁吃、不愁穿、不愁住；"三有"：有技能、有就业、有钱花；"三保障"：义务教育、基本医疗、社会保障。

③ 西藏自治区发改委：《西藏自治区脱贫攻坚"十三五"规划》，西藏自治区人民政府官网，2019 年 7 月 29 日，http://www.xizang.gov.cn/zwgk/ghjh/201811/t20181123_ 171759.html。

扶贫产业贷款 14.27 亿元，定向支持全市 241 个项目，受益群众达 2.26 万人①。为了实现贫困农牧民可持续的脱贫能力，林芝市加大力度发展特色农牧业和生态旅游业，2016～2019 年，全市累计实施产业扶贫项目 510 个，到位投资累计 31.15 亿元，确保了贫困农牧民通过融入产业发展实现增收脱贫。针对不同贫困家庭，实施不同的帮扶措施，取得了明显的效果。2016～2019 年，全市贫困农牧民人均纯收入由 2855 元增长至 6781 元，增长 1.38 倍，收入水平大幅提升。

自 2016 年脱贫攻坚战打响以来，在党中央的关怀和全国人民的支持下，在林芝市党委、政府的领导和各族人民的努力奋斗下，林芝市的脱贫攻坚工作取得了决定性胜利。2017 年，林芝市巴宜区实现脱贫摘帽。2018 年，林芝市米林、工布江达、波密 3 个县如期脱贫摘帽，墨脱、察隅、朗县达到脱贫摘帽标准。2019 年 8 月 27 日，林芝市召开新闻发布会，宣布 487 个贫困村退出，7 个县区全部如期实现脱贫摘帽②。具体情况是，2016～2019 年，林芝市累计减贫 6786 户 23467 人，贫困发生率降至 0.33%，实现了全市整体脱贫。区域性整体贫困问题得到有效解决，脱贫攻坚取得了决定性胜利。

特别值得一提的是，2017 年 1 月，国务院扶贫开发领导小组组织的省际交叉考核组对西藏脱贫攻坚工作进行全面考核，结果表明，包括林芝市在内的西藏 2016 年精准识别率达到 100%，精准退出率达到 100%，群众满意度达到 99.6%，成为 2016 年脱贫攻坚工作成效考核"综合评价好"的 8 个省区市之一③。国务院脱贫攻坚督导组、全国政协考察组、中科院第三方评估组均认为，西藏脱贫攻坚识别精准，工作扎实，帮扶到位，精准扶贫全面展开、快速推进，走在了全国的前列④。此后两年，也可以说是连续三年，

---

① 江飞波、赵延：《西藏林芝累计减贫 2.3 万余人贫困发生率降至 0.33%》，中国新闻网，2019 年 8 月 28 日，http://www.tibet.cn/cn/fp/201908/t20190828_ 6672490.html。
② 江飞波、赵延：《西藏林芝累计减贫 2.3 万余人贫困发生率降至 0.33%》，中国新闻网，2019 年 8 月 28 日，http://www.tibet.cn/cn/fp/201908/t20190828_ 6672490.html。
③ 参见张曙霞《脱贫攻坚战的西藏打法》，《财经国家周刊》2017 年第 11 期。
④ 参见王健君、刘洪明《脱贫攻坚"世界屋脊之巅"》，《瞭望》2017 年第 20 期。

包括林芝市在内的西藏脱贫攻坚工作成效均被中央确定为"综合评价好"。①

另外，我们在林芝市及米林县、墨脱县、察隅县、朗县调研时，对当地相关政府部门干部做了一个问卷调查②。调查发现，各部门干部对于2020年所在市（县）实现脱贫攻坚任务、全面建成小康社会充满信心。具体情况是，在回答"您对2020年所在市（县）实现全面脱贫是否有信心"的问题时，95.35%的干部回答"有信心"；在回答"您对2020年所在市（县）全面建成小康社会是否有信心"的问题时，67.42%的干部回答"很有信心"，29.55%的干部回答"有信心"，即有96.97%的干部对当地能与全国在2020年同步实现全面小康社会充满信心。

二　林芝市经济发展面临的困境与问题

由上文所述可知，西藏和平解放以来，林芝市及其4个边境县米林县、墨脱县、察隅县、朗县的经济社会呈现出稳定快速发展、经济实力大大提升、经济结构不断调整优化、固定资产投资逐渐加大、基础设施建设全面加强、地方财政收入较快增长、人民生活水平显著提高、社会事业全面发展的良好态势，社会生产力和综合实力都上了一个大的台阶，已步入跨越式发展的快车道，成为西藏自治区经济发展领跑者之一。但是，相对于全国平均水平和东部发达地区，林芝市及其4个边境县米林县、墨脱县、察隅县、朗县经济发展仍处于较低水平，还面临一些困境，存在一些问题。

---

① 刘倩茹：《写好消除贫困的西藏答卷——访西藏自治区扶贫办主任尹分水》，《西藏日报》2019年11月5日。

② 2018年5月22日至6月9日，2019年5月20日至6月3日，课题组两次在林芝市及米林县、墨脱县、察隅县、朗县调研的时候，对当地相关政府部门干部做了一个问卷调查。主要包括林芝市及察隅县、墨脱县、米林县、朗县的宣传部、人大、政协、法院、发展与改革委员会、规划局、扶贫办、脱贫攻坚指挥部、财政局、民政局、国土局、教育局、文化和旅游局、环保局、人力资源和社会保障局、民宗局、统计局、武警、边防部队等部门的干部。问卷样本共150份，其中有效样本132份。在132份有效样本中，朗县干部占46.21%，墨脱县干部占21.97%，米林县干部占16.67%，察隅县干部占15.15%。

（一）经济发展不充分、不平衡现象仍很明显

2018 年，林芝市 4 个边境县米林县、墨脱县、察隅县、朗县人均 GDP 分别为全国平均水平的 92.18%、65.60%、44.27% 与 55.89%，分别仅为同年全国综合竞争力百强县首位江苏省昆山市人均 GDP 的 25.87%、18.41%、12.43% 与 15.69%。显然，与全国及东部发达地区相比，林芝市 4 个边境县发展不充分问题凸显。而且，林芝市及 4 个边境县不仅与我国发达地区存在较大的发展差距，而且 4 个边境县之间发展也很不平衡，其中米林县经济发展水平最高，其人均 GDP 分别是经济发展水平较低的察隅县、墨脱县的 2.08 倍、1.41 倍。察隅县、墨脱县、朗县属于西藏自治区的深度贫困县，不仅经济发展水平较低，其他主要经济指标在林芝市也长期居之后列。

（二）产业层次仍较低、产业结构的初级特征及外生性特征明显

1951 年西藏和平解放时，西藏自治区经济结构单一，在 GDP 构成中第一产业占 97.7%，几乎没有工业和建筑业。当时，林芝市及其 4 个边境县米林县、墨脱县、察隅县、朗县的产业结构状况应该和西藏自治区整体情况类似。

从前文表 3 及分析可知，林芝市三次产业结构从 1986 年的"一三二"演化为 1989 年的"一二三"，再演化为 1994 年的"一三二"，又演化为 1996 年的"三一二"（第三产业占比首次超过第一产业占比，产业结构实现了历史性的突破），再演化为 1999 年的"三二一"（第二产业占比首次超过第一产业占比，且第二、第三产业占比均超过一产占比，形成第二、第三产业双驱动的发展格局），到 2018 年三次产业结构为 7.48∶40.68∶51.84，仍保持为"三二一"状态。从数字上看，2018 年林芝市产业结构与全国 7.2∶40.7∶52.1 的结构比较接近，实际上却有相当大的差异性，主要差异是林芝市产业结构的初级特征，以及由于国家及援藏省市、单位对林芝产业发展的大力支持，林芝产业结构的外生性特征明显。

目前林芝市各产业发展的规模不仅小，而且层次较低，初级特征、外生性特征明显，具体表现有三点。其一，从第一产业看，农牧业基础设施薄弱，规模化种植养殖业起步晚，农牧民组织化程度低；特色优势产业小散弱，缺乏农产品加工龙头企业，产业化发展水平低，传统农牧业生产占有相当比重。其二，从第二产业看，与西藏自治区总体状况类似，林芝市第二产业以建筑业为主，第二产业中工业增加值占比很小。2010～2018年，林芝市工业占第二产业的比重由15.54%波动下降到11.49%。也就是说，工业对第二产业的贡献很小，不到16%。近年来第二产业的快速发展，主要依赖建筑业的发展，即依赖国家与对口援藏省市、单位对林芝大幅增长的基础设施、公共服务设施建设等方面的巨量投资。其工业化进程正从工业化初期的后半阶段迈向工业化中期的前半阶段，工业企业普遍规模小、管理粗放、竞争力较低。其三，从第三产业看，与西藏自治区总体状况类似，近几年林芝市第三产业超高速发展，第三产业增加值占比最高，但这并不能反映林芝经济的现代化程度高低，因为它不是产业经济自然演进的结果，而是源自中央特殊政策和投资的强力拉动，特别是中央财政的直接补贴。表现特征为服务于具有公共性或准公共性的部门消费占比较大，由此形成的经济带动作用还不强。林芝第三产业增加值虽然占比最高，但与中东部地区相比，其内部结构差异明显。具有公共性或准公共性的社会保障和社会福利业、教科文卫领域、环境、水利和公共设施管理业、公共管理和社会组织等非经营性领域占有较高比重，其他是交通运输业、批发和零售业、住宿和餐饮业等传统服务业，以及文化旅游业。虽然文化旅游业发展很快，但文化旅游资源开发利用不够，高端旅游产品不足，旅游服务水平还有待提高。另外，林芝市第三产业的新行业、新业态发展也严重滞后①。

（三）经济增长主要依靠投资拉动，属于典型的"输血型"经济

表10报告的是2000～2018年林芝市与全国、西藏自治区固定资产投资

---

① 李青：《西藏的发展阶段、主要矛盾与战略地位》，《财经智库》2019年第2期。

在 GDP 中的占比情况。从表 10 可以看出，2000～2017 年，林芝市固定资产投资在 GDP 中的占比明显提高，从 40.4% 上扬到 185.52%，且从 2002 年起，不仅每年高于同年全国固定资产投资在 GDP 中的占比，还每年高于同年西藏自治区投资在 GDP 中的占比。从 4 个边境县看，2000～2017 年，米林县、墨脱县、察隅县、朗县全社会固定资产投资在 GDP 中的占比逐步提高，尤其是从 2012 年开始，投资在 GDP 中的占比增幅非常大，到 2017 年，米林县、墨脱县、察隅县、朗县全社会固定资产投资在 GDP 中的占比分别高达 183.84%、356.62%、127% 与 354.13%。显然，林芝市及其 4 个边境县经济发展依靠投资拉动的态势十分明显。

表 11 报告的是 2010～2018 年林芝市固定资产投资结构分布情况。从表 11 可以发现，林芝市固定资产投资主要依靠国家投资与援藏投资，社会投资严重不足。2010～2017 年，国家投资与援藏投资逐年增长，每年的增长速度为 22%～45%，其占固定资产投资总额的比重从 61.51% 逐年增长到 84.16%。同期，社会投资每年的增长速度为 -6%～34%，其占固定资产投资总额的比重从 38.49% 波动下降到 15.84%。这种态势在 2018 年发生逆转，2018 年国家投资与援藏投资比上年降低了 25.36%，而社会投资比上年增长了 79.81%。国家投资与援藏投资的占比下降为 68.80%，而社会投资的占比上升为 31.20%。

综上，林芝及其 4 个边境县经济增长投资依赖特征明显，主要依赖国家政策支持和援藏省市、单位的支持，是典型的"输血型"经济，内生增长动力十分不足。

表 10　2000～2018 年林芝市与全国、西藏自治区固定资产投资在 GDP 中的占比情况

单位：%

年份	全国	西藏自治区	林芝市	米林县	墨脱县	察隅县	朗县
2000	32.83	56.46	40.40	14.78	24.30	21.41	9.19
2001	33.57	61.64	45.30	21.73			
2002	35.74	67.26	100.05	127.62			

年份	全国	西藏自治区	林芝市	米林县	墨脱县	察隅县	朗县
2003	40.44	74.89	87.48	152.61			
2004	43.55	76.44	89.40	192.95			
2005	47.39	78.86	102.21	200.73	122.18	84.82	82.58
2006	50.13	79.91	101.81	145.61			
2007	50.84	79.43	96.89	113.72			
2008	54.14	78.49	93.20	121.79			
2009	64.44	85.97	105.43	72.55			
2010	61.07	91.29	94.36	78.78	233.59	114.50	79.92
2011	63.84	90.62	99.26	80.02	109.09	137.80	78.92
2012	69.57	101.19	104.00	108.43	154.75	163.08	98.05
2013	75.27	112.48	122.24	116.19	293.93	238.50	181.76
2014	79.84	121.48	140.74	103.70	284.87	151.16	125.93
2015	81.93	130.63	156.94	141.34	319.95	280.61	131.20
2016	81.95	143.78	174.68	173.59	314.66	238.81	243.41
2017	78.13	156.46	185.52	183.84	356.62	127.00	354.13
2018	71.72		150.52				

表 11　2010～2018 年林芝市固定资产投资结构分布情况

单位：亿元，%

年份	固定资产投资额	其中:国家投资与援藏投资额			其中：社会投资额（民间投资）	国家投资与援藏投资增速	国家投资与援藏投资占总固定资产投资比重	社会投资（民间投资）增速	社会投资占总固定资产投资比重
		总计	国家投资额	援藏投资额					
2010	50.66	31.16	29.71	1.45	19.5		61.51		38.49
2011	60.89	38.28	34.2	4.08	22.61	22.85	62.87	15.95	37.13
2012	75.29	47.14	37.78	9.36	28.15	23.15	62.61	24.50	37.39
2013	100.03	62.57	58.5	4.07	37.46	32.73	62.55	33.07	37.45
2014	130.69	90.61	82.93	7.68	40.08	44.81	69.33	6.99	30.67
2015	163.74	120.98	112.38	8.6	42.76	33.52	73.89	6.69	26.11
2016	202.23	160.52	157.25	3.27	41.71	32.68	79.37	-2.46	20.63
2017	247.31	208.13			39.18	29.66	84.16	-6.07	15.84
2018	225.79	155.34			70.45	-25.36	68.80	79.81	31.20

（四）财政自给率波动下降，自我造血功能不强

从表 8 及上文分析中可知，2000～2018 年，虽然林芝市财政收支均快速增长，但财政支出的增长幅度高于财政收入的增长幅度（4 个百分点），财政自给率从 20.93% 波动下降到 11.59%。一方面说明林芝市的自我造血功能不强，另一方面也说明西部大开发、兴边富民、脱贫攻坚等战略实施以来国家及对口援藏省市、单位对林芝的支持力度在加大。

从表 8 还可以发现，林芝市财政支出总额一直远高于财政收入总额。2000～2018 年，林芝市财政收支缺口从 20229 万元上涨到 1052736 万元，上涨了 51 倍。填补这些收支缺口的资金绝大多数来自中央政府的财政转移支付及对口援藏省市、单位的支持。

（五）经济开放程度很低，市场开拓能力有待加强

其实，就整个西藏自治区来说，都存在经济开放程度较低的问题。2018 年西藏进出口贸易总额为 47.52 亿元，仅相当于全区生产总值的 3.2%（比 2017 年低 1.3 个百分点），远低于同年全国平均水平，同西部民族地区其他省份相比也存在一定差距[①]。2018 年西藏进出口贸易中，边境小额贸易 24.12 亿元，比上年增长 4.0%，占进出口贸易总额的 50.8%。尼泊尔是西藏自治区最主要的贸易伙伴，双边贸易占西藏进出口总额的 52.6%。说明西藏经济开放程度较低，市场开拓能力有待加强。

对口援藏工作的开展，不仅给林芝市带来扶持资金、项目和技术，加快了林芝市经济社会的发展，而且促进了林芝市与对口援藏省市、单位的交流和合作，扩大了林芝市对内开放。但受各种因素的影响，林芝市对外开放水平很低。2018 年，林芝市进出口贸易总额为 222.26 万元，同比下降 97%，无进口，全部为出口。

虽然林芝市的 4 个边境县分别与缅甸、印度接壤，但没有正式的口岸，

---

① 参见德吉央宗《西藏经济发展的阶段性特征分析》，《产业创新研究》2018 年第 7 期。

更没有跨境经济合作。察隅县有一个吉太口岸，是一个小型的季节性、象征性的边贸市场，每年仅有几个月的时间有边民进行简单、小规模的物物交换，对外开放严重不足。

从旅游市场的视角看，米林县、墨脱县、察隅县、朗县4个边境县中，米林县的对内开放水平相对较高，游客办理了相关证件后，可以到边境乡镇旅游，比如可以到中印边境上的秘境南伊沟景区游玩，文化旅游业呈井喷式发展势头，带动米林县经济快速发展。但墨脱县、察隅县、朗县开放水平较低，基本还没开放边境游，文化旅游业虽然也有一定程度的发展，但相比米林县差距较大，对经济发展的贡献也较小，文化旅游资源优势还没有真正转化为经济优势。

（六）人口增长率高与城镇化水平低、人力资本不足同时存在

据研究，1990~2017年西藏平均人口自然增长率为12.3‰，比全国6.78‰的平均增长率高出近一倍①。林芝市人口自然增长率也应该是比全国平均水平高很多的。我们在当地调研政府部门及农牧区时也了解到，林芝市农牧区人口出生率是比较高的，而且是越封闭、越贫困的地区人口出生率越高。

从表12可以发现，1986~2018年，林芝市常住人口增长较快，年均增长1.83%，较全国同期年均增长水平高1.01个百分点。其中城镇人口年均增长3.2%，较全国平均水平低0.45个百分点，农村人口年均增长1.13%，较全国平均水平高2.26个百分点（全国农村人口同期年均减少1.13%）。4个边境县中，米林县的常住人口增长速度是最快的，年均增长2.05%，较全国同期年均增长水平高1.23个百分点，其城镇人口年均增长2.78%，较全国平均水平低0.87个百分点，农村人口年均增长1.69%，较全国平均水平高2.82个百分点。

---

① 李青：《西藏的发展阶段、主要矛盾与战略地位》，《财经智库》2019年第2期。

表 12　林芝市及各县常住人口分布情况

单位：人

区域	1986 年			2018 年		
	总人口	城镇人口	农村人口	总人口	城镇人口	农村人口
林芝市合计	130386	35330	95056	233036	96718	136318
巴宜区	29251	17431	11820	64416	47635	16781
工布江达县	20215	2270	17945	36486	9020	27466
米林县	14564	4272	10292	27874	10269	17605
墨脱县	8452	405	8047	14173	3053	11120
波密县	24237	6970	17267	38608	13698	24910
察隅县	22114	2993	19121	32075	7813	24262
朗县	11553	989	10564	19404	5230	14174

1986～2018 年林芝市常住人口城镇化率从 27.1% 上升为 41.50%，同期全国常住人口镇化率从 24.52% 上升为 59.58%。显然 1986 年林芝市常住人口城镇化率是高于全国平均水平的，但 30 多年来，林芝市城镇化进程缓慢，2018 年城镇化率比全国平均水平低 18.08 个百分点。4 个边境县中，墨脱县的城镇化进程最慢，1986 年仅为 4.79%，几乎绝大部分人口为农牧区人口，经过 30 多年的演变，2018 年也才 21.54%，仅相当于 1983 年全国平均水平。城镇化进程缓慢的重要原因是林芝市的工业化水平较低，而且现有的工业企业规模较小、吸纳劳动力能力较差，阻碍了农村人口向城镇的转移就业。城镇化缺乏动力，制约了人口在城镇的集聚规模，使得林芝市及其 4 个边境县城镇化水平很低。反之，城镇化水平低也制约了林芝市的现代化进程和经济的快速发展。

虽然林芝市人口出生率高，常住人口增长较快，但人口文化素质较低，人力资本不足。其中有几个主要原因。其一，据研究，2017 年，西藏自治区 15 岁及以上人口中文盲占比为 34.96%，占全国同口径文盲人数的 1.61%，高于全国平均值 30.11 个百分点，是全国文盲人口比重最高的省份。在西藏抽样调查的 2512 名 6 岁及以上人口中，未上过学的占比为 39.09%，为全国各省区市最高，显然西藏 6 岁及以上人口受教育程度明显低于全国平均水平①。我们缺乏林芝市的相应数据，但林芝市及其 4 个边境县的情况应该与西藏自治区整体情况大体一致。其二，林芝市及其 4 个边境县是地方病高发地区，如结核病、先心病、包虫病、大骨节病等疾病在林芝市的农牧区比较常见。这些都影响了林芝市人力资本积累。

林芝市及其 4 个边境县农牧区生存环境相对比较恶劣，生产生活条件较差，基础设施和基本公共服务供给不足，特别是教育、医疗卫生条件较差的实际情况，以及人口的高出生率，使得许多家庭因病致贫，没有能力给予子女成长时良好的营养及良好的教育，提高了贫困家庭陷入贫困代际传递的风险，使得林芝扶贫及社会保障的任务变得更艰巨。②

（七）虽然脱贫攻坚取得了决定性进展，但其保持脱贫成果的难度仍很大

2019 年 8 月，林芝市官方宣布 7 个县区全部如期实现脱贫摘帽，脱贫攻坚取得了决定性胜利。但如上所述，随着经济的发展，林芝市财政收入、财政支出逐年增长，财政自给率却在波动中下降。据我们对林芝市墨脱县、察隅县被访农牧民家庭的不完全统计，被访农牧民收入的 2/3 靠政府转移性收入③。这一方面体现了国家对包括林芝在内的西藏边境地区的关怀及全国人民对西藏的支持；另一方面也说明，林芝市内源性发展能力不足，主要还是依靠国家和援藏省市、单位的支持在发展。一旦国家和援藏省市、单位的支持力度减小，势必会马上影响林芝市经济社会发展速度，尤其是影响林芝市减贫的成效。

---

① 李青：《西藏的发展阶段、主要矛盾与战略地位》，《财经智库》2019 年第 2 期。
② 杨阿维、土登克珠、张建伟：《西藏贫困与反贫困问题研究》，经济管理出版社，2019，第 98 页。
③ 据我们对林芝市墨脱县、察隅县被访农牧民家庭的不完全统计，西藏农牧民收入的 6% 来自农业经营性收入，18% 来自工资性收入，76% 来自政府转移性收入。其中农业经营性收入中包含一部分政府惠农补贴，农牧民实际收入超过 2/3 来自政府转移性收入，贫困农牧民收入结构中政府转移性收入的所占份额就更高。这个结论也与林芝市当地政府部门的统计大体一致。参见《墨脱县"十三五"产业精准扶贫规划》，资料提供部门：墨脱县扶贫开发办公室；资料提供时间：2018 年 5 月 23 日。

从我们对林芝市及 4 个边境县干部的问卷分析也可发现这种担忧。在回答"如果 2020 年后扶贫项目减少 1/3，所在市（县）的返贫率是多少"时，37.82% 的干部回答返贫率将会是 10% 及以上。我们向被访干部询问"您认为所在市（县）发展落后的政府因素中排第一位的是什么"时，32.69% 的干部认为是"发展规划缺少连续性"，28.85% 的干部认为是"没有足够的发展资金"，15.38% 的干部认为是"特色产业定位不准"，9.62% 的干部认为是"交通基础设施落后"；在回答"您认为所在市（县）发展落后的政府因素中排第二位的是什么"时，23.97% 的干部认为是"特色产业定位不准"，21.49% 的干部认为是"没有培育起支柱产业"，18.18% 的干部认为是"交通基础设施落后"，14.88% 的干部认为是"没有足够的发展资金"，13.22% 的干部认为是"发展规划缺少连续性"，8.26% 的干部认为是"领导干部轮换太频繁"；在回答"您认为所在市（县）发展落后的政府因素中排第三位的是什么"时，26.55% 的干部认为是"没有培育起支柱产业"，18.58% 的干部认为是"没有足够的发展资金"，15.93% 的干部认为是"特色产业定位不准"，15.04% 的干部认为是"发展规划缺少连续性"，12.93% 的干部认为是"交通基础设施落后"，8.58% 的干部认为是"领导干部轮换太频繁"，还有 2.65% 的干部认为是"政府鼓励群众自觉创业致富差"。总体上，当地干部认为，发展规划、计划不连续，以及发展资金短缺、特色产业定位不准、没有培育起支柱产业、交通基础设施落后是当地经济发展的制约因素，也是当地政府部门实施脱贫攻坚工作的短板。

另外，我们也向被访干部询问了"您认为所在市（县）发展落后的人文因素中排第一位的是什么"，33.33% 的干部认为是"市场竞争意识不足"，23.26% 的干部认为是"只顾眼前利益，有长远打算的少"，15.5% 的干部认为是"小富即安思想盛行"，10.85% 的干部认为是"没有危机意识"，9.3% 的干部认为是"不注重孩子的教育"，7.75% 的干部认为是"没有储蓄意识，有钱就花"；在回答"您认为所在市（县）发展落后的人文因素中排第二位的是什么"时，24.37% 的干部认为是

"小富即安思想盛行"，21.01%的干部认为是"市场竞争意识不足"，18.49%的干部认为是"没有危机意识"，17.65%的干部认为是"顾眼前利益的多，有长远打算的少"，分别有9.24%的干部认为是"不注重孩子的教育"与"没有储蓄意识，有钱就花"；在回答"您认为所在市（县）发展落后的人文因素中排第三位的是什么"时，37.04%的干部认为是"只顾眼前利益，有长远打算的少"，分别有14.81%的干部认为是"市场竞争意识不足"与"没有危机意识"，分别有13.89%的干部认为是"小富即安思想盛行"与"不注重孩子的教育"，5.56%的干部认为是"没有储蓄意识，有钱就花"。总体上，当地干部认为群众缺乏市场经济意识、得过且过、小富即安，而且最近几年由于脱贫攻坚工作的开展和农村最低养老金标准、农村低保补助金的提高，农牧民的转移性收入有了大幅提高，政府的再分配使农牧民特别是贫困农牧民即使不从事生产经营活动，基本生活也能得到保障，因此，部分农牧民没有危机意识，有钱就花，没有储蓄起来积累资金扩大生产经营的意识，对小孩的教育也不够重视。

三　林芝市实现高质量跨越式发展的路径与对策

由上文可知，西藏和平解放以来，特别是经过近40年经济的快速发展，林芝市及其4个边境县米林县、墨脱县、察隅县、朗县的经济社会发展取得了巨大的成就，但仍面临一些困境，存在一些问题。主要包括经济发展不充分不平衡现象仍很明显、产业层次仍较低、初级特征明显、经济增长主要依靠投资拉动，属于典型的"输血型"经济、财政自给率波动下降，自我造血功能不强、经济开放程度很低，市场开拓能力有待加强、人口增长率高与城镇化水平低、人力资本不足同时存在等。对林芝及其4个边境县而言，今后要将促进经济高质量快速发展作为治边稳藏的中心任务。要根据目前经济发展中存在的主要问题和薄弱环节，下大功夫继续保持主要经济指标平稳较快增长，缩小与全国及东部地区的发展差距；加快经济结构调整与经济发展方式转变，提高经济增长质量和效益；进一步加快城镇化步伐；加大扶贫、减贫力度，促进城乡、地区经济社会协调发展。

（一）努力保持主要经济指标平稳较快增长

习近平总书记指出，"发展是解决所有问题的关键"，是"甩掉贫困帽子的总办法"。对包括林芝在内的西藏而言，经济发展是富民兴藏、长治久安和守边固边的最重要支撑。发展不充分、不平衡是目前林芝及其4个边境县经济发展的主要问题，因此，继续加大力度促进林芝及其4个边境县的主要经济指标平稳较快增长，是目前及今后很长一段时间林芝市及其边境县的主要任务之一。这就要求国家基于林芝市及其4个边境县的特殊战略地位，在未来相当长一段时间继续给予除对西部民族地区普惠的西部大开发、兴边富民等政策外的特殊扶持政策，包括援藏政策，努力帮助林芝及其边境县走出欠发达、贫困的"恶性循环""低水平均衡陷阱"等困境，在国家的政策支持和援藏省市、单位的经济援助下，充分发挥自身拥有的各种资源优势，激发以林芝市及其边境县为主导的"内发型"动力。

其理由正如上文所分析的，一方面，林芝市属于欠发达地区，贫困面广、贫困程度深，中央政府有责任扶持弱势群体和欠发达地区。另一方面，保护区域占到林芝市辖区总面积（控制线以内）的51.2%，林芝市在全国生态安全屏障建设中占据重要位置，保护包括林芝在内的西藏的生态环境也在事实上保护了全球的生态资源和气候环境。换句话说，林芝市保护生态环境，就是向我国其他地区及亚洲周边地区提供良好的生态产品，国家或其他地区应该对提供良好生态产品的林芝给予一定的生态补偿。再一方面，林芝市的米林县、朗县、察隅县、墨脱县分别与缅甸、印度接壤，是国家安全的第一道屏障。林芝市在经济社会发展的同时，还有守边固边的任务，肩负着维护祖国统一、国家安全和社会稳定的神圣使命。显然，"生态安全屏障""国家安全屏障"均具有全国外部性或全国公共性，中央及全国人民理应对维护了国家安全、提供了生态产品的包括林芝在内的边疆民族地区给予特殊支持。

（二）进一步加强基础设施和公共服务建设

针对目前林芝市及其边境县基础设施和公共服务水平仍较低的问题，林芝市及其边境县应在构建适应现代社会发展需要、守边固边发展需要、对外开放需要的综合性基础设施和公共服务体系上下功夫。一方面，加强农牧区道路、农田草场水利、土地综合整治、土壤及草场改良、通电通信等基础设施建设，提高农牧区医疗、卫生、教育等公共服务供给能力和水平，加大教育扶贫实施力度，扎实开展劳动力技术培训，让更多的农牧民参加各种实用技术培训，提高他们的现代农业经营能力及进入劳动力市场的技能。逐步解决农牧民行路难、用电难、通信难、饮水难、就医难、上学难、提高农业经营能力和水平难、转移就业难等问题，增强其发展后劲。另一方面，努力建立和完善对内对外开放通道，如与长江经济带、西北经济区和各邻国的联系通道，加强道路、医疗卫生等基础设施和公共服务的城乡融合、产业融合，提高基础设施和公共服务的综合效益①。

（三）继续推进经济结构调整和经济发展方式转变

加快林芝市及其边境县经济发展，必须推进经济结构调整和经济发展方式转变。

林芝市及其边境县产业结构调整的重点是实现从主要依赖传统第三产业及以建筑业为主的第二产业向一二三产业协调发展转变，这就要求林芝市及其边境县利用本地区的比较优势，正确选择支柱产业与主导产业，并努力将产业链向高科技含量、高附加值环节延伸。其一，重点发展具有禀赋优势的高原现代农牧业。以高附加值的高原特色农产品、畜产品、水果产业为重点，通过规模化、标准化提高产业水平，并加强高原现代农牧业产业化进程。其二，加快对传统支柱产业的改造升级，发展战略性新兴产业。林芝市及其4个边境县正处于从工业化初期的后半阶段迈向工业化中期的前半阶

---

① 李青：《西藏的发展阶段、主要矛盾与战略地位》，《财经智库》2019年第2期。

段，必须利用资源优势、后发优势，发展适合当地生态、环保条件的水电、光伏发电等清洁能源产业以及藏医药、生物科技、高原特色农牧生产加工等产业。特别是应利用援藏省市、单位的技术、人才、项目支援，招商引资，引进一些农产品加工龙头企业，发展壮大高原特色农牧生产加工等产业。这不仅有利于提升当地工业水平，还能引领当地农牧民学习使用农业适用技术，提升农业经营能力和水平，从而提高农产品品质和效益。比如近几年察隅县引进的一个集猕猴桃种植、加工、销售于一体的公司，在带动当地农民发展猕猴桃种植方面取得了显著成效；墨脱县引进的茶叶公司，不仅带动当地农牧民提升种茶、采茶技术，还打出了墨脱茶叶的品牌，提升了墨脱茶叶的附加值，提高了资源转化效率，实现了产业扶贫的目标。其三，扩大和提升以商业、旅游、运输为主的传统服务业的发展规模和水平，大力发展以现代物流、金融、信息、科技为主的现代服务业。充分开发利用林芝市及4个边境县的自然、文化、边境旅游资源，设计、增加一些高端旅游产品，提高旅游服务水平。

概言之，要进一步把中央赋予的特殊优惠政策同林芝的具体实际紧密结合起来，积极推进"一产上水平、二产抓重点、三产大发展"的经济发展战略，基于林芝的优势资源，以文化旅游业为支柱产业，以藏医药、高原特色农牧业为主导产业，加大对科技创新的投入力度，增强科技创新能力，促进经济增长由粗放型向集约型转变，提高经济增长质量和效益。

（四）继续"活边"，深化改革开放

2011年12月西藏自治区党委、政府召开全区边境工作会议，提出了促进西藏边境地区稳定与发展的思路、目标和政策。会上特别强调，推进边境地区发展稳定，要重点抓好"扶边、强边、兴边、活边、惠边、绿边、稳边、固边"八个方面工作。针对目前林芝市及4个边境县的实际情况，很有必要继续"活边"，深化改革开放。一方面，要解放思想，扩大对内开放的广度和深度，加大力度招商引资，吸引国内其他地区的资金、人才、技术等市场要素流动到林芝及其4个边境县，促进林芝市及其边境县多元市场主体经济合作、共同发展，逐渐从主要依赖国家投资和援藏投资向国家投资和援藏投资与多元市场主体投资并重转变，以增强林芝市及其4个边境县的经济活力。近两年，林芝市在吸引社会投资方面进展明显，2018年社会投资较上年增长了79.61%，扭转了当年国家投资与援藏投资下降25.36%的不利情况，保持了林芝市当年较高的投资规模，从而保证了2018年林芝较高的经济增长速度。在目前中国经济面临增速下行的压力背景下，传统依靠国家投资和援藏投资拉动经济增长的模式难以为继，这就更需要林芝市及其4个边境县继续深化改革，破除要素自由流动的体制机制障碍，优化投资环境和营商环境，吸引各类市场主体参与林芝市及其边境县的经济建设，加快培育经济增长新动能，促进当地经济发展实现新跨越。另外，如上所述，林芝市4个边境县中，米林县的开放程度相对较高，能够大力发展文化旅游业，适度开放边境游。近年米林县一直保持社会稳定、经济快速发展、民生有效改善的态势，经济社会发展水平一直处于4个边境县的首位，对墨脱县、察隅县、朗县的改革开放形成了很好的示范效应。另一方面，要基于西藏作为"面向南亚开放重要通道"的战略定位和建设环喜马拉雅经济合作带的要求，抓住国家构建"三圈三带"沿边开发开放空间格局的战略机遇，进一步解放思想，在守护国家安全的前提下，努力推动吉太口岸等口岸的设立和开放，积极探索中印、中缅次区域合作，逐步形成全面开放格局。总之，林芝市及其边境县要完善更加适应发展开放型经济要求的体制机制，以开放促发展。

（五）要增强自我"造血"能力

林芝市及其4个边境县这样的特殊欠发达地区，内部发展动力不足，缺乏经济发展的要素条件和活力，因而，外援帮扶推动其发展是必不可少的，即通过中央和援藏省市、单位注入资金，加强基础设施建设，提高公共服务水平，引进先进地区的现代化发展模式，促进林芝及其4个边境县迅速走上赶上我国其他地区的发展道路。但是，外援帮扶只是手段与过程，只有充分调动林芝市及其边境县主体的自主意识和能动性，通过"造血"的方式引导当地主体形成"内发型"动力，形成支撑其长期发展的自生能力来保障该地区的持续性发展，才能如期顺利实现"两个一百年"的奋斗目标。

例如，自从第三次西藏工作座谈会决定由全国 14 个省市对口支援西藏 7 个地市 44 个县的"对口援藏"大幕正式拉开以来，已经形成了经济援藏、项目援藏、干部援藏、科技援藏、教育援藏、医疗援藏等模式，形成全方位、宽领域、多层次的援藏格局。援藏模式也从最开始单纯的政府间的援助行为，发展为政府、企业、社会相结合，逐步按市场经济规则运行的对口协作新模式，为未来的"输血"与"造血"有机结合、互帮互助、合作共赢奠定了良好的基础，特别是为林芝市及其 4 个边境县增强自我"造血"能力提供了机会和动力。在这方面，林芝市已经有了较好的尝试，如广东省对口援助林芝，在巴宜区鲁朗镇建设"鲁朗国际旅游小镇"，总投资超过 30 亿元。广东省累计投入 13 亿元，用于改善鲁朗镇的基础设施，帮助引入恒大集团、广东旅游集团、保利集团、广东珠江集团等到鲁朗镇投资酒店和其他旅游设施。2017 年 10 月，鲁朗国际旅游小镇项目建成营业，弥补了林芝市旅游高端产品的空缺，取得初步成效。2018 ~ 2019 年援藏单位又协助引进公司投资 8 亿元。从鲁朗国际旅游小镇项目建设过程中可以看出，作为受援方的林芝市所拥有的是优质的旅游资源，而援助方广东省不仅给予无偿援助，投入 13 亿元建设基础设施，还帮助引入了企业投资 25 亿元，并按市场经济规则经营、分配，不仅为林芝市开发了高端的旅游服务产品，带来了先进的经营理念，培养了当地的旅游产业从业人员，贡献了利润分成和税收，还促进了林芝市自我造血机制的建构。另外，广东省在完成既定的援藏任务的基础上，协调引进的企业也找到了很好的投资途径，实现了合作共赢的目的[1]。

（六）创新适应守土固边的城镇化道路

党的十八大以来，中央政府及西藏自治区开始探索援边方式的转变。特

---

[1] 杨明洪、马骏丽：《以"民主改革"为坐标起点考察对口援藏制度》，《中央民族大学学报》（哲学社会科学版）2019 年第 5 期。

别是西藏自治区第八、第九次党代会后，针对西藏自治区边境地带基础设施薄弱、经济发展缓慢、农牧民贫困问题比较严峻等问题，中央政府及西藏自治区结合现实发展状况，积极探索全面建设边境小康村的新模式。边境小康村不仅建设有规划整齐的民房主体，还建设有配套的村民广场、幼儿园、标准化卫生室、村级组织活动场所、小超市等设施，有些边境小康村还发展起集体经济，建起洗车场、砂石料场、苗圃基地、农牧民施工队等经济合作组织，村民一部分仍从事农牧业，一部分已经转移就业从事运输、工程施工、商业等。米林县有些边境村的村民开民宿、办饭馆，从事乡村旅游业，各种业态相继出现。据我们在米林县、墨脱县、察隅县、朗县的调研，边境小康村建设很受当地农牧民的欢迎，有些生态环境极其恶劣的非边境村村民在易地扶贫搬迁中，迁往边境小康村生活，使得大部分边境小康村都形成了几个自然村落的集聚，具备发展成小城镇的基础。

在边境小康村建设取得成功的背景下，可在林芝等边境地区推行有别于其他地区的城镇化制度创新，即通过政府的公共建设投资在边境乡村开辟若干定居点，使之逐步发展为小城镇。这样，既可加速城镇化的进程，又可实现屯兵与安民并举、固边与兴边并重，进一步加快边境地区的建设和发展。

（七）部分扶贫政策和工作力度仍需保持一定的连续性和稳定性

虽然林芝市在2019年8月宣布实现了整体脱贫，2019年12月23日西藏自治区官方宣布西藏实现"全域脱贫摘帽"[①]，但我们也要清醒地认识到，贫困县实现摘帽和绝对贫困人口实现脱贫，并不意味着贫困的完全消失，也不意味着反贫困工作的结束。目前，包括林芝市在内的西藏农牧区缺衣少食的"生存性贫困"基本消灭，但缺资金、缺技术、市场经济发展环境和条件不充分、自身发展能力不足等导致的"发展性贫困"、"转型性贫困"与"相对贫困"问题仍较为突出，反贫困工作任重道远。

---

① 《西藏实现全域脱贫摘帽》，中国新闻网，2019年12月23日，http：//www.chinanews.com/gn/2019/12－23/9040599.shtml。

由上述分析可知，随着经济的发展，林芝财政收入、财政支出逐年增长，但财政自给率在波动中下降。目前，墨脱县、察隅县等地农牧民收入的2/3靠政府转移性收入。这一方面体现了国家对林芝的关怀及全国人民对林芝的支持，另一方面也说明，林芝内源性发展能力不足，主要还是依靠国家和援藏省市、单位的支持在生存和发展，一旦国家和援藏省市、单位的支持力度减小，林芝的经济社会发展势必会马上受到影响。因此，一方面，基于林芝在全国的战略地位以及林芝的实际情况，在2020年及"后脱贫时代"，林芝仍需国家及援藏省市、单位的支持，国家对林芝的特殊扶持政策仍应保持一定的连续性和稳定性。之前，西藏出台的部分脱贫攻坚政策性文件的时间节点是2020年，一些扶贫政策即将到期，西藏应该对现有扶贫政策进行全面梳理，留出政策缓冲期和接口，明确哪些政策需要进一步加强、哪些应该继续保留、哪些应该调整，以确保政策变动不影响脱贫成效。要明确包括林芝在内的西藏的脱贫成果来之不易。例如，对于教育扶贫政策、社会保障政策（包括低保和健康扶贫相关的医保政策）等关乎破解贫困代际传递和保障最贫困群体基本生存保障的政策，应该进一步加强；对于产业扶贫政策、劳动力技能培训等方面的政策，西藏应尽快出台与脱贫攻坚政策保持大体连续一致的相应政策（如"乡村振兴"的具体实施方案、细则等），持续巩固拓展脱贫攻坚成果，统筹推进脱贫攻坚与乡村振兴有效衔接。

第二章　高质量跨越式发展的情感纽带：林芝市民族团结进步的历程与经验[*]

刘　玲[**]

民族团结进步是多民族社会的重要目标，是西藏各族人民的生命线，是西藏改革发展稳定的重要前提。西藏自治区林芝市是一个以藏族为主体，汉族、门巴族、珞巴族等民族和睦相处的多民族聚居区，历史上各民族和睦相处，新中国成立后更是进入了民族团结进步的新阶段。本章回顾了新中国成立以来林芝市民族团结进步的历史进程，认为林芝市民族团结进步工作经历了新中国成立初期的奠基、林芝专区恢复以来的持续推进，逐步发展到新时期民族团结进步创建的新阶段。林芝市创新推进创建活动，讲好民族团结林芝故事；依法治理民族事务，用法治来保障民族团结；坚持发展改善民生，用发展来巩固民族团结，走出了一条"加强民族团结、建设美丽林芝"的民族团结进步创建之路。党的十八大以来，林芝市委、市政府坚决贯彻落实习近平总书记系列重要讲话精神，特别是"加强民族团结、建设美丽西藏"的重要指示，始终围绕各民族共同团结奋斗、共同繁荣发展的民族工作主题，牢牢把握铸牢中华民族共同体意识的民族工作主线，全力推动当地民族团结进步事业的发展，使当地呈现出经济发展、社会进步、生态良好、民族团结、社会和谐、边疆巩固、人民安居乐业的大好局面。民族团结进步真正成为林芝实现高质量跨越式发展的情感纽带。

---

* 本章的主要内容已经发表在《西藏民族大学学报》2020年第10期。

** 刘玲，中国社会科学院民族学与人类学研究所副研究员。

一　林芝市的历史沿革与民族分布情况

林芝市是一个以藏族为主体，汉族、门巴族、珞巴族等民族和睦相处的多民族聚居区。2018 年末，全市总人口为 23.3 万人，户籍人口为 19.68 万人，其中：藏族人口 15.46 万人，占户籍人口的 78.56%；门巴族人口 1.07 万人，占户籍人口的 5.44%；珞巴族人口 0.42 万人，占户籍人口的 2.13%；其他少数民族人口 0.18 万人，占户籍人口的 0.91%。除藏族在全市各县（区）均有分布外，其他少数民族大部分居住在察隅县、墨脱县、米林县和巴宜区境内。此外，林芝市有 3 个民族乡，分别为巴宜区更章门巴民族乡、米林县南伊珞巴民族乡和墨脱县达木珞巴民族乡。

林芝市自古以来就是滇藏、川藏茶马古道咽喉和连接中印、中缅的要道。千百年来，藏族、汉族、门巴族、珞巴族等十多个民族在这里繁衍生息，他们在创造西藏地方古代文明和缔造中华各民族大家庭的伟大事业中做出过重要贡献，林芝的历史是中华民族发展史的重要组成部分。从唐朝和吐蕃联姻开始，西藏与中原的联系日益密切，元朝开始在林芝地区设立驿站，这里成为茶马古道和唐蕃古道中路、东路的交会点，来自藏、汉、回、纳西等民族的商人络绎不绝，藏汉民族和其他民族从此结下了深厚的民族情谊。清朝时期，作为清兵镇守西藏边疆的重要驻地，不少驻军和各民族商人把这里当作故乡，与当地的姑娘喜结连理，在西藏开枝散叶，传下了无数民族团结的佳话。

二　林芝市民族团结进步工作的历史进程

西藏和平解放以来，林芝民族团结进步事业进入了新阶段。从 1951 年人民解放军进入波密，并在波密成立中共波密分工委为起点，林芝先后经历了和平解放时期（1951～1959 年）、平息叛乱与民主改革时期（1959～1965 年），社会主义改造、十年动乱与两年徘徊时期（1965～1978 年），改革开放和林芝专区恢复时期（1978～1986年），社会主义建设新时期（1986年至今）等五个历史时期，民族团结进步事业也从西藏和平解放初期的奠基，经由林芝专区恢复以来的持续推进，逐步发展到新时期民族团结进步创建的新阶段。

（一）西藏和平解放初期林芝市民族团结进步的奠基阶段

从1951年西藏和平解放开始，到1963年林芝专区撤销为止，是林芝各项工作初步开展和民族团结进步事业的奠基阶段。在这个阶段，面对林芝这样一个特殊而陌生的地区，进藏干部职工坚定执行党中央"慎重稳进"的方针和民族、统战、宗教政策，依靠各族人民群众，团结上层爱国人士，克服高原缺氧、道路险恶、物资不足、缺粮无菜等困难，出色地完成了宣传和平解放西藏"十七条协议"①、修筑康藏公路、开荒生产等各项任务；同西藏各族人民一道取得了粉碎国内外反动分子阴谋、建立人民政权、平息叛乱、民主改革、对印自卫反击战的胜利，为各民族共同团结奋斗、共建美丽新林芝奠定了扎实的基础。

1. 进军林芝的过程是宣传和贯彻党的民族政策的过程

1951年，随着"十七条协议"的签订，西藏实现了和平解放。和平解放使西藏摆脱了帝国主义的侵略和羁绊，西藏各族人民回到中华民族大家庭，实现了与全国各民族的平等、团结以及西藏内部的团结。按照"十七条协议"②，中国人民解放军第二野战军第十八军于1951年10月进入西藏，中央设立西藏工作委员会并在各地建立分支机构以开展工作。这一时期林芝党政机关更迭频繁，几经建立、撤销、恢复、合并，分别经历了中共波密工委（1950年底～1951年12月）、中共波密分工委（1952年1月～1955年3月）、中共塔工分工委（1955年4月～1957年7月）、中共塔工工作队

---

① "十七条协议"即《中央人民政府和西藏地方政府关于和平解放西藏办法的协议》。

② 协议各条款贯穿着中国共产党民族、宗教、统战等理论与政策，其核心就是民族平等、区域自治和民族发展，为西藏与全国一起实现进步与发展创造了基本前提。参见宋月红《"十七条协议"的基本精神和原则是永存的》，《民族研究》1991年第5期。

（1957 年 8 月～1958 年 11 月）、中共塔工分工委（1958 年 11 月～1960 年 2 月）、平叛和军事管制（1959 年 2 月～1960 年 1 月）和中共林芝分工委（1960 年 2 月～1964 年 6 月）等历史阶段。

"十七条协议"强调西藏必须进行社会改革，同时，充分考虑到西藏经济、社会、民族、宗教发展的特点，中央人民政府对改革采取了慎重的态度，强调"西藏地方政府应自动进行改革"，劝说、等待西藏地方上层统治集团主动进行改革。这些举措得到了一些爱国上层人士的认可，他们在中国人民解放军进军西藏的过程中起到了积极作用。

早在 1950 年 12 月，就有色拉寺驻波密总管、爱国上层人士江巴悦西，易贡头人索朗旺堆，许木头人牛佐等三人前往昌都，迎接人民解放军进驻波密，向解放军介绍波密的社会状况、风土人情、地理风貌等，表达了希望解放军早日进军波密、解放波密的迫切愿望。在波密爱国上层人士和当地群众的大力协助下，解放军进驻波密。解放军到达波密后，大力宣传中国人民解放军进藏是为了解放西藏人民，实现祖国统一、民族团结，巩固国防，将帝国主义侵略势力完全赶出中国，并在此基础上做了大量的统战与调研工作。在中共波密分工委组建的过程中，对领导干部进行了较为系统的民族政策培训，重点学习了"十七条协议"、中共中央西南局对西藏工作的方针以及云南、贵州、甘肃等地民族工作的经验，明确了当时在西藏的主要任务是开展以团结西藏上层为主的统战工作。与此同时，解放军与工布地区和察隅地区的爱国上层人士接触，宣传政策、了解民情，彼此建立了良好信任关系，为和平进军林芝奠定了基础。截至 1951 年 10 月 1 日，解放军先后进入波密、工布和察隅等地，完成了进军林芝的使命。

可以说，进军林芝的过程既是当地爱国上层人士受到中国共产党民族政策的感召主动推进的过程，也是人民解放军贯彻落实民族政策，使民族政策深入人心的过程。与此同时，解放军组成文工队、电影组、医疗组等访问团，开展文艺演出、放映电影、散发藏文图书，为当地各民族群众看病送药、背水、打柴、扫地，解决群众的实际困难，这些工作让林芝群众首次正面接触解放军，了解中国共产党和人民军队，逐步消除了顾虑。解放军既得到当地上层的合作支持，也受到各民族群众的热烈欢迎。笔者在米林县和朗县调研访谈时发现，在十八军进藏过程中，很多藏族群众因为喜欢解放军而改了汉姓、汉名，比如说一户藏民因为经常给他们提供帮助的排长姓李而全家改姓李，而"建军""国庆""解放""八一"等汉式名字在当时的藏族群众中也比较常见。

2. 发展林芝的过程是各民族团结奋斗的过程

贯彻落实"十七条协议"有关精神，"逐步发展西藏民族的语言、文字和学校教育，逐步发展西藏的工、农、牧、商业，改善人民生活"，发展林芝的过程也是各民族团结奋斗的过程。

林芝市各族群众渴望西藏解放，拥护人民解放军进军西藏。他们在支援人民解放军进藏和修筑康藏公路的过程中，发扬不怕苦、不怕牺牲、团结奋斗的爱国主义精神，出动大批人力畜力，为部队运送物资，保证了进军和修路的顺利进行，在解放西藏人民的伟大斗争中做出了不可磨灭的贡献。在1953年11月到1954年11月康藏公路的修筑过程中，仅波密就动员民工1300余名（占总人口的13%），组织牲畜3500余头（占驮畜总数的70%），完成4万余次运输任务①。施工过程中，50余名解放军战士献出了宝贵的生命，广大藏族群众也超负荷劳动，做出了重大的贡献。康藏公路的开通使得工业产品以及生活必需品得以运到波密，为发展生产、改善生活创造了有利条件，对于密切西藏与其他省区市的联系、加强藏族和其他民族的团结、促进西藏经济和文化事业的发展具有重大意义。西藏工委考虑到群众在支援修路过程中的负担，不仅将能拿出的公粮全部贷给群众，解决他们所需的口粮，还对群众在支援运输过程中的损失进行了赔偿。这些举措提高了群众对政府和解放军的认识，密切了人民政府与上层人士、普通民众的关系，增强了民族团结，收到了良好的效果。

在藏族地区工作，必须解决语言不通的问题。波密工委藏训队甫一成立就决定所有干部职工每天早晨集中学习藏语文一两个小时，并强调学以致

---

① 谢英、普布多吉主编《林芝当代历史变迁》，人民出版社，2018，第29页。

用、学用结合。1952 年 6 月《关于今后几项工作的决定》将"培养 250 名左右能用藏、汉话两种语言工作的干部，其中还有 50 名以上藏汉文皆通的干部"和"吸收 200 至 300 名本地人参加地方工作，并把他们培养成为干部"作为 1954 年底之前的工作任务①。这项工作取得了较好的进展，截至 1953 年底，已有百余名干部可不用翻译独立工作，并将十余名有一定藏语文水平的藏族干部送往各民族院校深造，同时还吸收了一部分解委会委员、上层人士和经当地头人协商同意的藏族青年 63 人参加工作②。这些工作既有力争取了林芝的上层人士，也为以后的工作储备了人才力量。

尊重少数民族风俗习惯是党的民族政策的重要组成部分。1954 年 3 月中共中央西南局批复《关于波密分工委处理藏汉族之间的婚姻问题的意见》，针对在波密地区的部队、地方工作人员以及进藏修路部队等人员结婚问题，指出：鉴于婚姻法在西藏尚未宣传执行，因此，技工的结婚、离婚"须取得对方家长同意，必要时经过当地头人同意，商人回内地和在西藏结婚应加以区别，即商人与当地藏族结婚或离婚，原则上应根据民族政策及西藏的风俗习惯处理"③。这种做法符合《共同纲领》关于尊重少数民族保持或改革其风俗习惯的规定。

林芝借助少数民族传统节日做好民族团结工作的做法由来已久。1952 年 1 月，中共波密分工委发出《改过春节为过藏历年的通知》④ 指出：为尊重藏族同胞风俗习惯，扩大政治影响，决定全体进藏干部一律不过农历年而过藏历年。在过藏历年时，要召开军民联欢会、文艺晚会和宴请头人，并开展宣传活动。从这时起，通过新年、藏历年等传统节日加强民族团结宣传教

---

① 中共林芝地委党史办公室编《中共西藏林芝市党史大事记（1950~1964）》，内部资料，第 25 页。
② 中共林芝地委党史办公室编《中共西藏林芝市党史大事记（1950~1964）》，内部资料，第 63 页。
③ 中共林芝地委党史办公室编《中共西藏林芝市党史大事记（1950~1964）》，内部资料，第 70~71 页。
④ 中共林芝地委党史办公室编《中共西藏林芝市党史大事记（1950~1964）》，内部资料，第 19~20 页。

育，就成为林芝民族团结进步的历史传统。

3. 民主革命为各民族团结与发展奠定扎实基础

1959 年 3 月，西藏地方政府和上层反动集团发动全面叛乱，加速了反动势力的灭亡，促进了民主改革的提前实行。民主改革不仅使林芝实现了政治上的历史性飞跃，由封建农奴制跨入社会主义制度，还在经济上使近现代工业开始在林芝落地，结束了林芝无现代工业的历史。在社会发展上，政府的管理网络、服务网络更加完备，林芝从此进入各民族团结奋斗的社会主义建设新时期。

培养藏族干部是解决西藏民族问题的关键之一，是民主改革前一项重要的准备工作。林芝高度重视干部培养，出台了大量的政策文件，设立了专门的机构。1956 年 6 月，西藏工委组织部、财经部，共青团西藏工委发布《关于大量吸收培养藏族干部的联合通知》；7 月塔工分工委同意统战部《关于安排几个头人工作》的请示；10 月西藏工委组织部批复塔工分工委组织部《关于一九五六年至一九五七年培养藏族干部、发展党员的规划》，提出 1956 年要吸收藏族干部 870 人的规划。塔工分工委除吸收当地各族青年、头人参加工作外，还到其他省份招收青年学生和在藏干部亲属进藏工作，截至 1956 年 10 月底共吸收学员 351 人，安排头人和内地援藏干部 332 人，共计 683 人[①]。11 月，塔工地区吸收培养藏族干部统一管理委员会成立。1957 年 4 月，塔工分工委做出《关于加强藏族干部培养教育的决定》。这些文件都将大量培养藏汉族干部作为执行团结、进步、发展方针，顺利实现民族区域自治，进行经济文化建设的重要任务之一。尽管 1957 年 2 月发出了《不再吸收藏族干部的通知》，但紧接着 4 月又发布《关于加强藏族干部培养教育的决定》，指出培养藏族干部不能因整编收缩而放松，应加以巩固和提高，为将来实现民主改革和彻底解决西藏民族问题创造条件。截至 1962 年底，林芝专区有各类干部 977 名，其中藏族干部 373 名、其他少数民族干部

[①] 中共林芝地委党史办公室编《中共西藏林芝市党史大事记（1950~1964）》，内部资料，第108 页。

44 名，少数民族干部占干部总数的 42.7%。林芝专区的 183 个乡，有乡支部书记、正副乡长、文书 306 人，全由民族干部担任①。

这一时期的经济发展与社会发展主要体现在基础设施的完善和教育文化卫生事业的发展方面。从 20 世纪 60 年代开始，林芝以水电建设为主修建电力设施，1960 年 10 月建成林芝农具加工厂水电站。1960～1964 年，各地邮电所（局）相继设立，并开办特种挂号信函业务，满足了机关单位和人民群众邮寄重要票证的需要。林芝的基础教育也在这一时期起步，塔工专员公署分设民政科和文教科，由文教科负责教育工作，后改为文教卫生科，负责教科文卫工作。1961 年，林芝专区有公办小学 4 所、民办小学 223 所，基本实现乡乡有民办小学。1962 年中共林芝分工委按照中共西藏工委批转下发的《关于当前学校教育工作的意见》，对部分条件差的民办小学进行撤并和调整。1964 年 12 月，按照"进一步办好公办小学，整顿提高现有民办小学"的方针，察隅县、米林县、工布江达县完全小学或县小学相继设立，到林芝专区撤销时，当地小学发展到 79 所，教师达 164 人。经过民主改革，林芝各族人民建立起平等、团结、互助、和谐的社会主义民族关系，在维护国家统一、反对分裂的斗争中，在共同建设社会主义新林芝的过程中，经受住了各种困难和风险考验，不断铸牢中华民族共同体意识。

（二）林芝专区恢复以来民族团结进步的持续推进

林芝专区撤销后，林芝市各县分别在拉萨、昌都、山南等地市的领导下，进入社会主义改造和建设时期。1978 年党的十一届三中全会实现了指导思想上的拨乱反正，林芝在中国共产党的领导下步入改革开放新时期。

1. 历次中央西藏工作座谈会擘画西藏发展蓝图，助推民族团结进步

1979 年中央召开全国边防工作会议，确定全国支援西藏的方针。中共中央先后召开六次西藏工作座谈会，对西藏工作面临的形势和任务进行宏观把握，为推进西藏经济社会发展和社会团结稳定进行战略部署，历次会议都

---

① 谢英、普布多吉主编《林芝当代历史变迁》，人民出版社，2018，第 73 页。

将支援西藏建设作为重要任务。1980年中央第一次西藏工作座谈会强调从西藏实际出发制定方针政策，中央对西藏的财政补助每年增长10%，这标志着西藏改革开放新时期的到来。1983年，国务院决定在坚持全国支援西藏的方针下，由川、浙、沪、津四省市重点对口支援西藏。1984年第二次西藏工作座谈会决定由九省市援建西藏43个项目，为西藏持续改革、开放、搞活注入了新动能，而这一时期林芝地区的恢复也为促进林芝在团结稳定中繁荣发展提供了组织保证。这一时期，林芝地区贯彻落实中央第一次、第二次西藏工作座谈会精神，坚持一手抓改革开放和发展经济，一手抓反分裂斗争和稳定局势，努力推进社会治理向纵深发展。1988年4月，林芝地委、行署召开首次民族团结进步表彰大会，表彰了28个先进集体、89名先进个人①。1990年，西藏自治区决定将每年9月确定为民族团结月，每四年召开一次民族团结进步表彰大会，逐步实现民族团结进步宣传教育活动常态化。1998年2月，林芝地委、行署决定成立林芝市民族团结进步表彰大会领导小组，组长由地委副书记、政协主席王金元担任，为民族团结进步事业提供组织保障。2011年西藏自治区将民族团结进步表彰大会从四年一次改为每年举行，扩大了民族团结进步事业的影响。

1994年中央召开第三次西藏工作座谈会，正式做出了全国支援西藏的战略决策。《中共中央国务院关于加快西藏发展、维护社会稳定的意见》，将民族团结放在西藏工作的重要地位，全面推进了西藏民族团结进步事业的发展。2001年中央第四次西藏工作座谈会确立了"一加强、两促进"三大历史任务，明确了"促进西藏经济从加快发展到跨越式发展"的战略要求，揭开了林芝实现跨越式发展的历史篇章。2010年中央第五次西藏工作座谈会对四个涉藏工作重点省区发展进行全面部署。这一时期林芝面临重大发展机遇，一方面，西部大开发战略的实施和援藏省市的倾力支援为林芝的发展注入了强大的动力；另一方面，西藏自治区党委提出"充分发挥林芝的自然和资源优势，加快林芝的社会和经济发展

---

① 中共林芝地委党史研究室编《中共西藏林芝市党史大事记（1985~1995）》，内部资料，第40页。

步伐，力争使林芝的各项工作走在全区的前列"的社会发展要求，为林芝发展指明了方向。

党的十八大以来，以习近平同志为核心的党中央高度重视西藏工作，召开了中央第六次西藏工作座谈会，形成了西藏工作的一系列新思想、新观念、新举措，形成了治国理政"西藏篇"，特别是"治国必治边、治边先稳藏"的重要战略思想和"把西藏建设成为促进民族团结的典范""加强民族团结建设美丽西藏"的重要指示，为做好新时代西藏民族团结工作提供了根本遵循。2013年，西藏根据国务院办公厅发布的《全国民族团结进步模范评选表彰办法》，制定了《西藏自治区民族团结进步模范评选表彰办法》，进一步完善和健全了评选表彰活动机制。

2. 贯彻落实民族区域自治制度与政策，持续推进民族工作

西藏自治区是主体民族占总人口比例最高的自治区，将民族区域自治制度与政策落到实处，对促进各民族平等团结互助和谐关系意义重大。宣传好、贯彻落实好《民族区域自治法》，对保障林芝各族人民的根本利益意义重大。

林芝地区恢复成立后，把宣传好、贯彻落实好《民族区域自治法》作为民族工作的重中之重来抓，主要进行了以下工作。

一是把《民族区域自治法》作为普法重点，在广大职工和农牧民群众中大力宣传，做到家喻户晓、人人皆知。

二是在人口较少的民族聚居区成立民族乡，切实实现他们当家做主的民主权利。在20世纪80年代，先后成立了林芝县排龙门巴族乡（今林芝市巴宜区更章门巴民族乡）、米林县南伊珞巴民族乡和墨脱县达木珞巴民族乡。这三个乡的门巴族和珞巴族群众占全乡人口的30%。

三是执行特殊优惠政策，帮助人口较少民族加快发展。自2000年米林县南伊珞巴民族乡开展兴边富民行动试点工作以来，米林县、察隅县、墨脱县与朗县先后被列为全国兴边富民行动重点县。截至2014年底，林芝市共落实兴边富民行动和扶持人口较少民族发展资金项目549个，投入资金29192万元；实施安居工程项目4个，投入资金7912.8万元。人口较少民族的各项事业稳步推进①。

3.对口援藏为林芝经济社会发展和民族团结进步注入新动力

1994 年 7 月，中共中央召开第三次西藏工作座谈会，确定了全国支援西藏的基本方针，按照"分片负责、对口支援、定期轮换"的援藏方式，广东省和福建省对口支援林芝。截至 2014 年底，广东、福建两省共选派近 600 名干部援助林芝，投入援藏资金近 50 亿元，建设项目 1000 多个。在援藏工作中，广东、福建两省注重加强基础设施建设，援藏项目重点向农牧区和社会事业倾斜，保障和改善民生，注重培育经济发展基础，增强经济发展能力，加快推进具有民族特色的产业发展步伐，把沿海地区先进经验与林芝市实际有机结合，促进干部群众解放思想、更新观念。两省援藏干部把林芝当故乡，积极融入当地工作和生活，诚心诚意为林芝各族人民办实事、谋利益。林芝干部群众把援藏干部当亲人，关心和爱护援藏干部。两地干部互学互信、取长补短，亲如一家的动人场面处处可见。西藏自治区党委为了落实中央第三次西藏工作座谈会精神，加快林芝的发展，于 1995 年召开林芝地区工作座谈会，要求林芝各项工作走在全区前列，率先实现建成小康社会目标。在中共中央、国务院的亲切关怀下，在西藏自治区党委、政府的正确领导下，在广东、福建两省的对口援助下，林芝各级党政组织和广大干部群众"齐心谋跨越、奋力奔小康、携手抓稳定、合力促发展"，全地区上下呈现经济发展、社会进步、文化繁荣、局势稳定、民族团结、边防巩固、人民群众安居乐业的大好局面，全地区 GDP 保持较快的增长速度，农牧民人均纯收入和人均 GDP 均位居西藏自治区之首，文化、教育、卫生等各项社会事业得到全面发展②。

西藏班自 1985 年创办至今，已走过了 30 余年的历程。作为教育援藏的一种形式，西藏班既培养了西藏社会急需的各级各类人才，也为西藏的发展提供了强有力的智力支持和人才支撑。截至 2019 年 1 月底，已有 20 个省市75 所中学举办西藏班或西藏散插班，12 个省市的 29 所学校举办西藏中职

---

① 谢英、普布多吉主编《林芝当代历史变迁》，人民出版社，2018，第 193 页。
② 《林芝概述》，林芝市政府网，http：//www. linzhi. gov. cn/linzhi/zmlz/201812/619ee1659dfe4e499dae551b7add7d0e. shtml。

班，196 所高校招收西藏班学生，各级各类学校西藏班在校生规模达到 3 万余人。30 多年来，西藏班累计招生 14.19 万人，为西藏培养输送了 4.6 万余名建设人才①。2000 年，林芝地区 6 名僜人学生赴西藏班学习，2000 年共有僜人小学毕业生 6 名，在全区西藏班招生名额减少 25% 的情况下，林芝在统一考试、择优录取的前提下，适当降低分数线，照顾 6 名僜人学生赴先进省份学习②。这是林芝促进人口较少民族发展和各民族团结进步的典型案例。据了解，林芝市一区六县党政机关企事业单位很多干部职工都有西藏班学习的经历。

（三）新时期林芝市民族团结进步的巩固提升

党的十八大以来，林芝市委、市政府深刻领会"治边稳藏"重要战略思想，深入践行"加强民族团结、建设美丽西藏"的重要指示，始终围绕各民族共同团结奋斗、共同繁荣发展的民族工作主题，全力推动当地民族团结进步事业的发展，民族团结进步创建活动取得显著成效。

1. 民族团结进步创建体制机制更加完善

建立健全工作机制。工作机制主要包括领导机制、宣传教育机制和表彰机制三个方面。从领导机制来看，林芝市、县区、乡镇三级联动，党政主要负责同志亲自抓、分管负责同志具体抓、统战民宗部门全力抓、其他部门配合抓，形成了"党委统一领导、党政齐抓共管、部门各司其职、社会广泛参与"的民族团结工作格局。2016 年以来，林芝市、县区、乡镇均成立了加强民族团结工作领导小组，对加强民族团结工作及时研究、协调指导和督促检查。领导小组由各级党政机关以及企业主要负责人组成，为有序开展创建活动提供了组织保证。在宣传教育机制方面，林芝市建立健全民族团结教育长效机制，实现民族团结教育常态化，将其纳入公民道德教育、法治教

---

① 《33 年来内地西藏班累计招生 14.19 万人》，人民网，http://xz.people.com.cn/n2/2019/0121/c138901-32554973.html。
② 中共林芝地委党史办公室编《中共西藏林芝市党史大事记（1996~2000）》，内部资料，第 228 页。

育、国民教育、社会主义精神文明建设和社会治安综合治理全过程。在表彰机制方面，为持续推进民族团结进步创建活动，2013 年以来形成了自治区、市、县区三级每年分别表彰一次民族团结进步模范集体和模范个人的工作机制，努力营造人人争当民族团结模范的社会风气。

健全考核评价机制。林芝市各级党政组织把做好民族团结工作作为事关全局的重大政治任务，将民族团结工作纳入全市年度综合考评体系，纳入党建工作责任制和意识形态工作责任制，与中心工作同步谋划、部署与落实。同时将民族团结工作与"先进双拥户"、和谐模范寺庙暨爱国守法先进僧尼创建评选活动结合起来，建立健全民族团结工作考核评价体系，将民族团结抓在经常、融入日常。

2018 年，林芝市委、市政府提出了建设"五个林芝"和"五城同创"的目标和部署，努力构建"繁荣林芝、和谐林芝、绿色林芝、健康林芝、美丽林芝"，将"加强民族团结·建设'五个林芝'"落实到身边小事，贯彻到本职工作。

2. 民族团结宣传教育活动持续深入开展

林芝市各级各部门不断创新载体和方式，广泛开展民族团结宣传教育活动。

其一，结合传统节日和重大节庆时间节点，建立民族团结宣传教育的常态机制。既有元旦、藏历新年、春节、"3.28"西藏百万农奴解放纪念日、3月桃花旅游节、五一劳动节、六一儿童节、七一建党节、八一建军节、9 月雅鲁藏布生态旅游文化节、工布新年等几乎贯穿全年的常态民族团结工作，又有 9 月民族团结月的重点宣传教育，共同促进民族团结理念入脑入心。

其二，将民族团结与本职工作相结合，拓展民族团结宣传教育的载体和方式。通过"四讲四爱"群众教育实践活动、"遵行四条标准、争做先进僧尼"教育实践活动、"加强民族团结，建设'五个林芝'"大讨论等重要活动，形成了人人关心民族团结、人人支持民族团结的浓厚氛围。深入开展"民族团结党员先锋行"活动、道德模范和"最美人物"评选活动、"民族团结看林芝"专题宣传、民族团结典型事迹巡回宣讲、少数民族困难学生助学、民族团结影视展播等系列活动，让民族团结进步的理念深深扎根于各族干部群众之中。

其三，深化民族团结宣传教育内涵，实现"中华民族一家亲、同心共筑中国梦"。大力弘扬社会主义核心价值观，突出"中国梦"主题教育、中华民族共同体教育、中华民族传统美德教育、爱国主义教育、"长征精神""老西藏精神""两路精神"教育、反分裂斗争教育，进一步凝聚各族人民的力量。同时，广泛开展"听身边人的故事""参观新旧西藏对比展室""一乡（镇）一档新旧西藏对比资料收集"等新旧西藏对比教育系列主题活动，引导各族干部群众深刻认识林芝的"经济社会发展得益于民族团结、社会和谐稳定得益于民族团结"，牢固树立"三个离不开"思想，扎实铸牢中华民族共同体意识。发挥波密红楼、察隅英雄坡、易贡将军楼等爱国主义教育基地作用，强化各族干部群众的爱国主义精神和民族团结意识。

3.民族团结进步创建活动持续推进

2018年10月20日，经自治区民族团结宣传教育活动和民族团结进步创建评选表彰活动领导小组研究批复，林芝市被列为西藏自治区创建全国民族团结进步示范市候选单位，这将推动民族团结创建工作走向深入。

林芝市以创建为抓手推进民族团结进步事业创新发展。在西藏自治区党委、政府提出的民族团结进步创建活动"七进"（进机关、进企业、进社区、进乡村、进学校、进寺庙、进军营）要求的基础上，林芝市结合实际，增加民族团结进步创建活动"进景区、进家庭"，由"七进"改为"九进"，推动民族团结进步创建活动向纵深拓展。林芝市各领域通过开展"翻身农奴把歌唱 齐心协力奔小康""民族团结花盛开边疆 共圆中国梦""造民族团结林 结民族团结情""民族团结在身边讲述"等活动，进一步拓展民族团结进步创建范围，不断夯实民族团结进步思想基础。

林芝市旗帜鲜明地表彰民族团结进步模范集体和模范个人，持续推进民族团结进步示范区和示范单位创建活动，形成了人人向民族团结进步模范学习、人人争当民族团结进步模范的新风尚。自2011年以来，林芝市涌现出全国、自治区、市、县区四级民族团结进步模范集体873个、模范个人1299名，其中全国模范集体2个、模范个人3名，自治区模范集体87个、模范个人148名，市模范集体167个、模范个人297名，县区模范集体617

个、模范个人 851 名。全市建成"全国民族团结进步创建示范区（单位）"4 个、"中国少数民族特色村寨"6 个、"西藏自治区民族团结进步示范村"1 个①。2018 年以来，林芝市命名 10 个爱国主义（民族团结）教育基地和 10 个民族团结进步示范点，进一步推进社会主义核心价值体系建设。

4. 进一步夯实民族团结的社会基础和文化基础

为推动建立嵌入式的社会结构和社区环境，林芝市在全面落实生态移民搬迁政策时，采取多种措施促进各民族交往交流交融。2000 年至 2003 年西藏天保工程生态搬迁安置中，林芝市灵活采取"集中、分散、交叉"安置的方式，将昌都市 550 户 3232 名农牧民群众迁入巴宜区、米林县、波密县、工布江达县四县（区）。从 2018 年到 2019 年 5 月底，林芝市安置昌都市"三岩片区"移民 3968 人。实践证明，搬迁群众与当地居民共居共学共事共乐，已经成为推动迁入地经济社会发展的重要力量②。

为增强当地的文化软实力，林芝市全面梳理当地的人文历史，挖掘各民族共享的地域文化符号，努力搭建促进各民族沟通的文化桥梁。2014 年，林芝市启动"林芝区域文化丛书"编撰工作，并于 2018 年 9 月公开出版发行，共编纂藏汉文书籍 16 部，内容涉及林芝历史、当代历史变迁、民间故事、民歌精选、名胜古迹、山水文化、民俗文化、地名历史文化释义等。这项文化工程不仅填补了林芝文化编纂工作的空白，还为增强各民族对当地文化的认知、对中华文化的认同提供了基础文献。

三　林芝市民族团结进步工作的经验与启示

（一）创新推进创建活动，讲好民族团结林芝故事

林芝市创新推进民族团结进步创建工作，形成了诸多可复制的经验。

---

① 数据来源：林芝市民族宗教局。
② 数据来源：林芝市民族宗教局。

首先，以重要时间节点的宣传工作为依托，健全民族团结宣传教育常态机制。林芝市已经形成覆盖全年各月份的民族团结宣传工作机制，同时利用民族团结宣传月宣传民族团结知识，使各民族团结进步观念深入人心。

其次，拓展民族团结进步宣传载体和方式，促进创建活动取得实效。深入挖掘整理民族团结人物典型和工作典型，在各级电视台开设"民族团结进步专栏"，《林芝报》每月推出介绍先进典型的文章，林芝广播电台每月播出创建工作动态报道。同时，利用以"深化民族团结进步教育、铸牢中华民族共同体意识"为主题的故事会、讨论会、先进人物事迹报告会、征文比赛、文艺表演等多种载体和形式，分享发生在林芝、发生在身边的民族团结故事，营造浓厚的社会氛围。

最后，深化民族团结教育宣传内涵，讲好民族团结林芝故事。既要讲好各族人民共同开发林芝、建设林芝的历史故事，又要用卓嘎、央宗姐妹等新时代民族团结典型人物事迹感染群众；既要讲好林芝当地的民族团结故事，又要突出中华民族共同体教育，将各族群众力量凝聚到促进民族团结、共建美好家园上来。

（二）依法治理民族事务，用法制来保障民族团结

林芝市历来重视制度建设，重视对以民族区域自治为源头的民族政策、制度与法律的贯彻落实。从 20 世纪 50 年代至今，林芝出台了大量的地方性法规与政策文件，内容涉及民族干部培养、藏语文保护和使用、协调民族关系、民族文化保护等民族事务治理的各个领域。

2012 年以来，林芝市围绕民族团结进步工作制定了一系列规范性文件，进一步夯实民族团结的法制基础。2012 年，林芝地委、行署发布《林芝地区开展民族团结进步创建评选活动实施办法》，将民族团结进步创建活动的机制和规则细化。2017 年《中共林芝市委员会林芝市人民政府关于进一步加强新形势下民族团结工作的意见》又将民族团结工作纳入全市年度综合考评体系。2017 年中共林芝市民宗局党组出台《关于学习贯彻〈关于

全面深入持久开展民族团结进步创建工作铸牢中华民族共同体意识的意见〉的意见》，民族团结工作的主线意识更加明确。2018 年，中共林芝市委员会林芝市人民政府印发《林芝市创建全国民族团结进步示范市活动方案》，制定了林芝市创建全国民族团结进步示范市过程中，市、县区、党政（事业）机关的全方位测评指标。2019 年，林芝市着手制定《林芝市民族团结进步工作条例》，拟以地方立法的形式确定林芝市民族团结教育月、教育日，进一步规范民族团结进步创建工作，提高依法治理民族事务的能力和水平。

（三）坚持发展改善民生，用发展来巩固民族团结

"增强民族团结的核心问题，就是要积极创造条件，千方百计加快少数民族和民族地区的经济社会发展，促进各民族共同繁荣发展。"[1] 林芝自和平解放以来，在中共中央、国务院的战略安排和西藏自治区党委、政府的坚强领导下，在全国人民特别是广东、福建两省的倾力援助下，历届党政机关团结带领各族人民取得了经济社会发展的丰硕成果，实现了从百业待兴到跨越式发展的历史性巨变。

林芝市在民生改善方面取得了显著的成绩。2018 年，林芝市 GDP 达 150.01 亿元，较上年增长 9.3%。全市农村居民人均可支配收入达 14820 元，比上年增长 10.5%。近五年，农牧民人均可支配收入持续实现两位数增长，增速始终居全区首位，各族群众获得感明显提升[2]。林芝市坚持基础设施利民，以基础设施的改善进一步增强民族地区自我发展能力，让各族群众在增加幸福感、获得感的同时，增强对祖国大家庭的认同感。以历史上长期困扰林芝发展的交通建设为例，林芝机场于 2006 年正式通航，开通至成都、重庆、广州、深圳、西安、兰州等多个城市的直飞航线，旅客吞吐量达

---

① 中共中央文献研究室编《习近平关于协调推进"四个全面"战略布局论述摘编》，中央文献出版社，2015，第 37 页。

② 《2018 年度林芝市国民经济与社会发展综述》，林芝市政府网，http://www.fgw.linzhi.gov.cn/fgw/c102814/201912/2b3eea44b27542418e4b3b834e49211c.shtml。

到 50 万人次；2017 年，林拉高等级公路全线通车，并被国际道路联合会授予年度"全球道路成就奖"，至此，全市高等级公路通车总里程达 300 余公里、国省道总里程达 2221 公里、农村公路总里程达 3662 公里①。随着拉林铁路的通车，川藏铁路林芝段正在加快推进，林芝进入铁路新时代，交通出行方式由此发生深刻变革。

林芝市正确处理好守土固边与兴边富民的关系，把实施兴边富民项目和民族团结进步创建活动有机结合起来。一方面，落实好各项特殊优惠政策，扩大边民补贴范围、提高补贴标准，加快边境一线基础设施建设和优势产业发展，吸引更多非边境地区群众到边境一线定居，实现稳边与安民、护边与兴边双赢。另一方面，借助兴边富民项目建设，不断壮大民族团结创建活动力量，在全市范围内广泛开展民族法律法规、民族政策、各项惠民政策的普及和宣传活动，真正实现了以发展巩固民族团结。

四　结语

林芝的民族团结工作有着深厚的历史基础。在中华民族多元一体的历史进程中，林芝民族团结历史源远流长、文化积淀深厚，各民族共同开拓了祖国的疆域、共同书写了中华民族历史、共同创造了中华民族共有精神家园。进入中国特色社会主义建设新时代，林芝市准确把握民族团结进步创建与社会心理、民族情感、群众切身利益的契合点，深入挖掘各民族共同团结奋斗与繁荣发展的历史经验，生动展现各民族交往交流的生活场景，广泛宣传各民族一起实现伟大复兴中国梦的良好愿景，不断为"老西藏精神""两路精神"注入时代内涵。

林芝市各级党政领导将民族团结进步融入中心工作，创新推进创建活动，加强制度建设，并坚持发展与改善民生，持续夯实民族团结进步的工作基础、制度基础与社会基础，系牢各民族团结进步、共同实现高质量跨

---

① 数据来源：林芝市统计局。

越式发展的情感纽带。全市各族人民争做"神圣国土守护者、幸福家园建设者",休戚与共、守望相助,在共同守卫祖国和建设家园的过程中持续深化着对伟大祖国、中华民族、中华文化、中国共产党和中国特色社会主义道路的认同,更加紧密地团结在中国共产党领导下,阔步走在中华民族伟大复兴历史征程中,书写着"加强民族团结、建设美丽林芝"的新篇章。

第三章　高质量跨越式发展的文化底蕴：
林芝市优秀传统文化保护
与文化产业发展研究

由于地处边境地区，稳定与安全是林芝各级政府特别关注的战略问题，文化的繁荣与发展在边境稳定和安全战略中是不可缺少的必要保障，是边境地区高质量跨越式发展的基石。作为多民族聚居区，林芝各族人民在这片美丽的土地上生息繁衍，形成了独特而丰富多彩的多民族和谐共居的多元文化。林芝市除藏族以外，还居住着门巴族、珞巴族、怒族、独龙族、傈僳族、纳西族、白族、僜人等。加强对林芝市各民族文化的保护与传承，并在此基础上发展和创新，首先可以提升各民族的文化自信心，让各民族为自己优良的传统文化自豪，同时也可以粉碎某些势力所叫嚣的"西藏文化灭绝"谬论。其次，丰富多彩的民族文化活动能提升各民族的幸福感，增强中华民族的向心力和凝聚力。最后，通过大力发展文化产业，使林芝市的经济实现跨越式发展，各族人民生活富裕安康，是边疆稳定的重要保障。因而重视民族优秀传统文化的保护与传承，是实现各民族共同繁荣和高质量跨越式发展的必要保障。这不仅是我们的基本国策，更是关系到国家边境稳定与安全的重大战略。

一 民族自信心的建立依赖民族地区优秀传统文化的复兴与创新

每一个民族的文化都是在其长期与所生存的自然环境互动中产生与发展出来的，是各民族智慧的结晶，也是各民族延续和发展的根脉。每个民族都有保持自己文化的权利，按照自己的意愿选择发展方向的权利。民族优秀传统文化是各民族走向现代化的基础和源泉，因而保护民族优秀传统文化，在保护的基础上传承、创新和发展，是当前全国各级各地政府尤为关注的内容。

（一）林芝各民族优秀传统文化及其特点

林芝各民族文化特色鲜明，包括塔布、娘布、工布、察隅、珞隅、门隅、波隅在内的"三布四隅"特色文化赋予了林芝独具区域特色的民族文化资源。其中，工布、塔布、娘布是三个传统的相互接壤的地域名称，合称塔、工、娘三地。按照林芝市的区域文化特点和民族聚居情况，又可大致将林芝各民族文化分为以下五个文化区：以巴宜区、工布江达县、米林县部分地区为核心的工布文化区；以朗县为核心的塔布文化区；以墨脱县为核心，连接米林县、察隅县部分地区的门（隅）珞（隅）文化区；以波密县为核心的波密文化区和以察隅县为核心的察隅文化区。

1. 工布文化

工布地区指林芝市的米林县、巴宜区和工布江达县的一部分，古时是工布王统治的地区。据考证，工布王阿结杰布出生于米林县丹娘乡郎嘎村。工布王庄园遗址位于米林县米林镇热嘎（藏语意为"风水宝地"）村，工布王庄园始建于吐蕃王朝统一前后，距今已有1300多年历史，现为县级文物保护单位。由此可见，工布文化自古以来就在这片土地上熠熠生辉。据统计，米林县县级以上非物质文化遗产保护项目共计22个，其中工布文化占有很大比重，如米林工布毕秀制作技艺、米林切巴舞、米林扎绕森嘎嘎巴舞、米林玛恰霞布卓舞（孔雀舞）、米林南伊亚久嘎巴舞等。三个自治区级非物质文化遗产传习基地中，米林县工布毕秀传习基地（米林工布毕秀制作技艺）为工布文化的展示、传承以及民族文化产业化提供了重要平台。

2. 塔布文化

塔布泛指今山南市加查县全境、林芝市朗县大部。20 世纪 80 年代，考古专家在今西藏林芝市朗县金东乡境内的列山发现一片有 210 多座墓葬的吐蕃时期古墓群，这是西藏考古工作的一大重要发现。有学者从史学的角度，对列山古墓群进行多年考察研究后提出：列山古墓群极有可能是钦木氏族公墓或家族之墓。据史料记载，在 7 世纪松赞干布一统青藏高原建立吐蕃王朝之前，西藏地方分属不同邦国，先后有 12 邦国、42 小邦国登上历史舞台。其中 12 邦国中有一赫赫有名的邦国，便是钦木氏建立起来的钦域，其范围包括今林芝市朗县全境和米林县卧龙乡。对于钦木氏家族在西藏的历史地位，据敦煌藏文历史文书记载，自公元 6 世纪以来，钦木氏家族与吐蕃王室建立了 300 多年牢固的联姻关系。尤其是松赞干布统一青藏高原后，历代赞普多娶钦木氏家族女性为王妃，其家族男性则作为赞普的舅家出任大臣、重臣。钦木氏家族的历史无疑是塔布文化中最神秘也最具吸引力的组成部分。

3. 门珞文化

林芝市珞巴族主要分布在米林县、墨脱县、察隅县、朗县一带。珞巴族群众有着悠久的历史文化和丰富的非物质文化资源。珞巴族不仅是跨境民族，也是人口较少民族。林芝市米林县有珞巴族人口最为密集的珞巴民族乡——南伊乡。珞巴族内部部落众多，主要有"博嘎尔""宁波""邦波""德根""阿迪""塔金"等。珞巴族有自己的语言，但没有文字。米林县珞巴族人大部分通晓藏语和汉语，经济收入以农业为主，兼营畜牧、纺织、采集和竹器编织。门巴族主要分布在门隅地区和墨脱县境内，民族语言为门巴语，没有自己的文字。珞巴族和门巴族在语言、服饰、生产生活工具、宗教图腾信仰、婚俗、诗歌、舞蹈、乐器等方面都极具独特之处。作为人口较少民族，保护和发展门珞优秀传统文化，不仅是保护文化多样性和促进民族发展的需要，更是建立文化自信、增强文化软实力，助力边境地区和平稳定、提高人民幸福感，保障文化安全的重要方式。

4. 波密文化

波密具有悠久的历史、深厚的文化底蕴和丰富的旅游资源。波密县文化旅游资源富集，第一代藏王故里、波密王遗存（嘎朗王朝）等文化遗存，众多的宗教寺庙，独具特色的民间习俗和手工艺品，与波密的冰川、森林、罕见的地质景观相结合，丰富了波密自然资源的文化内涵，使其更具吸引力。

5. 察隅文化

察隅县位于西藏自治区东南部，南与缅甸、印度接壤，是西藏偏远边境县之一。察隅县也是僜人的主要分布地区。僜人独特的生产生活方式、神秘的族源传说、独具风格的民族舞蹈、手工艺制品等，都是极具价值的人文资源。此外，察隅优美的自然景观与特有的人文风情一起构成了一幅"青青梯田—亚热带风情—僜人民居"的和谐画面，与进藏旅游只有"高原高山、草甸荒漠、寺庙碉楼、经幡经筒"的整体印象形成鲜明对比。

（二）林芝各民族的文化遗产概况

林芝市历史久远，又是多民族和谐共居的地区，拥有丰富多彩的多元文化遗产。2013 年林芝市启动了可移动文物普查工作，对林芝市六县一区 94 个收藏单位进行普查。普查结果显示，林芝市共有可移动文物 2142 件。其中，通过专家鉴定并成功上报普查平台的文物达 655 件，包括一级文物 3 件、二级文物 36 件、三级文物 215 件、一般文物 326 件、未定级文物 75 件。另外林芝市还有不可移动文物点 280 处，色吉拉康、易贡将军楼、阿沛庄园等 22 处文物点申报为第八批全国重点文物保护单位，达则寺、英雄坡纪念园、吉牧雄摩崖造像等 27 处文物点申报为第七批自治区级文物保护单位。目前林芝有国家级文物保护单位 2 处，分别为朗县列山墓地和波密扎木中心县委红楼；自治区级文物保护单位 13 处；县级文物保护单位 63 处。

民族优秀传统文化是一个民族发展的根脉，保护优秀传统文化就是保护民族的根脉，树立民族的文化自信也是巩固民族发展的根基，因而林芝市非常重视文化遗产的保护。林芝市争取到大量资金,对波密易贡将军楼、林芝县工布第穆摩崖石刻、密林羌纳寺、朗县列山墓葬等历史遗迹和文物进行维修和保护。与此同时,林芝市注重与自治区内外的文物单位保持联系与合作,扩大林芝市文化遗产的影响力。比如2017年林芝藏东南文化遗产博物馆与布达拉宫、罗布林卡、西藏博物馆等文化单位建立合作机制,借展10件藏品参与相关展出活动;邀请广东省文物局、西汉南越王博物馆专家组赴林芝市文化保护单位进行参观交流。

林芝市的非物质文化遗产非常具有地方民族特色,全市已经拥有国家级非物质文化遗产项目3个,分别为米林县珞巴族服饰、林芝藏族服饰和米林珞巴族始祖传说;拥有自治区级非物质文化遗产保护项目38个、县级非物质文化遗产保护项目22个,涵盖了非遗项目的十个门类。全市有自治区级非遗保护项目代表性传承人20名、县级非遗保护项目代表性传承人33名。全市有自治区级非物质文化遗产传习基地2个。①米林县南伊乡珞巴服饰传习所,现有学徒10名。主要培训内容为珞巴服饰的选料、染色、配色、编织、搭配、成品的制作加工等。目前,传习基地已经从单纯的培训场所转变为具有一定规模的生产型保护场所,并产生了一定的经济效益。②米林县工布毕秀传习基地位于米林县职教中心,职业学校的教师巴鲁是自治区级传承人,由他负责传授技艺。传习基地以传帮带的方式,建立产品展示、销售机制,以扩大影响。传习基地已经累计培养学徒100余名,采取了与职教中心相结合的方式,确保了学徒的来源。传习基地在传承和保护传统技艺的同时,也积极探索现代先进技术,使传统技艺在传承的基础上有了发展和创新,使作品在质量和外观等方面都有所改进,受到了当代毕秀爱好者的好评。另外,察隅木碗制作技艺建立了第一批自治区非物质文化遗产生产性保护示范基地,朗县朋仁曲德寺建立了第二批自治区非物质文化遗产项目传习基地。米林县南伊珞巴民族乡被文化部评为"中国民间文化艺术之乡"。林芝市职业技术学校被评为首批西藏自治区非物质文化遗产进校园示范基地。波密县巴卡村被农业部评为2016年中国美丽休闲乡村之特色民族村。

林芝市对非物质文化遗产开展了普查，收集整理文字资料达 1000 万字、图片 2000 余张、图像资料 100 余张光盘，收集民族民间谚语故事 100 余个、民间音乐 200 首，收集各类普查成果 9 类 81 本，建立了 7 类 43 个普查项目的档案和数据库。林芝市还通过各种活动展示非遗，提高林芝非遗的知名度，如 2017 年举办了"非遗保护传承发展的生动实践"宣传展示活动，通过展品摆放、非遗歌舞演出等形式大力宣传林芝非遗；借助西藏林芝雅鲁藏布生态文化旅游节等节庆活动举办非物质文化遗产歌舞展演，提高林芝非遗的知名度，以及提升群众对本地和本民族文化的自信心；组织工布毕秀传承人巴鲁参加广东"春雨工程"，加强与外地非遗的交流；选派 3 名县级非遗传承人参加广东深圳非物质文化遗产传承人系列培训。

（三）文化遗产保护与传承的方式

1. 生产性模式的保护与传承

林芝的非物质文化遗产中有相当多的项目属于民间手工技艺，比如国家级非物质文化遗产项目米林珞巴织布制作技艺、工布毕秀等。随着旅游业的发展，到林芝旅游的各地游客越来越多，开发这些具有浓郁民族特色的民族民间手工技艺，生产出游客喜闻乐见的手工艺品，不仅能保护这些民间手工技艺，还能为当地各族人民增加收入，更能将民族优良文化发扬光大，是让非遗项目可以长久生存的方式。林芝市积极开展非物质文化遗产生产性保护，延长文化产业链。2014 年 3 月成立林芝天上文化创意有限公司，市政府投入资金 4000 余万元与北京播弘传媒有限公司合作，建成 8 个生产基地，实施西藏林芝传统工艺文化传承与发展综合项目。对林芝工布藏族服饰、朋仁曲德寺藏香、工布毕秀、墨脱竹编、金东藏纸等非物质文化产品的文化元素、图案样式等进行设计，研发出衍生文化创意产品 500 多种，并注册商标专利，荣获第三届中国非物质文化遗产博览会优秀创意衍生品"非遗保护创新成果展示奖"、第五届中国成都国际非物质文化遗产节"太阳神鸟金奖"，被列入文化部外联局中国工艺文化海外探索项目。

案例：南伊乡珞巴族民族服饰传习所

开发米林县南伊珞巴民族乡旅游的旅游公司出资 2 万元，在南伊乡才召村建立珞巴民族纺织技术传习所，鼓励珞巴族妇女传承非物质文化遗产项目珞巴织布制作技艺。通过外界有识之士的大力帮助和推广，目前才召村的民族纺织技术传习所办得风生水起。由于其产品走的是国际高端市场，因而编织艺人的收入可以高达每月上万元，这极大地提升了人们从事编织的热情，妇女们每天像上下班一样到传习所织布和编织，真正起到了传习传统织布编织技艺的作用。到才召村的游客随时都能在传习所看到妇女们从事传统民族服饰的制作，这引起了游客对珞巴族文化的兴趣。在观赏这些服饰的同时，还能听到有关珞巴族服饰的传说，这一方面满足了游客参观异质性文化的游览需求，另一方面也使游客亲身感受和了解珞巴族文化，从而激发了游客方的市场。从传承珞巴族非遗的角度来说，非遗项目确实带来了市场效应，也极大地促进了人们传承本民族文化的热情，从客观上促进了非遗项目的传承，也提升了人们的民族文化自信心。

案例：米林县珞巴服饰生产合作社

米林县南伊乡才召村的村长达瓦在 2008 年就成立了米林县珞巴服饰生产合作社，因而他也被认定为林芝市米林珞巴服饰国家级非遗代表性传承人。2012 年，文化部委派专家对珞巴服饰的工艺传承和材料使用进行评估，将其纳入西藏林芝传统文化传承与发展综合项目，投入 31 万元的保护资金，将合作社的面积扩大到 100 多平方米。原料由北京一家公司提供，交给合作社工厂编织。由于可以获得不菲的手工费，一些心灵手巧的妇女被吸引过来从事编织，这同时也壮大了非遗传承的队伍①。

---

① 马宁：《门巴族珞巴族非遗保护及旅游开发研究》，中山大学出版社，2015，第 129 ~ 130 页。

案例：墨脱县竹编合作社

在墨脱县，无论是门巴族还是珞巴族都擅长竹编。在过去这些竹编主要用来满足日常生活和生产的需要，比如编织出竹碗、竹杯、竹盘、竹篓、鸟笼、渔网等。笔者在墨脱背崩乡巴登村看到几乎所有的男子都在从事竹编，即使是在和笔者说话的时候竹编也不离手。背崩乡成立了竹编合作社，开发出各种竹编器物，让村民在家编织，统一收购、统一销售。乌木筷子的制作是门巴族的绝活，墨脱县背崩乡是乌木筷子的主要产地。乌木筷子色泽黑润、质地坚硬、手感厚重、美观耐用，据说可以去除食物中的有害和有毒物质，有利于身体健康。目前从事竹编和乌木筷子制作是墨脱县背崩乡门巴族群众现金收入的主要来源。

案例：帮辛乡石锅合作社

该合作社成立于 2012 年 8 月，投资达 17 万元（其中政府投资 10 万元，成员集资 7 万元）。目前合作社成员为 14 人。2013 年，石锅年产量不足 1000 件，年销售额 150 余万元，后来逐年增加，年增长率超过 50%。特别是 2015 年和 2016 年，石锅产量大幅提高，年产量增长了 300%。2017 年，石锅生产量为 6703 件，销售额为 806 万元，惠及农牧民 700 余人。

案例：德兴竹编加工产业

德兴竹编加工厂项目总投资 1169.9 万元（其中国家投资 477.9 万元，援藏投资 92 万元，招商引资 600 万元），于 2012 年 4 月开始分四期实施。2014 年竹编专业合作社正式完成申报工作和产品商标注册，通过引入北京邓小林藤木家具厂，以"公司＋农户"的生产经营模式运营。作为全乡的龙头企业和脱贫主导产业，2015 年以来，共开展农牧民传统竹编培训 3 期，受训群众 60 人次，人均月收入 2500 元。2016 年，竹编厂实现产品销售 2000 余件，创收 180 余万元，农牧民群众增收 27.8 万元，其中贫困户受益 8 户，户均增收近 1.6 万元。2017 年，生产竹编 2500 余件，销售额为 208 万余元，增长 15.5%，在实现利润 60 余万元的同时带动农牧民增收 30 余万元。

以笔者对一家经营墨脱本地土特产店的观察为例。这家店主要经营墨脱石锅、乌木筷子和各类竹编器物。乌木筷子一把 10 双，售价 120 元。最小号的石锅直径 20 厘米左右，售价近千元，直径 40 厘米的石锅售价在 1600 元左右。除了在本地销售，店主还通过微信网上销售。由于石锅比较重，游客携带不方便，店主还可以帮忙快递。笔者参观这家店的时候，店主正在打包快递石锅，看起来数量还不少。据店主说，目前石锅在全国各地都有销路。

墨脱的门巴族服饰是县级非遗传承项目，笔者在墨脱造访了门巴族服饰的传承人，她开了一家门巴族服饰制作店，店面不大，布料主要从不丹进口，由传承人手工制作服饰。种类包括男女老少的服装，主要销售对象是墨脱本地的门巴族，购买的游客并不多。由于是她本人制作，产量很小，目前还不成规模。

笔者在墨脱和察隅进行调研的时候，发现在这两个县的街头都有当地民间制作的产品销售。墨脱最典型的就是墨脱石锅、乌木筷子和各类竹编工艺品。察隅则是察隅木碗、其他木器，以及当地一些竹编工艺品。察隅县有木碗加工厂 2 家、木碗销售门市 3 家。现在每年大概能生产 2000 只木碗，产值约 100 万元。察隅县有察瓦龙红土陶烧制技艺传承。察瓦龙红土陶目前是个体经营，每年能生产 300～400 件，现准备建设 14 人的土陶烧制传承合作社。察隅县准备开发的产品有僜人服饰展览木偶、民族传统皮具和僜刀。

案例：察隅木碗

察隅木碗制作技艺在 2012 年正式被列为自治区级非物质文化遗产。该县的察瓦龙乡、古玉乡、上察隅镇、下察隅镇等乡镇的自产手工木碗陆续开发了较好的市场，其中技艺相对较好的 3 家农民木碗加工厂已注册为企业。此外，阿扎冰川林下资源企业还被评为自治区非物质文化遗产企业，这家企业曾多次参加国内各类文化博览会，并在自治区第一届藏博会等展览会上取得了较好的销售业绩。2015 年，由于察隅木碗在市场表现上有了很大的突破，自治区文化厅非遗处特别奖励 28 万元的创业资金，同年，林芝市文化局向察隅木碗提供了文化扶持资金 5 万元。2017 年察隅县木碗销售总额达到 20 余万元。

案例：察隅藏医药

佐塔藏药已投入 20 万元资金进行藏医药新型产品开发，现已配成 3 种藏香药包、1 种藏药浴足药配方，需经药监部门鉴定后，才能投入市场。此外，民族特色香包正在设计当中。

2. 表演性模式的保护与传承

在林芝市的非物质文化遗产项目中，歌舞和民间文学的比例相当高，这与当地各民族在传统上能歌善舞有关系。随着林芝市大力发展旅游业，歌舞表演成为招揽游客的好方法，也是非遗传承的重要途径和手段。为了发展旅游业，林芝举办西藏林芝雅鲁藏布生态文化旅游节、林芝桃花旅游文化节、林芝工布藏历新年等节庆。通常在这些节庆当中，林芝市文化部门通力合作，各区县抽调演员积极参与演出。随着这些节庆活动的开展，林芝市不断深入挖掘具有当地特色的民族歌舞，加以改编和创新，创作出很多具有民族特色的优秀歌舞。以 2016 年第二届西藏林芝雅鲁藏布生态文化旅游节为例，此次艺术节突出了林芝地方民族特色，以林芝"三布四隅"的文化脉络为主线，挖掘出了察隅古玉弦子《怒江弦舞》、察隅热巴舞《惹姆阿斯楚楚》等代表林芝 7 个区县独特风土人情的优秀民族传统文化歌舞，将最原汁原味、最代表林芝特色的节目展示给大家，充分展现了林芝多民族区域特色文化。在这次艺术节上，林芝 7 个区县的民间艺术团还联合进行非遗展演，以传承和弘扬民俗文化为主线，展现各区县独具特色的非物质文化遗产项目。将传统的工布民歌、文成公主歌谣、门珞服饰、"呗谐"、"果谐"等一批极具代表性的非遗项目搬上了舞台。这次演出并不是在封闭的演出场地，而是在地段繁华、人流量较大的室外搭建舞台进行表演的，不仅加大了宣传力度，而且使广大群众和游客共同享受民族文化的盛宴，了解林芝独特优秀的民族文化，使这次节庆真正成为林芝各族人民共同欢庆的节日。旅游节期间，林芝市共举办非物质文化遗产歌舞展演 5 场次，演出节目 70 余个，观众达 2.46 万人次。

墨脱县也有一系列的民俗节庆活动，比如墨脱县的"达羌"民俗文化活动，目前该民俗活动已经举办了 6 届，在原来简单的射箭比赛的基础上增加了文化表演、民俗游戏活动和篝火晚会等 5 个展现门珞特色的活动。仁青崩寺跳"神舞"活动，始于 2015 年，每年举办一次。德兴乡那尔东村"神舞"民俗活动，始于 2015 年，原来仅在村内表演，目前已经在县城进行。曲科节民俗活动在每年 6 月庄稼成熟的时节举行，届时人们举行隆重的朝拜仪式，在喇嘛和扎巴的带领下，背经书举经幡，围绕村庄和庄稼地转一周，祈求神灵保佑人丁兴旺、庄稼丰收。群众自备酒饭，在田间地头载歌载舞。整个活动持续 2～3 天。自 2015 年举办以来，活动的规模和影响力逐年扩大。主巴大法会民俗活动为墨脱县全县性的大法会，在丰收年的 11 月至 12 月举行，历时 3～18 天，歉收年不举行。主要活动有念经、跳神、演出宗教喜剧等。人们自备酒饭，欢聚一堂，白天饮酒、观看跳神表演，夜晚在野外点燃篝火、载歌载舞。达旺大法会民俗活动在每年的藏历 11 月 29 日举行，历时 3 天。节日期间，人们除了观看跳神表演和传统戏剧《卓娃桑姆》、跳牦牛舞以外，还要举行一些自娱活动，如赛马、拔河、射箭等。目前该活动主要由群众自发开展。

2015 年墨脱县举办了第一届"莲花佛缘——亚热带墨脱文化旅游节"。文旅节通过开展徒步活动、摄影大赛、自驾游、门珞歌舞游走作品展示等活动，培育扶持具有墨脱门珞特色的墨脱县达羌文化节（包括抱石头、射箭、拔河等民间体育活动）、德兴乡那尔东村"神舞"及墨脱县文化旅游项目来吸引游客，展示具有墨脱特色的民族民间文化。这些节日具有参与性、娱乐性和互动性，能够很好地吸引游客。

察隅县除利用察瓦龙赛马节和古玉罗马桃花文化旅游节吸引游客外，还积极开展民俗文化采风活动。2017 年 9 月，察隅县民族文化、特色风光拍摄采风工作已正式展开。该项工作由县文化局与成都青羊区康巴摄影艺术工作室共同完成，最终制作出《僜人文化宣传品画册》，其主要内容为上、下察隅镇 10 个僜人村组的生产工具、生活方式、服装配饰、特色饮食文化、民俗活动、手工艺品制作及特色民俗代表人物等。

案例：波密县多吉乡的非遗表演性保护

多吉乡是波密县乃至西藏自治区的文化之乡，是全区唯一一个拥有 7 个自治区级非物质文化遗产项目的乡，这 7 个非遗项目为少儿波卓、波央、帕雄热巴舞、西巴斗熊戏、曲艺说白、达颇夏卓、竹编技艺等。2014 年 11 月，多吉乡被自治区政府命名为"西藏自治区民间文化艺术之乡"。波密县将多吉的非遗保护与旅游市场相结合。多吉乡筹资 50 万元建成了多吉乡非遗文化展示厅，投资 95 万元建成了特色民俗文化广场，打造了特色文化宣传角。全乡组建了 12 个演出队，其中，村演出队 9 个（非遗演出队 4 个）、学校演出队 2 个、乡机关演出队 1 个，演出人员 150 多人。其中 2 个文艺演出队（少儿波卓队、原生态热巴舞队）的表演被新华社、西藏电视台等新闻媒体录播。为扩大影响，多吉乡选派 100 多名群众组成群众表演方队，代表波密县参加林芝市第一届、第二届雅鲁藏布生态文化旅游节。波密县的目的是充分挖掘多吉乡民俗文化传统优势，整合民间传统文化体育活动资源，将西巴斗熊戏、帕雄热巴舞、达大马术节、对唱山歌、通参村格萨尔民俗活动以及祈福赛马活动等民间传统文化活动进行整合，综合协调、统筹安排。波密县不仅举办各类表演比赛，还举办多吉非遗文化旅游艺术节，期望通过选定人员进行培训排练，全力打造出一台精彩的非遗文化歌舞类节目，实行定期定时表演，吸引游客前来观赏，带动多吉非遗文化的传承和发展，着力推动多吉非遗文化旅游发展。

这种表演性非遗传承模式，主要是与旅游业的发展相结合，通过表演，将非遗项目展示给人们，从而获得关注。一方面能够扩大影响和知名度，另一方面可以获得经济效益，从而使项目得到可持续传承。

3. 博物馆模式的保护与传承

博物馆无疑是保护文化遗产的重要场所，很多静态的文化遗产通过博物馆可以得到集中展示，同时在博物馆良好的环境中也能得到妥善保管。非物质文化遗产尽管只有在生活中才能得到更好的保护，但是在文化剧烈变迁的时代，很多非物质文化遗产也会消失，因而采用博物馆保存保护的方式也不失为一种有效途径。而且随着科技发展，博物馆也不再只是静态地陈设藏品，还可以采用声、光、电和多媒体等多种方式，全方位展示各种非物质文化遗产。博物馆的集中展示，能更有效地使人们更快领略和体验到民族民间文化的魅力。博物馆建设在林芝是文化遗产保护的一项重要工作，特别是尼洋阁藏东南文化遗产博物馆的建成和投入使用，为林芝的文化遗产保护做出了积极和重要的贡献，并起到了引领示范作用。

尼洋阁位于林芝区八吉村娘乳岗，坐落于雅鲁藏布江和尼洋河的交汇处，距八一镇 1.5 公里。尼洋阁于 2004 年开始建设，至 2006 年完工，是福建省第四批援藏工作队投资 1040 万元支援建设的重点项目。这是一座融藏汉建筑艺术风格于一体的建筑，成为林芝市区的标志性建筑。2007 年福建省第五批援藏工作队进藏，按照当初的设计，将尼洋阁打造成为一座藏东南非物质文化遗产博物馆。工程自 2008 年 5 月开始，一直到 2010 年 4 月完成并交付林芝市使用，同时更名为"藏东南文化遗产博物馆"。博物馆建筑总高 36.9 米，共 5 层，展区 2829 平方米，共分为 14 个展厅。其定位是征集、典藏、陈列和研究代表自然和人类文化遗产实物的场所，是对林芝市具有历史性、自然性、民俗性或者艺术价值的物品进行分类展示的综合性博物馆，是为公众提供知识、教育的文化教育机构。目前馆藏汇集了巴宜区、米林县、朗县、工布江达县、波密县、察隅县、墨脱县 7 个区县各类民族民间器物，包括民族服饰、农耕文化、狩猎文化、藏医药、生活习俗、民间歌舞、手工技艺、文学艺术、体育竞技、节日节庆、宗教信仰、建筑艺术等类型，集中展示了藏东南工布藏族、门巴族、珞巴族和僜人等各族群的民族民间文化。特别是博物馆还针对各族群的非物质文化遗产进行抢救性保护。在尼洋阁外还兴建了门巴族和珞巴族民居，内部设置饮食场景；在空地上建设了一座真正的藤网桥，展示建造藤网桥的高超技艺。此外，还在博物馆的外围打造了占地 120 亩的藏东南文化博览园。博览园以博物馆为依托，对林芝各民族文化资源进行"景观化"再生产。与博物馆的静态展示不同，藏东南文化博览园更多展示活态文化，邀请手工艺人现场展示八盖木锁、工布毕秀、珞巴族和门巴族的竹编等制作技艺，使游客身临其境，体验林芝各民族独特的民族民间文化。目前，藏东南文化遗产博物馆年接待游客 12 万余人次，在游客中口碑良好，已经成为展示林芝民族文化的重要平台。

墨脱莲花阁门珞历史文化遗产博物馆。这是在尼洋阁藏东南文化遗产博物馆的启示下，墨脱县政府依照尼洋阁的模式兴建的一个展示墨脱门巴族和珞巴族文化遗产的博物馆。莲花阁由福建省第六批援藏工作队福建省漳州市人民政府投资 750 万元兴建，于 2012 年 9 月开工，2014 年底投入使用。莲花阁占地面积为 1523.5 平方米，总建筑面积为 823.5 平方米，包括 4 层主体建筑、3 层阁楼。莲花阁内有 4 层 6 个展区，馆内展示了墨脱县地理概况和传统的门珞民族农耕狩猎文化，宗教、民俗、服饰、手工艺文化等；展示了墨脱县从全国唯一不通公路的"高原孤岛"到交通建设逐步完善的变化，以及墨脱县十分丰富的生态自然资源和神秘独特的旅游资源。该馆外部造型别致，馆内布局合理，使得历史与现代、民俗与革新的结合得到完美展示，从而成为当地干部群众的教育基地和外来游客了解墨脱的旅游胜地。据初步统计，莲花阁目前年接待游客量达 4 万多人次，成为展示门珞文化的重要场所。

其他各类民族民间文化陈列室和展示室。在林芝市，有不少民间人士自发兴建的展示民族民间文化的展示室。米林县南伊珞巴民族乡在福建省第五批援藏工作队的帮助下，在才召村建设了一座生态文化展览室，集中展示了米林珞巴族的神话传说、生产生活用品、服饰、宗教仪式、狩猎仪式，还有大量的竹编和藤编物品，完整展示了珞巴族的编织文化。这个生态文化展示室搭建了一个外界了解珞巴族文化的平台，使南伊乡才召村有了可以展示民族文化的物质基础，不仅吸引了游客，也促进了珞巴族民族文化的复兴，将发展旅游业与保护民族文化结合起来。此外，当地还出版了图文并茂的《大山民族——珞巴族社会文化今昔》一书。

案例：珞巴族部落山庄

墨脱达木乡珞巴族青年林东原本在拉萨当司机。2011 年他兴建了集住宿、餐饮和购物于一体的"珞巴族部落山庄"，山庄占地约2亩。他布置了一个面积为80多平方米的小型陈列馆，陈设一些珞巴族传统的长矛、竹弓、长刀等狩猎生产用具，还有锅灶、服饰等一些生活用具，墙壁上挂着各色动物毛皮和动物标本，据他说这是他自己早年的狩猎成果。山庄中有十几张床位，尽管陈设较为简单，但也基本满足了人们的住宿需求。目前林东全家人都着力于经营这个山庄，这里已经成为人们到墨脱达木乡的一个落脚点，也是乡政府接待调研团队时一定要来参观的场所。

墨脱县达木乡村民自发筹建了珞巴族的文化展览室，在自己家里专门腾出一个房间展示珞巴族的各种器物。特别是狩猎文化，展品多为村民早年的狩猎成果，包括各种兽类标本、兽皮、狩猎工具等。察隅县僜人新村的村民也自发筹建了僜人文化展示室，展示僜人的各种物品，包括服饰、银饰、宗教祭祀用品等。察隅县目前正在筹建僜人民俗文化陈列馆。

二 文化惠民与乐民：文化建设提升群众生活幸福感

文化是一个地区人们生活的综合反映，文化是否繁荣，彰显的是一个地区的生活稳定繁荣与团结程度。因此，林芝市确定了文化工作的指导思想，建立起"一三四二"工作思路，即：一个引领，以社会主义核心价值观为引领；三个保障，以党的建设、人才队伍建设和资金建设为保障；四轮驱动，以文化惠民、文化乐民、文化富民、文化稳民四大创新工程为驱动；两翼齐飞，实现文化事业繁荣、文化产业发展。在这样的指导思想下，林芝市新时代的文化工作主要体现在以下几个方面。

（一）文化基础设施建设

文化事业的繁荣需要有良好的物质基础，各类基础设施是文化事业繁荣发展的基本物质保障。

1. 广电基础设施

广播电视和网络等是人民群众获取信息和从事文化娱乐活动的主要渠道，广播电视和网络基础设施建设，关系到能否将国家的政策制度等宣传到千家万户。"十二五"期间，林芝实施广播电视"村村通""户户通""寺寺通"、"西新工程"、"电影2131工程"、农村数字电影放映工程等项目，新闻出版广播影视事业得到了快速发展。截至2017年，林芝市已经完成农牧区和乡镇32799户广播电视直播卫星接收设备建设工作，完成518套广播电视"舍舍通"的建设任务，全市广播和电视综合覆盖率分别达到98.02%和98.07%。2015年林芝市完成有线电视网络改造工程，覆盖用户1.8万余人。2017年，林芝市顺利推进了总投资1400余万元的有线数字电视项目。除了察隅县外，其他几个县已经完成了县级有线数字电视前端、网络更新改造及500户的数字覆盖任务。截至2017年，林芝市广播电视基础设施建设项目大多已经完成或正在建设，全市的电视节目数字化覆盖情况得到全面改善。到2020年，林芝市全面建成市、区（县）、乡（镇）、村四级公共文化设施和数字文化服务网络，基本满足城镇居民就近享受公共文化服务的需求，建成"15分钟公共文化服务圈"，广播电视覆盖率达99%以上。在电影放映方面，全市7个区县54个乡镇基本建成了符合新时代农村电影发行放映一条龙要求的公共文化服务体系，建有县级电影管理站7个、农牧区数字放映队56个、放映点616个，购买流动放映车12辆、发电机54台，年放映电影8000余场次。朗县和工布江达县电影放映队均被评为中宣部服务基层先进集体。2017年，林芝市开展了总投资720万元的6个县级数字影院项目，截至2018年6月，绝大部分县的数字影院都已经完工并正式投入使用，实现了各类大片与全国同步上映。

民族共同语言是一个民族共同体的重要标志，强化民族语言的使用，能增强民族的凝聚力。一方面，民族语言的广播电视节目是学习民族语言的良好途径，可以有效促使人们使用和学习民族语言。另一方面，民族语言的广播电视能够将国家政策和宣传更为有效地输送和传达到民族地区群众中间，帮助群众了解国家政策，增强民族团结的向心力。因此，林芝市致力于藏语电视节目的制作，总投资 280 万元建设的市广播电视藏语节目制作和播出系统，满足了国家对少数民族语言广播电视节目译制能力的建设要求。这既丰富了林芝市各族群众的文化生活，也使国家政策有效传递到群众中，加强了各族群众的向心力和凝聚力。

2. "三馆"建设与文化活动

文化基础设施是保障群众文化生活的基础。林芝市、区（县）、乡（镇）、村各级都在积极建设和完善基层文化设施。比较大的建设项目有林芝市群艺馆、博物馆、图书馆，总投资约 2.5 亿元，总建设面积 34810 平方米。市文化馆经常开展各类公共文化活动，比如文艺比赛、阅读比赛、展览展示等活动。市图书馆的总藏书量达 8.8 万册，数字文化资源存储量达 10TB。此外，市图书馆还开设流动服务点 37 个，开展送书下乡活动和开办"林芝讲堂"等公开课，丰富群众的文化生活。在基层乡镇，"十二五"期间共实施了乡（镇）文化站、区（县）民间艺术团排练厅等 52 个重点文化设施建设项目，总投资约 2.5 亿元。相继完成了 4 个县的民间艺术团排练场所，以及 41 个乡镇综合文化站的建设。截至 2015 年底，已经建成市文化艺术馆、图书馆、群艺馆、博物馆和 7 个区县的综合活动中心。目前，林芝市农牧民每万人拥有公共文化设施 2408 平方米、82 个群众文化活动点（其中乡村文化活动广场 70 个）。2013 年林芝市成为全国首批、全区第一个"国家公共文化服务示范区"，实现了市有图书馆、数字图书馆、博物馆、群艺馆、文化共享中心、数字电视，区（县）有文化活动中心和文化信息资源共享中心，乡有综合文化站，村有文化室的目标。2013 年和 2015 年，在第五届、第六届全国服务农民、服务基层文化建设"双服务"评选表彰中，林芝市获得五个奖项。基层文化平台建设多姿多彩，保障了群众性文化活动顺利展开，极大丰富了群众的文化生活。

此外，林芝市为达到在全自治区率先实现全面建成小康社会的宏伟目标，要求完善农村公共文化设施，满足农牧民精神文化生活需求。每个行政村要有 200 平方米的村综合文化室和 300 平方米的文化广场，每个县要有藏书 2000 册以上的阅览室，要有数字电影院室内场所并且每个月至少要放映

3 场数字电影，每户要有提供 40 套以上广播电视节目的直播卫星设备，还要有村文艺表演队及文化资源信息共享工程基层服务点。按照这些要求，林芝市开展了"新农村、新文化"示范村创建工作，在"十二五"期间已经完成了 45 个示范村的创建工作。这些示范村的创建，很好地带动了基层文化活动的开展，为基层文化事业的发展起到了很好的典型示范作用。

目前，林芝市、区（县）、乡（镇）、村所有文化设施全部实行免费开放，节假日无休，实现了零门槛、无障碍准入，各类馆站提供常态化公共服务活动达 22 种。

3. 农家（寺庙）书屋

林芝市逐步建立健全了一套农家（寺庙）书屋建设、管理、使用制度。首先，林芝市自 2009 年开展农家（寺庙）书屋工程建设以来，争取到资金1234.74 万元，建成 489 个行政村农家书屋和 84 座寺庙书屋，实现了农家（寺庙）书屋全覆盖。书屋配备了图书、光碟、音响、影像播放设备、书架等。截至 2017 年底，全市农家（寺庙）书屋价值达到 2338.8 万元，平均每个农家书屋配发出版物 780 种、2821 册（价值 4.12 万元），每个寺庙书屋配发出版物 560 种、2365 册（价值 3.85 万元）。2015 年，在 125 个农家书屋安装了卫星数字书屋，其中 50 套为社区版。其次，培训农家书屋管理员，并为他们补助相应的经费。在完善农家（寺庙）书屋基础设施的同时，也完善监督机制，使书屋能够真正发挥效用。比如，对农家书屋进行不定期的督查，保障书屋的各类图书农牧民能看得懂、用得上，用途广；开展了相应的活动提升书屋的利用率，利用农家书屋积极开展"我的书屋，我的家"、"党在我心中"、"读一本好书，圆一个好梦"等主题阅读演讲活动。这一系列的活动既丰富了中小学生的校外生活，又提高了农家书屋的使用效能，也扩大了农家书屋的群众影响力，使农家书屋真正成为宣传党的方针政策、传播科学文化知识、传授实用农业技术、传递交流致富信息、丰富农村文化生活的场所和阵地。

书屋目前的利用率还不是很高，在笔者调研期间，发现很多书屋存在设施齐全但图书无人问津的状况。原因是多方面的，首先是书屋管理和组织人员缺乏；其次是农牧民的文化水平还比较低，存在图书看不懂，也没有读书意愿等问题；最后是图书种类不多、不适应农牧民需求、更新慢、不能满足借阅需求。

（二）健康和谐的文化市场

随着人们生活水平的不断提高、文化娱乐活动种类不断增加，以及文化事业的繁荣，林芝市的各类文化娱乐行业呈现繁荣活跃和健康稳定的态势，为林芝市的经济繁荣也做出了一定的贡献。截至 2017 年底，林芝市有各类文化市场经营主体 390 余家，注册资金达 5.17 亿元，从业人员达 3790 余人，全年实现文化产业增加值 6.58 亿元，占 GDP 的比重达 4.83%，带动农牧民就业 1260 人，人均增收 3470 万元。全市初步形成了包括文化娱乐业、文化艺术业、电影放映业、书报刊零售业等行业在内的综合型文化产业结构。

以网吧服务为例，截至 2017 年，林芝市共有互联网上网服务营业场所 45 家，其中市区 22 家（转型升级为网咖的 7 家），从业人员 163 人，计算机终端 3792 台，营业面积 13996.40 平方米，资产总计 5644.4 万元，营业收入 4237.2 万元，营业利润总额 1317.9 万元。全市娱乐场所经营单位有 86 家，其中市区 26 家、县以下 60 家，从业人员 1167 人，VOD 点播系统使用率达 95.3%，资产 12741.0 万元，营业收入 12616.7 万元，营业利润总额 3854.8 万元。为了更好地推动网吧发展，市文化局推进文化娱乐行业转型升级，改变网吧环境脏乱差、经营品种单一的面貌，转型升级后的网吧成为网咖，除了提供上网服务以外，还可以提供休闲、简餐、休息等服务，整体装修上档次，环境干净整洁。在网吧管理方面，打击网络违法犯罪活动，营造文明健康的上网环境。2017 年 12 月 1 日，组织全市 21 家网吧业主召开网吧市场管理座谈会，由网吧业主自主成立网吧协会，建立起完善的管理规章制度。文化部门则将原来的执法机构转变为监管机构，促进双方良性互动。林芝市文化部门通过推进网吧转型升级为网咖来推动其他文化娱乐行业的转型升级，着力解决文化娱乐行业经营模式陈旧、产品类型单一、消费人群狭窄、行业和社会形象不佳等问题。与此同时，鼓励文化娱乐单位坚持把社会效益放在首位，拓展服务功能，积极参与公共文化服务。

在推动文化市场转型升级的同时，加强安全防范是推动林芝市文化市场平稳健康有序发展的重要环节。自2013年起，林芝市的"扫黄打非"工作机构就专设文化市场综合执法支队，形成监管合力，构筑起空中、地面全方位反渗透体系。有了实施监管和执法的机构，对于违法犯罪和文化市场的监管就有法可依。此后实施了"扫黄打非珠峰工程"，深入开展了全面打击反动宣传，以及"清源固边""净网""护苗""秋风"等各类专项行动，杜绝了违法、违禁、有害文化用品的流入与流出，有效净化了文化市场环境。"十二五"期间，全市共出动执法人员15425人次，出动车辆1362台（次），检查网吧、文体店、歌舞娱乐场所等文化市场29047家（次），共收缴非法光碟6337张，删除违禁非法曲目385首，收缴广播电视地面接收设备131套，切实加强了对各类文化娱乐行业的监管，比如全面实现上网人员有效证件的核实登记；在各营业性演出场所建立节目内容审查制度；对营业性演出场所的演员进行资格审查，为保障他们做到持证上岗，与全市78家歌舞娱乐场所签订责任书，并为86名演员办理了演员证。市文化市场综合执法支队于2013年、2015年获全区"扫黄打非"工作先进集体荣誉。

文化市场的一系列举措保证了林芝市文化市场走向健康有序的发展道路，保证了文化市场的安全，是文化稳民和文化惠民的具体体现。

（三）文化乐民

1. 富有民族特色的文艺创作

作为以藏族为主体民族、各民族和谐共居的民族地区，林芝市的文艺创作特别强调彰显民族特色，以此来凝聚各民族的向心力，增强民族自豪感。林芝市文化部门特别重视文艺创作，具体体现在以下几个方面。

首先，注重相关文艺部门的建设，完善文联会员发展管理制度，发挥文联影响力。成立了中国广播电视摄影家协会林芝摄制艺术创作基地、林芝民俗文化与经济发展促进会、林芝书画院等相关机构。各类文艺爱好者积极参与各个机构组织的各类文艺创作活动，发挥积极的影响力，创作了大量优秀的文艺作品，包括歌舞、摄影、绘画等类型。文联各协会成员积极参加林芝桃花文化旅游节的最美桃花歌活动；参加第八届中国西南六省区摄影联展活动，并荣获多个奖项。文联举办了林芝市"最美桃花源"摄影展和"七彩林芝——美在巅峰时刻"书画摄影展活动，共展出书法、摄影、美术作品355幅，吸引广大干部群众、部队官兵和学生5000余人到现场参观。市音乐协会创作的歌曲《心中的歌儿我来唱》和波密县委宣传部创作的舞蹈《桃花深处——波卓》获自治区第五届精神文明建设"五个一工程奖"。市文联推荐13名民间歌手参加"倾听天籁"西藏原生态民歌广播征集评选展播活动，其中11名歌手获奖。民间文艺家协会副主席扎西多吉波还被中国名人文化交流协会授予"中华民族伟大复兴杰出贡献人物"称号。

以林芝市民族艺术团为例，该团成立于1986年10月，是林芝市文化局下属正科级独立法人的全额拨款事业单位。艺术团以舞蹈和声乐类创作为主要创作方向，创作了大量脍炙人口、反映民族特色和地域特色、积极向上的文艺作品，"十二五"期间共创作各类文艺作品50余个，包括声乐类30多个、舞蹈类作品20个、曲艺类作品5个。多个节目获得了"五个一工程奖"等专业大奖。其中《雪域的明珠 吉祥的彩虹》获得2014年度中国大众音乐协会举办的"中国梦音乐情"全国声乐演唱比赛总决赛民族唱法金奖。舞蹈类《盛装的阿吉》《春满林芝》《工布米纳羌》等节目荣获2013年西藏第二届全区专业电视舞蹈大赛舞蹈音乐创作奖、优秀组织奖等多个奖项。《盛装的阿吉》在2015年参加全国新农村文化建设艺术展演中再次荣获"金土地"最佳演出奖和最佳组织奖。创作出版发行各类音乐光碟3种13000张。在国内外参加各种大型演出共计260余场，观众累计26万余人次，先后赴德国、奥地利、斯洛文尼亚、意大利、毛里求斯、津巴布韦、尼泊尔等国外和国内多个省区市演出。全市六县一区均成立了民间艺术团，5年累计创作节目达80余个。7个民间艺术团由各区县文化广电部门进行统一管理，是长期活跃在基层文化战线的骨干队伍。团员多是当地的农牧民，实行合同聘用制，因而具有一专多能、机动灵活、特色浓郁、贴近群众的特点和优势，发挥了传播和繁荣先进文化、民族特色文化，促进林芝市文化事业发展的作用。然而无论是林芝市民族艺术团，还是各县区的艺术团都存在演艺人才极度缺乏的情况。为切实解决演艺人才缺乏的问题，林芝市于2016年选派36名少数民族学生赴广东进行为期7年的基础文化、艺术专业理论、艺术专业实践等综合知识培训，培训期满，由广东舞蹈戏剧职业学院颁发大专文凭，并回林芝进入林芝市民族艺术团实习。未来的林芝市民族艺术团，将会有更多的专业人才加入，为林芝的文艺创作提供新鲜血液，促进林芝文化事业的发展。

其次，随着专业队伍的建设，林芝市的文艺作品不断涌现。"十二五"以来，林芝市累计投入文艺创作资金180余万元，创作"中国梦"等主题文艺作品200余个，出版发行了《魅力林芝》等音乐光碟40余张，收集各类歌曲500余首，实现每县都有自己的特色歌舞专辑。2015年创作了具有民族特色的文艺节目《盛事吉祥 腾飞林芝》，以及《林芝颂》《中国梦 雪域梦》等一批反映林芝在党的领导下，百姓安居乐业、幸福美好生活的艺术作品。民族舞蹈《踏雪迎春》参加了中央电视台全国农民大联欢文艺展演，生态舞蹈《工布新年》和《玉湖蓝莲》等一批优秀节目登上了自治区藏历新年晚会的舞台，第十三届林芝桃花文化旅游节主题曲《林芝桃花香》深受好评并广为传唱，歌曲《心中的歌儿我来唱》、舞蹈《桃花深处——波卓》等5个作品获自治区精神文明建设"五个一工程奖"。市文联下属各协会成员次仁、桑敦等的作品《禅》《牦牛比赛》等先后荣获全国、自治区各类赛展大奖。

最后，为了深入挖掘林芝的地方历史文化，提升人们的文化认同感和凝聚力，林芝市组织编撰"林芝区域文化丛书"，该丛书由《远古的历史——林芝史话》《林芝历史变迁》《林芝民歌精选》《林芝民间故事》《林芝山水文化》《林芝名胜古迹》《林芝民俗文化》《林芝地名历史文化释义》8册组成，藏汉双语共16册500万字。这套丛书的出版发行，使林芝的历史文化面貌得以完整地呈现在人们面前，使人们认识到林芝历史文化的深厚，为构筑人们的历史文化自豪感起到了积极作用，也为进一步深入研究林芝的历史文化奠定了基础。

2. 丰富多彩的群艺活动

近些年，由于林芝的旅游业迅速发展，与之相关的林芝市的群众性文艺活动蓬勃开展，其突出特点是展现林芝的民族风情和地方特色。2015 年以来举办的大型活动如下：两届雅鲁藏布生态文化旅游节，全市各行各业均有参与，受益群众达到 4 万余人，吸引游客 8 万余人；三届桃花文化旅游节，参与演员达到 300 余人，受益群众达到 6000 余人，吸引游客 12 万余人。各种民俗节庆活动开展良好，比如藏历新年，截至 2017 年共举办三届，由林芝市民族艺术团、市群众艺术馆、各县艺术团联合创办。

最普遍和受众最广、参与度最高的群众性文艺活动就是群众文化广场活动——跳锅庄舞。每天傍晚全市各区县的文化广场都有不少群众自发聚集跳锅庄舞，笔者在调研的时候，也曾参与文化广场的跳锅庄舞活动。锅庄舞丰富了全市人民业余生活。截至 2015 年，林芝全市的文化广场有 80 个，每年举办各类广场活动 7600 余场（次），参与人数达 65 万。特色群众广场文化活动获得第十届中国艺术节公共文化服务类"群星奖"。全市 489 个行政村都成立了业余演出队，各类演出活动从 2011 年的 330 余场增至 2015 年的 580 余场。林芝成功举办了"我们的中国梦——文化进万家"、"爱我林芝，歌唱林芝，繁荣林芝"歌舞比赛等系列活动，形成了天天有活动、月月有演出、季季有会演、年年有晚会的文化活动常态机制。从这些群众性文艺活动中，林芝市还注重发掘人才，积极推荐文艺人才，创作文艺精品，并将这些文艺精品推荐到各类表演赛事，展现林芝文化的魅力。

蓬勃开展的群众文艺活动，极大丰富了人们的业余生活，真正实现了文化惠民的初衷，使人民安居乐业，起到了稳定民心的作用。

（四）思想文化宣传助力边疆稳定与安全

作为边疆民族地区，维护稳定是重中之重，思想文化宣传就是林芝市文化工作中不可忽视的重要内容。

首先，在思想认识上，从维护国家文化安全、维护中华民族根本利益的高度，把学习宣传贯彻中央第六次西藏工作会议精神、党的十八届五中全会精神作为重要政治活动贯穿始终。把中央第六次西藏工作会议精神的宣传与社会主义核心价值体系建设的宣传和反对分裂、维护稳定的宣传有机结合起来，不断夯实反对分裂、维护稳定的群众基础和思想基础。

其次，在思想认识基础上，林芝市宣传思想文化部门围绕中心、服务大局，着力发挥思想引领、舆论推动、精神鼓励、文化支撑作用，扎实推进理论武装、舆论宣传、理念养成、产业发展等各项工作。学习形式灵活多样，载体丰富，理论学习不断深入。在坚持集中学习、交流研讨、专题辅导的同时，组织开展"读书、创新、发展"等主题活动，推动党员干部思想解放和学习型党组织建设，发挥援藏优势，采取"请进来、走出去"的方式开展各类学习，举办专题讲座，安排干部到广东、福建等地党校学习。通过举办理论研讨会、撰写理论文章等方式，积极开展理论研究工作。分发各类学习材料，探索理论学习的社会化途径，组建农牧民宣讲队，采取专家讲理论、干部讲政策、百姓讲身边事的形式开展各类宣讲活动。"十二五"期间共组织开展理论宣讲和形势政策教育 5760 余场，受教育群众达 59.6 万余人次；发放学习资料 8 万余份，覆盖率达 100%。宣教教育内容主题鲜明，一是深化中国梦宣传教育；二是深化反分裂宣传教育，通过新旧西藏对比方法，以揭露黑暗残酷反动落后的旧西藏真相为主要内容，坚持用事实说话、用数字说话、用群众语言说话，开展群众喜闻乐见的宣传教育活动。自2013 年启动新旧西藏对比宣传教育以来，组织新旧西藏对比巡展 230 余场，采访四老人员 40 余人，4.7 万余人次参展受教。林芝市布久乡珠曲登村等四个展室被命名为第一批"全区村（寺）新旧西藏对比示范展室"。开展这些活动时注意寻找契机，比如紧扣自治区和平解放 60 周年、自治区成立 50周年等重要节庆节点。举办了"民族复兴之路——奔小康社会的林芝"图片展、民族团结先进事迹巡回宣讲、新旧西藏对比口述史、"文明林芝 和谐家园"手机知识竞猜等系列活动。"十二五"期间共组织开展各类主题教育活动 1000 余场（次），直接参与干部群众达 18 万余人次。

再次，充分利用报纸、网络、广播电视等各种宣传武器。2012 年新华社西藏分社藏东记者站成立。2013 年 6 月，西藏电视台驻林芝记者站挂牌成立。2013 年 8 月，中央电视台西藏记者站藏东南报道点挂牌成立。2013 年 11 月、12 月，中国西藏林芝网和林芝市广播电台相继成立，中央、自治区和市三级主流媒体在林芝成立了立体联动的阵营。2014 年起，《西藏日报》开设了每月两期的《林芝新闻》专版。林芝市有线电视传输中心文化频道开通，市电视台自办节目实现市、区（县）同步播出，广电改革稳步发展。新闻宣传声势强大，"十二五"期间，各级各类媒体发挥各自优势加强新闻报道，稿件数量、质量均有明显提升，形成了正面宣传林芝的强大声势。林芝市还加强管控，正面引导，使舆情建设得到切实加强。2015 年 5 月，成立市委书记担任组长的林芝市网络安全与信息化领导小组，逐步形成由网信办牵头协调、相关职能部门联动、全社会广泛参与的网络安全管理格局。2014 年 4 月，成立市互联网党工委，着力完善党建工作格局和运行机制，稳步推进互联网信息管控。通过建立党支部或者派遣党建指导员的形式，对属地 34 家网站开展了党建工作，实现了属地网站信息管控全覆盖。坚持"管得住是硬道理，正能量是总要求"的原则，建立完善舆情关键词库，常态化开展"两微一网"安全检查，组织开展突发重要舆情应对演练，切实提升 7 个区（县）的网信办处突能力。同时，加强正面宣传引导。2013 年 8 月，成立中国西藏林芝网管中心。2015 年 8 月，创办官方微信公众号"微林芝"，市、区（县）主要网站通过开设专题专栏、添加链接等方式在重要版面位置进行正面宣传，巩固壮大网上主流舆论。

最后，加强对文化阵地的管理。通过加强人才建设、提升队伍能力水平，林芝市宣传文化部门得到强化，有了专职的人员，目前全市每个行政村都有 1 名专职文化宣传干部。近年来林芝市先后实施了公共文化服务体系建设巩固年、文化产业创新年、文化活动提升年、非遗工作推进年、农家（寺庙）书屋管理年、广播电视文物安全年等一系列工作，完成全国首批、西藏唯一的国家公共文化服务体系示范创建工作。

以上思想文化宣传的种种措施，保证了林芝市的思想文化宣传深入家家户户，使党和国家的政策宣传能及时到位，为维护地区稳定和发展提供思想上的坚实保障。

（五）对外宣传成效卓著

随着改革开放的深入推进，林芝要扩大影响，深化改革，促使地区经济文化快速发展，必须加强对外宣传，使更多人认识林芝，进而到林芝来投资或旅游。因此，林芝市委、市政府特别重视对外宣传工作。

首先，抓住机会，向到访的各类客人积极宣传林芝。2013～2017年，林芝市共接待各类"请进来"客人41批476人次，其中较为重要的有2016年召开的由联合国驻华系统和外交部主办的2030年可持续发展议程会议，2015年全国地方外办主任会议，欧盟驻华使节团、美国驻成都总领事林杰伟一行及外国驻华记者团等多个团组。先后接待的海外华人华侨有"文化中国 知名华人书画家西藏行"采风团、"暨南大学'侨爱工程——送温暖医疗队'"、"文化中国——2014海外华文媒体西藏行"等侨务访问团，同时积极向海外华人华侨宣传林芝的自然风光、历史文化等。5年来共接待各类侨团7批次133人次。

其次，全力配合国内外媒体机构到林芝采访拍摄，比如印度、尼泊尔及部分中央媒体外语频道记者团到林芝采访工作。配合《天河》《藏地传奇》《倾听西藏》等多部纪录片和外宣片在林芝的拍摄工作。借"高级外交官涉藏研修班"在林芝考察之际，协助做好涉藏外宣工作，扩大对外宣传效果，发挥特色优势，宣传展示林芝。通过"集美自然"林芝生态旅游季规划启动发布会，邀请《光明日报》、《深圳特区报》、凤凰网旅游频道等31家区内外媒体刊发深度报道40余篇。全力配合奥地利、新西兰等国记者团，中宣部纪录片《西藏时光》等摄制组，人民网等多家采访拍摄团在林芝的拍摄采访活动。

最后，对外宣传不但"请进来"，而且主动出击，采取"走出去"的战略，首次尝试与音乐网站天籁音乐网合作，共发布推广26首林芝市代表性歌曲。制作了《塑梦嶝巴》三集宣传纪录片，并在市直媒体广泛播放。制作并向国内外媒体发放外宣品，以图文并茂的形式宣传林芝人文、历史、地理和自然美景。拍摄完成人文生态纪录片《峡谷一年 山外云开》和反映珞巴族人文生态的纪录片《天边牧场》。这些音乐歌舞和纪录片，极好地展现了林芝的地理、人文、风俗等，起到了非常良好的宣传作用。除此以外，林芝组建各类文艺团队赴国内外演出，参加了上海世博会、广州亚运会、青岛世界园艺博览会等国内重要活动。羌姆米努、工布毕秀等纯手工制作的非遗产品首次参加浙江省义乌市第七届中国国际旅游商品博览会。除了在国内进行宣传之外，还远赴国外，将林芝的文化宣传到国外。"十二五"期间共有5批次30人次因公奔赴欧洲、大洋洲、亚洲7个国家出访，开展文化交流。2014年赴津巴布韦、毛里求斯慰问演出，成为新中国成立以来西藏首支赴非洲开展文化交流的队伍。以"友城"为平台开展交流，以"往来"为契机开展合作。林芝市与尼泊尔博卡拉－列克纳特市建立友好城市关系，通过友城渠道，高层频繁互访，民间交往日趋增多，加强了对外文化交流。2018年4月"中国西藏 扎西德勒"文化周暨第十届墨西哥城国际友好文化博览会开幕式在墨西哥大主教博物馆隆重举行，林芝组建林芝文化交流访问团参加此次活动，开展文化交流，向墨西哥民众展现中国博大精深的多民族文化，并将林芝的工布文化带到了墨西哥。

三　文化富民：文化产业促进经济发展稳定民心

作为边境地区，维护边境的安全与稳定是各民族的首要任务。人民生活安康、居民安居乐业是保持边境稳定与安全的必要条件。因而林芝市各级政府都力求快速发展经济，保障人民生活。林芝市文化资源丰富，加上美丽的自然风光，适宜大力开展旅游观光和文化产业以促进林芝经济快速发展，保障边境安全与稳定。

（一）旅游带动文化产业发展的基本思路

林芝市的文化产业起步比较晚，直到2012年才开始起步，但是林芝市的各级领导非常重视文化产业的发展。2014年4月，林芝成立文化产业工作领导小组，加大对文化产业的支持力度。市财政在上年专项资金的基础上，按照每年递增20%的标准，安排专门资金作为文化产业发展专项经费。各区（县）分别按照上年财政收入的1%安排专项资金。目前林芝市的文化产业建设从小到大、从弱到强，日益壮大，已作为五大特色优势产业之一列入林芝"十三五"规划。提出了"文化兴市"发展战略，将文化融入生态旅游业、农牧业特色产业、水电能源产业、藏医藏药产业，形成"4+1"融合发展模式。

结合国家《藏羌彝文化产业走廊总体规划》、自治区《西藏自治区"十三五"时期文化产业发展规划》和当地实际情况，林芝市制定了《林芝市文化产业发展专项规划》。《林芝市文化产业发展专项规划》从发展基础、发展环境、总体要求、市场主体、主导产业、产业布局、消费市场、营销宣传、保障措施等九大方面对林芝市文化产业发展做出从宏观到微观、从各项政策到具体细节的整体规划。

林芝在被文化部、财政部确定为藏羌文化产业走廊核心区，完成藏羌彝文化产业走廊项目申报后，启动了《林芝文化产业发展总体规划（2016～2020年）》的编制工作，提出了构建"一核、两带、五区、三工程与多点"的文化产业阶梯式发展空间格局。一核是在林芝市政府所在地建设粤林文化创意生态旅游产业园，两带是打造"文化旅游带"和"文化体验带"，五区是工布文化区、塔布文化区、门珞文化区、波密文化区、察隅文化区，三工程是文化遗产保护利用工程、文化产品生产服务工程、公共文化服务融合工程，多点是苯日神山文化保护区、工布新年文化传承区、比日神山休闲公园、尼洋阁休闲产业基地、文化创业创意空间、鲁朗国际藏学论坛等。在实施规划过程中，基于民族文化、生态文化、茶马古道文化、重要文物等文化资源的保护和开发利用，优先吸纳贫困群众参与文物看管、文艺演出。大力挖掘贫困群众文化潜力，丰富其文化知识，提升其文化内涵和技能，将他们充实到乡镇、村文艺表演队，把文化资源转化为经济优势，提高贫困群众的文化行业服务收入。在这样的思路指导下，认真落实国家、自治区关于文化旅游产业发展的一系列优惠政策。

目前在林芝市，民营企业占文化产业企业总数的97.5%，成为主导力量。2015年，全市各类文化市场经营主体已达338家，注册资金达4.12亿元，从业人员达3300人，实现增加值3.95亿元。林芝市对文化产业的发展定位是以小康社会的指标为主。目前的文化产业多与旅游相结合，形成文化旅游，这也是林芝对于旅游的定位。其后是民族手工业，目前在整个林芝市略有规模的企业大概有48家，但相对来讲规模都比较小，没有在市场上占主导地位。演艺等其他文化产业在林芝刚刚起步，还没有形成规模。2018年，文化产业占GDP总额的比重为5%以上。

（二）迅速发展的文化旅游产业

林芝市自然景观优美，海拔相对于西藏自治区其他地区较低，加之具有浓郁特色的工布藏族和人口较少民族珞巴族和门巴族，以及未划定民族成分的僜人均聚居于此，因而旅游资源丰富，特别是民族民俗文化，是林芝发展旅游业的良好资源。自然景观和文化资源相结合，成为林芝旅游开发的主要目标。林芝市致力于通过旅游业带动经济发展，从而实现人民群众安居乐业、稳定边防。

1. 旅游定位及效果

林芝的旅游定位是推进林芝国际生态旅游区建设发展，进一步提升林芝生态旅游产品与服务品质，强化林芝作为西藏生态休闲度假旅游目的地的功能地位，成为区域生态旅游发展、全域旅游发展的创新领先示范区，建成西藏生态旅游中心、国家级全域旅游示范区和西藏世界重要旅游目的地的组成部分，建成国际化生态旅游目的地。因而林芝的旅游形象品牌为"人间净地 醉美林芝"。通过如此的旅游定位，从而实现林芝发展壮大以生态旅游为战略性支柱产业的特色优势产业，着力推进旅游产业与一二三产业有机融合的目标。通过林芝国际生态旅游区建设，进一步推进西藏经济社会发展和长治久安①。

林芝海拔较低，可以成为游客入藏的第一站。尽管冬季是旅游淡季，但

---

① 《西藏林芝国际生态旅游区发展总体规划》编修。

是林芝的冬季自然景观与其他季节相比有着别样风情。林芝市旅游工作总体思路是以建设国际生态旅游区和全域旅游示范区为目标导向，深入实施"2345"旅游产业发展总体战略，坚持走高端、精品、生态旅游发展道路，将林芝打造成"进藏第一站"。同时推出"地球第三极"世界品牌，着力贯彻执行"冬游西藏·共享地球第三极"世界品牌发展战略，努力打造"淡季不淡，旺季更旺"的林芝旅游市场。依托林芝自然景观与人文资源，开发出各类节庆活动，以旅游节庆为推动，以四季旅游为亮点，以区内外覆盖链接为主线，以区域联推作为全景旅游宣传推介的渠道，做好旅游搭台，经贸、文化唱戏。着力开发林芝境内的各种人文资源，发掘有特色的民族村镇，集中展示独特的工布藏族、门巴族、珞巴族和僜人文化。

具体的做法是，依据景区规划，加强公共交通、医疗服务、信息咨询等配套建设，提升旅游服务能力。积极开展智慧营销，以升级林芝市旅游网站为契机，打破传统营销模式的局限，善于运用微博、微信、微电影、数字旅游、影视植入等新技术，实现营销网络全覆盖。进一步完善旅游安全保障体系。以建立健全旅游安全生产和应急管理体系为基础，以旅游安全风险防范为重点，以健全旅游应急救援体系为突破口，进一步完善旅游安全保障体系，为各类游客特别是为冬季游客营造安全、高效、放心的旅游环境。

根据这样的林芝旅游定位和思路，并采用切实有效的实施步骤，林芝旅游业蓬勃发展，呈现出一派欣欣向荣的气象。自 2016 年 5 月开始，林芝市着手策划林芝、拉萨、山南三市区域旅游战略合作活动。2017 年 4 月 20 日，三市在首届藏南环线区域旅游战略合作系列活动暨藏中旅游东环线推介会上共同签订了《西藏东南环线区域旅游战略合作协议》。2019 年 4 月 26 日，拉林高等级公路的全线贯通，有效推进了"拉萨—林芝 3 小时经济圈"和藏东南精品旅游环线建设，有效促进了自治区内的经济文化交流，使区内旅游路线更为完善。"西藏人游西藏"、探亲访友类出游以及休闲度假游等方式为林芝旅游的发展注入新的活力。打造藏东南精品旅游环线，促进了藏东南区域旅游一体化发展，形成了客源互送的局面，扩大了旅游客源市场。自 2017 年着手打造藏东南精品旅游环线以来，截至 2017 年 11 月 31 日，林芝市累计接待国内外游客 495.45 万人次，同比增长 18.94%；实现旅游总收入 43.33 亿元，同比增长 15.6%，分别完成年度计划的 93.48% 和 94.21%。通过藏东南环线区域旅游路线开发，米林、朗县区域旅游发展成效显著。据统计，2017 年藏东环线接待游客 20 余万人次，实现旅游收入 7800 余万元，分别比 2016 年增长 81% 和 61%，带动沿线 600 多人参与乡村旅游示范点及家庭旅馆建设，实现人均增收 1 万余元。2018 年林芝全市共有各类宾馆酒店 501 家，拥有房间 13944 间、床位 26403 张，年接待能力达到 960 万人次（其中星级酒店 43 家，拥有房间 3420 间、床位 6113 张，年接待能力达到 223 万人次）。按照林芝市景区总体规划要求，2018 年全市对外营运景区（点）共有 27 家（其中 5A 级景区 1 家、4A 级景区 3 家、3A 级景区 3 家），全市共有旅行社 8 家、旅游客运企业 4 家。

按照西藏自治区党委、政府实施"冬游西藏·共享地球第三极"活动的重要决策部署，林芝市以"全市一盘棋，联动拓市场"为工作要求，将"冬游西藏·共享地球第三极"活动与"惠民生、促旅游、稳市场"工作紧密结合，与办好桃花文化旅游节、推进春季旅游市场各项工作相结合，实现了冬季旅游市场井喷式发展。2018 年"冬游西藏·共享地球第三极"活动期间，林芝市共接待国内外游客 200 余万人次，同比增长 85.24%，实现旅游收入 13.93 亿元，同比增长 54.77%，取得了空前的经济效益和社会效益。

2. 节庆活动

为了大力发展文化旅游，林芝市充分发挥自然风光和民族文化特色的优势，将两者结合起来，成功打造了一系列文化旅游节，比如"雅鲁藏布大峡谷文化旅游节""桃花文化旅游节""黄牡丹文化旅游节""松茸美食文化节""莲花佛缘——亚热带墨脱文化旅游节"等。每年举办民俗节庆活动 60 余场，参与人数达 20 余万人次。

案例：雅鲁藏布生态文化旅游节

活动以"人间净地　醉美林芝"为主题，以文化搭台、旅游唱戏、全民过节为原则，以弘扬民俗文化为主线，展现各县独具特色的非物质文化遗产，包括工布民歌、文成公主歌谣、门珞服饰、"呗谐"、"果谐"等。通过文艺活动推进文化与旅游的深度融合，提升林芝作为世界旅游目的地的层次和品位。以2016年的第二届西藏林芝雅鲁藏布生态文化旅游节为例，演出从9月26日开始至30日结束，共举办了开幕式、非遗展演等8场演出，共演出节目100余个，观众累计达2.55万人次，场场演出都独具特色，展现了林芝各地独特的风土人情。同时还举办了"醉美林芝——美在巅峰时刻"摄影展，共展出作品300余幅。26家企业和29个农牧民专业合作社参加了旅游、农牧、非遗特色产品大展销活动，展出本地农牧特色产品10大类100余种，现场销售额达1980万元。2017年的旅游节同样效果显著，收获颇丰。实现洽谈签约招商项目36个，签约资金58.52亿元，初步达成朗秋冰川、易贡地质公园和墨脱徒步旅游等6个合作意向项目，预算投资75亿元。

案例：林芝桃花文化旅游节

林芝桃花文化旅游节到目前为止已经成功举办15届，成为集观光旅游、旅游推介和文艺会演于一体的节庆盛会。其中2018年的桃花节更是别开生面。为扩大林芝桃花文化旅游节品牌的辐射范围，桃花节开设了诸多分会场，将桃花节的活动范围扩大到其他县区。米林县索松村、波密县桃花谷和工布江达县巴松措等分会场持续举办多场内容丰富、独具特色的民俗文化活动，为游客呈现了一个精彩纷呈的桃花节，使以"赏桃花住农家"为特色的桃花节乡村游受到广大游客的青睐。巴宜区推出"圣洁宁静　仙境鲁朗"，工布江达县推出"情系桃花源 畅游巴松措"，米林县推出"世界最美山峰下的桃花盛宴"，朗县推出"塔布文化、叙梦桃源"，波密县推出"藏王故里桃花红"，察隅县推出"茶马古道遇见绚烂桃花"，六个分会场接续推出赏花体验之旅，精心设计了美丽乡村自驾游、电动汽车体验游等乡村旅游线路，将乡村旅游景点串点成线，进一步推进"林芝桃花"乡村游市场发展。活动中，市民族艺术团、各区（县）民间艺术团轮番上演各具特色的文艺节目，为游客献上了一场场文化盛宴。如开展"定格桃源"摄影书画交流展、"竞技桃源"民俗体育活动、林芝啤酒发布会暨"赏林芝桃花·喝林芝啤酒"活动、"梦幻桃源灯会"游园会等多项民间活动,吸引全社会的热情参与,真正做到全民参与、全民过节。2018年桃花旅游节期间,林芝市共接待国内外旅游者65.7万人次,同比增长62%,实现旅游总收入5.2亿元,同比增长57%,游客接待量和旅游收入实现双丰收。

案例:察隅县的特色节庆

察隅县的桃花节分会场在古玉乡,2016年参加人数多达3000人。另外察隅县察瓦龙乡赛马节是察隅县一项重大的节庆活动,在每年3月23~29日举办,内容有赛马、男女跑步赛、扛沙袋、物资交流、文艺会演等,参加活动的有本地群众及周边地区人员,达8000余人。此外还有察隅僜人美食文化节,活动由各村的民族舞蹈、歌舞,以及品尝僜人独特美食等构成。

林芝市推出这些节日,在促进林芝旅游发展的同时,将林芝市有特色的民族文化和各类非物质文化遗产推介展示给游客,一方面展现民族文化的魅力,另一方面,也使林芝的各族人民认识到自己文化的独特性和优势,提升民族文化自信心。

3. 特色村镇建设

林芝作为多民族聚居的地区,各民族与自然相互依存,在顺应自然和利用自然的基础上,建造了具有民族特色和深厚文化内涵的村落居住空间。这些村落居住空间包含着丰富的文化信息,不仅仅是人们的居住场所,更是文化传承场所。在林芝发展文化旅游业时,这些具有民族文化特色的村镇成为旅游开发的重要资源。林芝特别注重传统村镇的开发与建设,除了开发传统的村镇外,在各级援藏组织的帮助下,还开发了现代化特色与林芝当地民族风情相结合的高端小镇,以满足游客的需求。目前林芝市正在建设工布江达县巴河镇、巴宜区林芝镇、察隅县察瓦龙乡、波密县通麦小集镇示范点。

案例：鲁朗小镇

鲁朗小镇是在林芝市巴宜区兴建的国际化旅游小镇，由广东省援建。2016 年 10 月 1 日，鲁朗国际旅游小镇开始试运营。这里将成为西藏布达拉宫之外的又一新地标，与布达拉宫一起，成为西藏旅游的两极。鲁朗国际小镇总占地面积 1288 亩，总建筑面积 20.27 万平方米，是广东省对口支援中有影响力的示范性项目，项目总投资约 35 亿元。其建设宗旨为建成"世界一流旅游目的地"，以"圣洁宁静、藏族文化、自然生态、现代时尚"为总体开发定位。鲁朗的自然资源极佳，风景优美，吸引了大量背包客、自驾游和团队旅游人士。新建的鲁朗小镇拥有恒大、保利、珠江投资三家五星级品牌酒店，广药藏式养生古堡，为游客提供优质的高端服务、休闲体验项目和藏式养生 SPA。小镇还建有度假别墅、商业中心、演艺中心、行政中心、游客服务中心、步行街、学校、医院、银行、净水厂、垃圾中转站、污水处理厂、LNG 燃气站等景区所需的完善的配套设施。鲁朗国际旅游小镇作为旅游精准扶贫项目，其建设运营提供了产业扶贫、旅游扶贫的典型案例，为新型城镇化建设提供经验和模式，并有力推动了林芝市经济发展和社会稳定。

（1）推动林芝旅游产业升级。鲁朗小镇是林芝旅游的重要核心，小镇的建设，不仅将带动周边乡村旅游的发展，更能强化林芝生态旅游产业体系建设。鲁朗小镇作为林芝旅游发展的重要支点，定位为高端休闲度假旅游，不仅仅是林芝旅游业的补充，更将强力带动林芝旅游业的转型升级。

（2）带动当地群众就业脱贫。鲁朗国际旅游小镇从建设到运营，为当地提供就业岗位至少 1000 个。因而鲁朗国际旅游小镇的旅游扶贫，其更长远的价值在于创造了大量就业机会，并提升了当地村民的就业技能。鲁朗小镇极大地带动了相关服务业的发展，带动贫困人口的脱贫。据统计，2016 年小镇人均纯收入增加约 8000 元。2016 年 10 月小镇试运营以来，游客人数已达 30 万余人次，对当地的经济发展起到巨大的推动作用。从旅游产业角度看，小镇成为一个旅游目的地，对周边乡村旅游发展将产生巨大的辐射作用，带动当地群众就地参与旅游经营服务。

（3）改善公共基础设施。鲁朗小镇的建设运营，不仅涉及旅游项目，还相应地促进当地基础设施的不断完善、公共服务的不断投入，学校、卫生院、中心广场、商业街、市政基础设施等的建设或提升，有效改善了鲁朗贫困地区交通、教育、医疗、文化等公共基础设施面貌，民生得到了极大改善，从而使鲁朗成为宜居、宜业、宜游的小镇。

案例：僜人民俗文化村

僜人民俗文化村位于察隅县下察隅镇沙琼村，是国家投资 880 万元筹建的，既是集中展示僜人民俗风情文化的旅游场所，也是探寻访古、摄影拍照、户外体验的理想去处。僜人分布于察隅县西部，是西藏人口最少的少数族群。居住在察隅的僜人共有 1300 多人，他们有自己的语言，但无文字。在僜人民俗文化村内不仅可以全面系统地了解僜人的历史演变，体验僜人独特的人文习俗，欣赏别具一格的僜人舞蹈，还可以品尝到僜人传统美食——手抓饭。

案例：墨脱县背崩乡巴登村

这是一个门巴族聚居的村落，该村的门巴族是 100 多年前由不丹迁入我国境内的。村寨保持着良好的门巴族文化特色，建筑是传统干栏式，布局合理，寺庙、水井等一应俱全。林芝市已经将巴登村申报为传统村落，下一步将全村集体搬迁，对巴登村进行整体保护。

4. 旅游助力脱贫致富成效明显

在开展旅游脱贫攻坚工作过程中，林芝市突出特色，因地制宜，推出了依托景区发展乡村旅游模式、依托民俗文化发展乡村旅游模式、依托节庆发展乡村旅游模式、依托信息化发展乡村旅游模式等多种有效模式，一批乡村旅游新业态纷纷涌现。目前，乡村旅游已经成为林芝市旅游扶贫的主阵地，旅游扶贫已经成为扶贫开发的重要抓手。2016 年，林芝市成功入选首批国家全域旅游示范区创建单位，被《中国国家旅游》杂志评为全国"最受欢迎生态旅游目的地"；市旅发委获得 2016 年度"全国旅游系统先进集体"荣誉称号，成为全区唯一获此殊荣的地级市旅游部门。第二届全国乡村旅游与旅游扶贫推进大会上公布的"全国旅游扶贫示范项目"名单中，巴松措景区入选"全国'景区带村'旅游扶贫示范项目"，南伊沟景区旅游开发公司入选"全国'公司＋农户'旅游扶贫示范项目"，巴宜区嘎拉村农家乐致富能人次央、波密县巴卡村农家乐致富能人仁青入选"全国'能人带户'旅游扶贫示范项目"，巴宜区鲁朗镇扎西岗村农牧民农家乐合作社、巴宜区阿吉林合作社入选"全国'合作社＋农户'旅游扶贫示范项目"。以 2017 年为例，全市参与旅游服务的农牧民群众达 1358 户 8207 人次，户均收入 4.51 万元，人均增收 7459 元。林芝市利用旅游助力脱贫采取的措施大致有以下几个方面。

（1）以景点带动农牧民就业。各级文物保护单位向游客开放。林芝市藏东南文化遗产博物馆、巴宜区桑杰庄园、朗县冲康庄园、工布江达县阿沛管家庄园、朗县列山古墓等文物保护单位逐步加入旅游线路，向游客开放。各级文物点年接待游客 20 余万人次，实现收入 1000 余万元，各类文化企业带动当地农牧民就业 2800 余人，增加农牧民收入 4200 万元。以巴松措景区为例，林芝市充分抓住巴松措 5A 级景区建设的机遇，推进旅游扶贫村的基础设施建设。在巴松措旅游升级改造过程中，将精品景区项目承包给农牧民施工队，为当地贫困户提供就业岗位，促进了贫困群众增收。巴松措景区内农牧民参与旅游服务项目 179 家，参与旅游服务人数 449 人，经营收入达 860 余万元。另外一些重点景区还从景区门票收入中切块建立 2000 多万元的旅游惠民资金，按照比例提成分给当地居民，进一步促进旅游富民。

（2）建设家庭旅馆辅助脱贫致富。按照"上规模、提档次、定标准、强规范"的原则，积极鼓励和扶持农牧民群众开办家庭旅馆、藏家乐，不断完善评星标准，强化规范管理，提升档次水平，让更多农牧民参与旅游业、扎根旅游业，成为推动旅游发展的主力军和受益者。截至 2017 年底，全市农牧民家庭旅馆总数达 570 家（其中星级家庭旅馆 167 家、非星级 403 家），客房 5105 间、床位 13199 张，共接待游客 42.01 万人次，同比增长

57.04%；实现旅游收入5813.92万元，同比增长55.11%。全市参与旅游服务的农牧民达1358户8207人次，实现收入6122.4万元，户均增收4.51万元，人均增收7459元。

案例：波密县

波密县旅发委借助G318最美景观大道和岗云杉等区域资源优势，大力发展乡村旅游，通过致富能人带动贫困户脱贫致富的扶贫模式已经成为林芝市乃至全区行业的先进典范。

案例：墨脱县

墨脱县在10个行政村发展农家乐，每家200～300平方米，另外培育民俗旅游示范户，每户给予餐饮、卫生、通信、电脑网络设施等补贴1万元，全县共发展培育110户。为农牧民提供无息贷款，鼓励农牧民经营家庭旅馆。经县政府同意，县旅发委从旅游产业资金中出资235万元，对全县17家家庭旅馆（农家乐）进行无息贷款专项扶持。截至2016年，墨脱县各类档次的农家乐及家庭旅馆数量已达39家，全县的总床位数达1100多张。

从2016年起，林芝市旅发委累计投入600万元，整合企业（西藏林芝智慧旅游发展有限公司）资金2000余万元，在传统家庭旅馆的基础上，建设乡村旅游信息化工程，以20个旅游重点村共300户农牧民家庭旅馆为建设试点。该平台试运营以来，采集全市吃、住、行、游、购、娱旅游要素数据6000余条、商户数据450余条，为试点区农户对接林下资源粗加工、农副产品销售等信息370余次，为农牧民家庭旅馆吸引客源20696人，实现旅游收入296.57万元。目前，林芝市旅发委正在加快林芝智慧旅游—乡村旅游信息化平台"一库、两端、三网"二期项目建设，准备加入乡村旅游信息化平台经营管理的农牧民家庭旅馆达到300个。

（3）扶持特色旅游产品。鼓励广大农牧民群众从农畜产品、手工产品等方面进一步融入旅游市场。林芝市旅游发展资金累计投资100余万元，用于扶持日村藏香厂扩建及产品包装设计与巴宜区卡斯木村民族手工艺品合作社及注册商标等项目建设，打造民族特色旅游产品。积极争取财政资金300余万元，整合企业资金2660万元，进一步推进智慧旅游—乡村旅游信息化二期项目建设，运用短信提示、免费WiFi、引导出游、网络预订等科技信息化服务手段，实现旅游市场与庭院经济"无缝对接"，有效提高了农牧业主副产品的市场附加值。截至2017年，全市共有各类民族手工艺发展合作组织8个、从业人员580余人，全年带动农牧民群众增收1500余万元。

案例：墨脱的民族手工业产品

墨脱可用于开发的旅游商品有石锅、木碗、藤竹拐杖、乌木筷子、藤竹背篓、墨脱竹手帕、斗笠、单玖、四孔笛、护身符、葫芦酒桶、葫芦瓢、曲弯刀、邦琼、桑达（民用暗箭）、力（弓箭）、水瓢、廊达、女性服饰等特产和文化手工艺品。门巴族擅长编织，编织工艺品种类繁多，竹编类有筐、篓、席、筛、盒、桶、碗、勺等；藤器类有背篓、藤绳、藤杖、藤马鞭等。2017年，墨脱县旅发委加大了对农副产品的宣传力度，鼓励农牧民经营土特产、旅游纪念品、手工艺品以及民族服装等特色商店，向游客销售旅游商品，增加农牧民收入。

案例：工布江达县乡村旅游合作社

工布江达县旅发委大力扶持乡村旅游合作社，先后成立了家庭旅馆合作社、马匹租赁合作社、氆氇加工合作社、藏香合作社等，累计盈利达86万余元。

（4）打造乡村旅游示范村。建设旅游扶贫项目库，重点发展和引导、规划乡村旅游，以旅游扶贫、旅游富民为导向。在G318线、S306线和重点景区（点），精心打造多个乡村旅游示范村，利用生态旅游产业资金，进行重点项目建设，打造乡村旅游扶贫样板工程。比如支持米林县卧龙镇麦村和日村旅游扶贫开发建设。同时，统筹利用惠农资金加强卫生、环保、道路等基础设施建设，打造特色乡村旅游线路产品。深入推进智慧旅游—乡村旅游信息化建设，让游客"一部手机游林芝"成为可能，将林芝建设成为西藏第一个智慧旅游城市，推动旅游业从传统服务业向现代服务业转变。积极争取中央预算内投资1700万元，全力打造18个乡村旅游示范村，辐射带动贫困群众整体脱贫致富。2016年生态旅游扶持资金中，按照市、区（县）财政1:1投入比例，市级投资1300万元，区（县）级配套1000万元，以"一村一品一特一组织"的乡村旅游产品体系建设标准，完成了巴宜区罗布村、米林县才召村、工布江达县拉如村、波密县朱西村、朗县卓村、察隅县目若村、墨脱县德兴村等12个乡村旅游示范村项目建设，有效激活了乡村各类资源，为发挥旅游带动力功能奠定了基础。2017年继续投入生态旅游产业扶持资金，打造6个乡村旅游示范村。

（5）建立了林芝市旅游产业扶贫信息库。对林芝市175个村7746人进行了旅游扶贫对象精准识别，因地制宜制定《林芝市旅游扶贫工作实施方案》，组织相关部门及专家团队多次深入旅游特色村寨开展调研，研究制定发展乡村旅游带动农牧民增收的思路和措施，将旅游扶贫纳入全市扶贫攻坚总体规划和旅游发展总体规划，强力强势推进。明确扶贫目标，落实主体责任人，创新帮扶措施，把建档立卡作为精准扶贫的"第一战役"和旅游扶贫工作的"一号工程"。将旅游建设项目重点向贫困村倾斜，补齐贫困村和贫困户产业发展短板，在全市产业规划中纳入旅游项目55个大项，总投资21.42亿元，涉及林芝全市的7个区（县），覆盖脱贫人口4970户15687人。截至2018年春季，共完成子项目42个，投资5.18亿元，覆盖8923人次，续建项目8个，投资0.36亿元；计划年内新开工项目5个，投资0.18亿元。

（6）育才创业推进旅游就业脱贫。按照"培训一人，就业一人，脱贫一家"的旅游扶贫工作思路，组织实施乡村旅游人力资源开发计划，建立城镇、乡村待业青年人才库，按照旅游企业用工方需求分级分类开展培训。截至2018年春季，全市旅游从业人员达到1.28万人，带动社会就业4.2万人，为林芝市旅游业提高服务质量、实现转型升级夯实了人才基础。

（7）依托产业发展带动脱贫致富。以旅游景区开发带动助推新农村建设与旅游产业发展大融合。市旅发委建立 300 万元的旅游惠民基金，用以扶持家庭旅馆发展建设。墨脱县通过开展农牧民技能培训，提升农牧民群众的旅游接待能力以及服务水平，让农牧民获得生存技能。2017 年全年共举办了 18 次培训，培训 224 人次。截至 2018 年春季，林芝全市通过旅游扶贫，使大批贫困户走上了脱贫致富的道路。在林芝市旅游发展委员会的带领下，共有 1694 户 5935 人脱贫。2016 年助力 696 户 2379 人脱贫，2017 年助力 998 户 3556 人脱贫，旅游扶贫取得丰硕成果①。

尽管林芝市旅游扶贫工作取得了一定成效，但尚存在一些问题，主要表现如下。一是规划有待完善，成熟产品支撑不够。由于深度参与、互动体验性不足，产业融合度弱，季节性较强，不能满足游客多层次需求。二是旅游业态欠缺，乡村产业发展不够，不能形成"一村一品"，缺乏强有力的核心吸引物，还停留在"走马观花"式观光游，深度体验参与式的休闲游、度假游甚至养老游没有形成。三是从业人员素质有待提升，服务水平整体不高。农牧民作为主体建设者，经营理念不能适应旅游消费的高要求，特别是贫困户均受条件所限，不能提供旅游服务，导致脱贫工作艰难。

（三）特色民族文化产业与影视表演

林芝市各区（县）充分发挥"旅游 +"和" + 旅游"综合带动作用，推动其他产业与旅游深度融合。找准了特色农牧业、藏医药业、文化产业等与旅游业的结合点，统筹整合资源，做足做精了特色农牧业观光体验文章，生产出更多具有林芝特色的饮食和纪念品，让观光农牧业成为新亮点。通过积极开发集休闲、养生、保健等于一体的藏医药旅游产品，向游客展示和提供更多的健康生活理念和自然生态养生方式；通过着力培育具有地域特色的参与性、娱乐性、互动性文化旅游项目，让文化作为旅游核心的价值充分体

---

① 《全区旅游精准扶贫及项目工作推进部署动员会上的发言材料》，林芝市旅游发展委员会主任旦增桑珠，2018 年 3 月 23 日。

现，从而打造旅游全产业链，构建旅游产业新业态。利用一系列的"旅游 + 文化"打造出独树一帜的文化旅游品牌，如林芝桃花文化旅游节音乐盛典活动、黄牡丹藏医药文化旅游节、林芝生态旅游季村跑活动等。

案例：米林县积极打造"花谷药洲形象"

为传承保护好米林野生药用植物资源，鼓励人工种植，推动藏医药产业发展，林芝市米林县制定出台了《米林县野生药用植物资源保护管理办法》，根据不同地域、季节及药材濒危程度，系统地明确了野生药用植物资源保护管理与违法采挖的处罚规定；制定出台了《米林县藏药材种植扶持管理办法》，由政府统筹协调种苗供应、和植补贴、技术支撑及保底销售，推广藏药材的培育种植；同时与西藏藏养实业等企业合作，邀请技术人员全程指导藏药材种植，确保药材质量；积极联系西藏藏医药大学藏药有限公司、林芝藏医院、甘露藏药等藏药生产供应商家，了解各类藏药材市场需求，疏通藏药材销售渠道。长远来看，将建立一套完备的藏医药产业发展体制机制，在藏医药产品产、加、销、游环节制定标准体系，提高藏医药产业发展水平。为促进米林"藏药甘露加持仪式"和"擦斯觉瓦"的保护与传承，米林县结合实际，规划了实施性较强的五年保护计划。一是创建普查队伍和保护机构，收集整理相关仪式的历史渊源、实物资料等，进行归类建档。二是建立健全传承人培训机构，培养新一代传承人，确保有接班人。三是通过申请国家专业技术鉴定，获取"擦斯觉瓦"生产资格。四是加强对藏医药学的宣传力度，进一步扩大"藏药甘露加持仪式"的影响力和"擦斯觉瓦"的生产、制作、销售规模，努力提高它们的知名度。五是进一步配备和完善开展"藏药甘露加持仪式"的设施，确保仪式有序开展；扩大"擦斯觉瓦"的生产规模，通过大批生产刺激销售，并申请专利，打造自己的品牌。六是全面推向区内外。通过宣传促进藏医药学与其他医学的交流，扩大影响力，将藏医药学推向区内外。

2010 年起，米林县开始全面推动农村特色产业发展，结合藏医药文化，打造"药洲"米林。县委、县政府对全县藏药材种植做了区域化布局（"药洲图谱"），涵盖 3 个乡 3 个镇 15 个村，整合了农牧、扶贫、水利、林业、住建、发改、民宗等部门的项目资金，建成了卧龙镇藏木香种植基地、南伊村波棱瓜种植基地、羌纳乡棱子芹种植基地、玉松村当归种植基地、多卡村大花黄牡丹种植基地、立定村柴胡种植基地等。藏药材基地遍布一江两岸所有宜种村居，呈锯齿状分布，藏药材种植面积最大时达 2500 亩。米林县根据市场供求关系，不断调整和控制藏药材种植品种与面积，现达 1400 余亩，主要有灵芝、天麻、棱子芹、波棱瓜、藏丹参等 16 个品种，其中属于藏药的有 12 种。现已基本建成藏医药博物苑（援藏投资 1892.91 万元，建筑面积 3989 平方米，主体工程已完工），将系统展陈藏医器械、天文历算、藏药材标本及藏医药鼻祖宇脱云丹传道授业的文化传承；已建成米林藏医院（国家投资 610 万元，建筑面积 1911 平方米，已完工），不断提高藏医药硬件水平和师资实力。

以"旅游 + 产业"打造品牌，如各类手工业产品的开发和利用。2014 年 3 月成立林芝天上文化创意传播有限公司，市政府投入资金 4000 余万元，积极与北京播弘传媒有限公司合作，建成 8 个生产基地，建设了藏族服饰、珞巴族服饰、藏香、藏纸、门巴族传统竹器等传习所。整合地区具有代表性的传统工艺类非遗项目，完成 20 余种文化产品的研发工作。一方面促进了传统手工艺的传承与发展；另一方面也为当地群众提供了就业机会，助力脱贫工作。

在深入发展林芝旅游的同时，林芝市的广告影视行业也在逐渐崛起。雅鲁藏布江文化广告公司自 2014 年 8 月注册以来，实现利润 1.07 亿元，上缴利税 1680 万元。2017 年该公司实现收入 1.7 亿元，被科技部认定为高新技术企业。由工布文化投资有限公司和四川华信恒富投资有限公司投资 8.68 亿元的工布明珠民族文化广场综合建设项目得到批复用地 125 亩。第三极文化传播有限公司投资 4700 万元打造的原生态歌舞剧《寻找香巴拉》实现常态化演出，招聘农牧民演员 50 余人；投资 3500 万元的尼池藏域民俗文化村已改造完成。林芝大峡谷影视有限公司于 2015 年投入运营，投资 2000 万元拍摄的电影《喜马拉雅之灵》已经通过国家相关部门审核，即将在国内院线上映。华侨城集团公司授权华侨城西部投资有限公司出资 1.5 亿元,与深圳市深汇通投资有限公司合资成立林芝市华侨城南山文化旅游投资发展有限公司,重点在文化旅游领域加强合作。尼洋河风光带文化旅游公司申请到国家文化产业扶持资金 190 万元。

(四)旅游和文化产业促进经济跨越式发展

总体来看,林芝文化产业的发展促进了林芝的经济腾飞(见图 1)。2015 年全市接待国内外游客达到 351.72 万人次,实现旅游收入 32.83 亿元,分别同比增长 26.35% 和 26.85%,分别完成年初计划的 116.46% 和 113.20%。产业增加值预计实现 9.8 亿元(具体以统计部门统计数据为准),同比增长 22.9%。2016 年林芝市累计接待国内外游客 437 万人次,同比增长 24.2%;实现旅游总收入 39 亿元,同比增长 18.8%,分别完成年度计划的 109% 和 103%。2017 年,全市累计接待国内外游客 518.66 万人次,同比增长 18.69%;实现旅游总收入 45.46 亿元,同比增长 16.56%,旅游及相关产业增加值占 GDP 的比重为 29.85%。2018 年林芝市累计接待国内外游客 713.50 万人次,同比增长 37.56%;实现旅游总收入 59.22 亿元,同比增长 29.98%。2019 年第一季度,林芝市累计接待国内外游客 120.14 万人次,同比增长 3.18%;实现旅游总收入 10.82 亿元,同比增长 23.82%。林芝市旅游经济持续繁荣发展,为全市决胜全面建成小康社会、深入推进实施"十三五"规划提供了重要支撑。

四 文化稳民:文化发展与创新为边疆稳定与安全助力

作为与印度和缅甸接壤的边境地区,林芝市的边境安全关系着西藏和国家的安全与稳定。维护林芝的边境安全需要社会各方面的共同努力,其中林芝各民族的文化发展是边境稳定与安全的必要保障之一,可以起到团结各民族、提高人们的自信心以及凝聚人心的作用。林芝市文化部门所提倡的文化发展的"四轮驱动",即文化惠民、文化乐民、文化富民、文化稳民四大创

图1　2015～2018 年林芝市旅游收入与旅游接待人数情况

资料来源：林芝市旅游局：《林芝市旅游局 2015 年工作总结及 2016 年工作安排》，《西藏自治区林芝市全域旅游产业运行情况》。

新工程，是突出文化在维护国家稳定方面作用的创新之举。目前林芝市的文化发展呈现出一派欣欣向荣的气象：文化基础设施完善、优秀传统文化的保护有条不紊、文化产业的发展促进经济快速发展。这些都保障了林芝作为边境地区的文化安全。

首先，随着林芝市各民族优秀传统文化保护措施的实施，以及文化产业和旅游业的发展，人们逐渐认识到优秀传统文化的独特魅力，认识到保持各民族优秀传统文化是保持民族自信心的重要条件。而且优秀传统文化的良好保护与传承，为粉碎境外敌对势力所谓的"文化灭绝论"提供了有力的反击武器。优良的传统文化能够促进实现可持续发展，保证边疆人民的文化自豪感和文化向心力，能将各民族凝聚在一起，有力保障边境的安全与稳固。

其次，完善的文化基础设施建设，保障了国家的政策可以传达给每一个农牧民，国家政策能够深入人心，使人们及时了解国内外重大事件的动态，认识到祖国的繁荣富强，铸牢中华民族共同体意识。同时，完善的文化基础设施，保障了人们丰富多彩的文化活动，真正做到文化惠民和文化乐民，人们安居乐业，精神生活得到满足，从而保持饱满的精神面貌。

最后，随着旅游业和文化产业的快速发展，经济增长速度明显加快，人们生活水平有了显著提高。经济发展是人们安居乐业的重要保障，也是稳定民心的重要保障。通过对前文的梳理我们看到，林芝市的文化产业和旅游业发展脱贫效果明显。生活水平的不断提高，不仅使我国境内的人民群众人心稳定，而且也使境外的同民族群众向往我们稳定和富裕的生活，从而产生向心力。

总之，尽管林芝市的文化发展与内地相比还有诸多不足，比如资金缺乏、人才缺乏、文化创意不足、文化产业开发不到位等，但其整体处于向上发展的趋势。尤其是文化旅游产业的发展，呈现井喷态势。林芝文化工作的"四轮驱动"模式是林芝市文化发展的创新之举，为林芝市文化高质量跨越式发展奠定了基础，保障了林芝市的文化安全，为边境的稳定、安全和高质量跨越式发展助力。

第四章　高质量跨越式发展的治理支撑：林芝市社会治理的实践与经验

严米平*

研究西藏在社会转变过程中社会治理的基本经验和实践探索，不仅有利于西藏自身的健康持续发展和秩序稳定，而且也对其他民族地区的社会治理有重要的参考借鉴意义。同时，西藏各地区也因地制宜，不断总结自身社会治理和经济发展的各种经验、模式，为其他民族地区的社会治理提供了有益的材料文本，林芝市就是其中一例

近几年，林芝市继续立足自身区域发展格局，坚持富民兴藏导向，充分利用自身的自然资源条件，建立了特色农产品加工、旅游、商业等多元发展的产业体系，提高了居民的收入和生活水平。多年来，林芝市也始终以维护国家安全和社会大局稳定作为首要责任，以创新社会治理体制、提高治理能力作为主要目标，不断推进社会治理能力现代化、专业化、规范化和法治化，为西藏社会的秩序稳定和民族团结做出了巨大的贡献。正因为如此，在2017年，林芝市也成为西藏唯一获得全国社会治安综合治理最高奖——"长安杯"① 的市。因而，作为一个典型的样本，研究林芝市的社会治理经验和模式，对西藏以及其他民族地区都具有重要的启示意义。

---

* 严米平，浙江财经大学讲师。

① 《西藏林芝市夺得全国社会治安综合治理最高奖的启示》，http：//www.chinapeace.gov.cn/zixun/2017－10/09/content_ 11432973.htm。

一　经济治理：高质量跨越式发展的物质基础

（一）林芝市的总体经济治理模式

林芝市是西藏自治区下辖地级市，位于西藏东南部，是川滇入藏的必经之地，也是青藏高原人类原始文化的主要发祥地之一。林芝是一个以藏族为主体的多民族社会，有汉族、门巴族、珞巴族、怒族、独龙族、傈僳族、纳西族、白族以及僜人（未确认民族）等。

民主改革以后，林芝市建设步伐逐渐加快。在 1965 年西藏成立自治区以后，按照《西藏自治区"四五"国民经济及社会发展计划》及"农业学大寨""工业学大庆"的要求，自治区实施了"小三线"建设，在林芝市辖区内，自治区投资兴建了八一电厂、扎木军械厂、火柴厂、造纸厂、六〇六电厂、林芝市毛纺厂等一批厂矿企业。而自林芝市恢复设立以来，林芝市经济和社会进入了全面快速的发展时期。在广东、福建两省的对口援助下，全市各级党政组织和广大干部群众"齐心谋跨越、奋力奔小康、携手抓稳定、合力促发展"，全市上下呈现经济发展、社会进步、文化繁荣、局势稳定、民族团结、人民群众安居乐业的大好局面，全市地区生产总值保持较快增长，文化、教育、卫生等各项社会事业得到全面发展。

自 2012 年以来，林芝市已经逐渐进入高质量跨越式发展阶段。紧紧围绕着"美丽林芝市、和谐林芝市、幸福林芝市"的奋斗目标，林芝市凝聚各方智慧和力量，在经济、教育、科技、文化、卫生、体育、社会保障、劳动就业等方面取得了长足的进步。

1. 富民兴藏——保证经济高质量增长，提高居民生活水平

2017 年，林芝市实现地区生产总值 133.31 亿元，同比增长 10.1%，其中，三次产业的增加值分别为 10.66 亿、50.02 亿、72.63 亿元。在就业形势上，全市城镇新增就业达到 4300 人，农村劳动力转移就业 6.1 万人次，而城镇登记失业率则控制在了 2.2% 以内。同时，居民的收入和生活水平也

不断提高。农村居民人均可支配收入为 13407 元，增长了 13.5%；人均生活消费支出为 9813 元，增长 19.3%。城镇居民人均可支配收入达到 26946 元，增长了 10.2%；人均消费性支出为 16837 元，增长了 7.0%。[①]

2. 安土息民——提高社会福利供给能力，促进公共服务供给均等化

林芝市以人民群众需求最迫切的公共教育、文化、体育、医疗卫生、社会保障、公共安全等基本公共服务建设为主要突破口，不断加大投入力度，提高社会福利的供给能力和供给水平。一般而言，公共服务供给不均是影响社会治理的主要难题之一。针对这一问题，林芝市坚持"底线公平、机会均等"的原则，在优先保障居民最基本公共服务需求的同时，不断向贫困边远地区加大资金投入，着力缩小城乡之间、区域之间、群体之间的公共服务差距，切实做好基本公共服务供给的均等化。

3. 攻坚扶贫——完善精准扶贫机制，巩固拓展脱贫攻坚成果

林芝市坚持"六个精准""五个一批""八个到位"的工作要求，紧紧围绕"1693"精准脱贫攻坚工作思路，着力解决"扶持谁""谁来扶""怎么扶""如何退"等问题，扎实推进脱贫攻坚、高标准农田建设等重点工作，在产业扶贫、扶贫搬迁、教育扶贫、转移就业等扶贫脱贫方面都取得了明显的成效。2017 年，林芝市共减少贫困人口 2543 户 8510 人，退出贫困村 197 个，而贫困发生率也降至 3.85%。其中，工布江达县、波密县的贫困发生率均降至 3% 以下，达到脱贫摘帽的标准[②]。同时，林芝市也采取诸如定向性政策补贴、生态公益林管护、草原生态奖励等支农强农惠农政策，真正让贫困群众得实惠、真受益。

（二）林芝市县域经济治理模式——察隅县案例

林芝市各县也在积极探索一条符合自身发展的经济建设和民生建设道路，以不断迈向高质量跨越式发展阶段。以察隅县为例，察隅是林芝市的一

---

① 相关数据来源于林芝市相关文件：《林芝市统计局 2017 年度工作总结》。
② 相关数据来源于林芝市相关文件：《林芝市扶贫开发办公室 2017 年度工作总结》。

个下辖县,也是藏南三隅之一,位于西藏自治区东南部,它辖有竹瓦根镇、上察隅镇、下察隅镇三镇,以及古玉乡、察瓦龙乡、古拉乡三乡。近年来,察隅县始终将经济建设、民生建设与精准扶贫工作紧密联系起来。察隅县结合对口援藏省市产业援藏的有力发展机遇,将脱贫攻坚作为全县的第一民生工程,同时制定了《察隅县"十三五"时期产业精准扶贫规划(2016~2020年)》,并建立了"合作社+贫困户""龙头企业+贫困户""种养大户+贫困户""生态产业+贫困户"等多个产业扶贫模式。自2015年以来,察隅县通过流转土地、群众劳务投入等方式,实现900余户贫困群众户均增收2270元、920户贫困群众户均增收5040元。截至2018年,察隅县净脱贫人口达1514户6335人,其中96个贫困村全部退出,贫困发生率由原来的24.74%降到了1%以内,贫困群众的可支配收入也由原来的2385元增加至6466元,年平均增长率达30%以上,而贫困地区都能享受最基本的公共服务,贫困人口稳定实现了"两不愁、三保障"的脱贫目标,达到了贫困县脱贫摘帽标准。察隅县能够取得如此成绩,其主要原因有以下几个方面。

1. 多样化的产业发展

察隅县通过发展多样化的产业,逐步形成了合理、有效的产业结构。在察隅县,茶叶是主要的特色农产品之一,通过建立"政府+企业+农户"的茶产业发展模式,察隅现已完成茶叶种植共8381亩。除茶叶以外,察隅县还积极发展猕猴桃、石榴、葡萄、藏鸡、藏猪、藏药材等具有自身特色的种植养殖业。

2. 合理的发展战略

不同的产品,因其生长和加工周期不同、资源差异等因素,在一定时间内所带来的经济收益也不同。察隅县针对不同的产品特性,制定了"短、中、长"相结合的发展战略。针对藏鸡、藏猪等养殖业,察隅县采取"短、平、快"的短线产业发展模式,而针对茶叶、猕猴桃、石榴、藏药材等特色产品,察隅县制定了中长线的产业发展模式。

3. 多元化的发展模式

在经济发展模式上,察隅县采取了多元化的策略。一是规模化经济。察隅通过招商引资等渠道，加大对茶叶、猕猴桃、石榴、藏猪等的投资力度，并力图实现规模化经营。比如在茶叶方面，察隅县逐步建立了阿曼陀茶产业发展有限公司、察隅县德茗茶业有限责任公司、西藏察隅县戍边茶叶生物科技有限公司等3家企业，鼓励引导村集体及群众通过土地流转、劳务输出等方式共同参与茶叶种植。二是集体经济。察隅县坚持"县（区）指导规划，乡镇统筹整合，村居安排使用"的原则和补齐短板的要求，整合使用市专项扶持资金和强基惠民工作经费，重点扶持古拉乡、察瓦龙乡、古玉乡等乡深度贫困村的集体经济产业项目，带动贫困群众增收致富。三是庭院经济。庭院经济是一种农民以自家住宅院落及其周边为主要基地种植和加工农业土特产品的经济模式，是一种家庭生产和经营方式。近几年，察隅县根据自身实际情况，不断探索石榴、葡萄、猕猴桃等农产品的庭院经济发展模式，并取得了显著成效。

4. 不拘一格的发展思路

察隅县经济建设和民生建设取得如此成效的第四个重要原因则在于，它并非墨守成规、固守己见，而是不断地进取和创新。在察隅，木碗是一个重要的加工产业，也是非物质文化遗产，是察隅重要的文化标签之一。木碗的加工和出售，已经成为察隅县经济收入的重要来源。然而，对许多村民来说，木碗的制作需要大量的资金支持，但资金不足也困扰着当地村民。比如，被称为"木碗之乡"的阿扎村，就利用自身的自然资源优势，决定从发展藏药材和食用菌种植产业下手，积极发展天麻、贝母、灵芝、羊肚菌等药材和高附加值食用菌，让农民致富道路变得更为宽广。

二　纠纷治理：高质量跨越式发展的法律基础

在现代社会，利益的多元化已然成为人们社会关系的主要趋势，而不断呈现的利益冲突也严重影响了社会秩序的稳定运行。在利益主体多元化的现代社会，不同利益群体的利益表达，尤其是维护弱势群体的利益，是社会治理过程中一个无法回避的现实问题。一个社会要想和谐、稳定运行，必须有能力解决不同群体之间的利益冲突。不同群体间的利益矛盾和冲突，如果不能及时化解，任由其积累，则会对社会秩序产生重大冲击，出现社会失范甚至解体的危机。在我国社会转型时期，劳资纠纷、农民上访、土地征用纠纷、医患矛盾等社会冲突事件多发，其根本原因就在于不同群体的利益冲突无法得到及时、有效的协调。近年来，林芝市始终坚持"多元一体"的民族观，坚持各民族在法律面前一律平等，用法律维护各民族的基本权利，铸牢中华民族共同体意识，推动民族团结、共同进步。

（一）加强法律宣传，提高劳动者的法律维权意识

由于社会发展和社会建设快速发展的需要，林芝市吸引了大量的外地人口来从事建筑业、制造业、商业、服务业等行业，而其中农民工也就成为其中重要的组成部分。与其他地方一样，在林芝市，劳资纠纷伴随着农民工的大量流入而逐渐增多。农民工与雇主的劳资纠纷之所以难解决，一个重要的原因在于多数农民工的法律和权利意识较为淡薄。针对这一现象，林芝市及其各县区不断加大宣传力度，增强劳动者的法律维权意识。比如，墨脱县结合"就业政策宣传月""春风行动""政策主题宣传年"等活动，走访街区、宾馆、村寨进行宣传，发放《劳动法》、《劳动合同法》、工资支付暂行规定、社会保险相关法律、工伤保险、劳动就业服务指南、劳动合同签订指南等法律宣传资料，以提高劳动者维护自身合法权益的法律意识。2018年7月8日，为深入开展"四讲四爱"群众教育实践活动，增强建筑企业的安全生产责任意识和法律意识，强化和落实生产经营单位的主体责任，墨脱县统一开展了"法律进工地"普法宣传活动。此次活动利用建筑工人的工余时间，深入项目工地，通过面对面交流的方式对管理人员、建筑工人等进行普法宣传，为一线建筑工人普法，增强建筑施工行业从业人员，特别是外来务工人员的法律意识，引导建筑工人认真学习法律法规，让建筑工人学法、懂法、用法，并利用法律维护自身权益[①]。

---

① 相关资料主要来源于相关报道，http://www.xzmt.gov.cn/pacg_3595/201807/t20180711_2287991.html。

（二）建立健全劳动合同等保障制度，加强构建和谐劳动关系

签订劳动合同是劳动者维护自身权益的重要渠道。近几年，林芝市及下辖各县区坚持公平公正的法律原则，全面实施劳动合同制度，并依法规范劳务派遣用工，构建和谐劳动关系。另外，林芝市及下辖各县区也不断建立和完善建筑领域农民工工资保障制度。比如，察隅县按照《林芝市农民工工资保证金暂行办法》等相关文件精神，及时向建筑企业宣传并建立建筑领域用工台账。

在墨脱县，劳务领域的工程农民工工资保障金原本由财政代收，各类工程承接之前，由承建方到财政局按 10% 的比例足额缴纳，而在 2017 年以后，则由人社局代收，农民工工资保障金按 5% 的比例进行收缴，主要采取了以下做法。①将农民工工资保障金收取作为一项硬性规定来执行，人社局参与工程项目的拨款工作，在前期和中期的拨款过程中，拨款人须携带农民工工资保障金收据到人社局签字盖章，而在拨款后期则根据相应的工程项目农民工工资支付情况，来决定是否继续拨款。②执行信誉公示制度。在所有工程项目中一旦发现有拖欠农民工工资行为的，将严格按照农民工工资保证金管理有关规定，对项目所欠农民工工资进行行政处理，并将处理情况予以公示。

（三）建立制度化的渠道，提高劳动者的利益表达能力

化解不同群体间的利益冲突，实现利益均衡发展，关键在于利益表达和利益协调机制的建立，尤其是要注重和维护弱势群体的利益。近几年，墨脱县全面开展"治欠保支"工作，通过落实企业责任、强化源头治理、加大查处力度、加强劳动争议仲裁调解等措施，针对农民工等群体性上访事件，依法、及时处理欠薪案件，并在历年处理劳资纠纷案例的过程中，坚持依法、公平、公开、公正的原则，维护了劳动者和雇用者双方的合法权益，取得了显著的治理成效。多年来，墨脱县共监察施工项目 300 余家 365 次，共接到农民工上访投诉案件 270 起，为农民工

共追回拖欠工资达到 2114.121 万元，从而有效地化解了农民工和雇用者之间的利益冲突①。

察隅县为了有效地解决农民工工资的拖欠问题，多措并举，认真查处违反劳动保障法律法规的行为，确保劳动监察力度不放松，并取得了显著的效果。察隅县一直将维护农民工的合法权益作为政府的主要工作内容。2017年7月，某工人向察隅县人社局投诉，称在古玉乡罗马村人居环境整治工程中，雇用方拖欠18名农民工工资，总共达到9万元。察隅县人社局与工程方负责人联系后发现该工程分包给了一位古玉乡的村民，而这位村民又将此工程款私自挥霍，以致拖欠18名农民工的工资9万元未结。察隅县人社局调查核实后，将此案件移交法院受理，以确保通过法律手段维护农民工的合法权益②。

（四）加大排查力度，切实将矛盾和冲突消除在萌芽当中

近几年，林芝市及下辖各县区大力推进对城市及周边区域的建筑施工场地、住宿和餐饮业以及批发和零售业等行业的排查工作，并对其中存在的劳务合同签订问题进行大力治理，责令限期整改。比如，在2018年1月17日，墨脱县背崩乡组织相关人员走村入户、深入施工现场，开展矛盾纠纷大排查工作，全方位、深层次地摸排和了解各类潜在的社会矛盾纠纷。在走村入户的过程中，相关部门坚持"早发现、早控制、早调处"的基本原则，主动与群众进行沟通交流，详细询问了潜在的矛盾纠纷因素，及时发现不稳定苗头，力争做到第一时间将矛盾纠纷控制在萌芽状态，防止各类矛盾纠纷事件相互叠加和激化。针对劳资纠纷兑现情况，相关人员向农民工细致耐心地讲解了《劳动法》，并告知其应享受的基本权利，鼓励他们在法律允许的范围内提出诉求，对于恶意欠薪或借口讨薪滋事，予以严厉打击。此次矛盾纠纷排查出动人员5人，走访群众20余人，受教育群众

---

① 相关数据来源于林芝市相关文件：《墨脱县人社局介绍性材料和典型经验汇报材料》。
② 相关资料主要来源于相关报道，http：//www.xzcy.gov.cn/pacg_ 2517/201707/t20170726_ 1906398.html。

达 20 余人①。

察隅县也开展治理拖欠农民工工资巡查工作，实地检查 20 家在建工程项目，对部分企业存在未与农民工签订劳动合同、未建立职工花名册、未缴纳农民工工资保证金等情况，要求单位进行整改。同时，察隅县开展农民工工资支付检查行动，为 32 名农民工追回工资 28.37 万元②。

三 文化治理：高质量跨越式发展的精神基础

社会转型意味着传统社会向现代社会的过渡和转变，相应地，社会调控的机制也发生相应的变化。然而，在转型社会，社会秩序的维护和有效运行，既依赖于由国家权力所构建的一整套由经济、政治、社会、文化等体制结构组成的正式法律机制，也在一定程度上取决于与国家权力控制不同的文化资源的非正式调控机制。

文化资源在社会治理过程中发挥了重要的作用。在传统社会里，由于政府权威的影响较弱，社会关系的调整主要依靠民间传统的社会组织和规则，这种治理模式体现了血缘性、民族性、地方性和民间自治性的特点。而正是这样的非正式社会力量，在村民的日常生活中扮演着十分重要的角色，规制了社会成员的关系和冲突。正如恩格斯所描述的："一切争端和纠纷，都由当事人的全体即氏族或部落来解决，或者由各个氏族相互解决；血缘复仇仅仅当作一种极端的很少应用的手段……一切问题，都由当事人自己解决，在大多数情况下，历来的习俗就把一切调整好了。"③

林芝市一直注重文化资源在社会治理过程中的重要作用，主要围绕三个方面的工作而展开。

---

① 相关资料主要来源于相关报道，http：//www.xzmt.gov.cn/pacg_ 3595/201801/t20180119_ 2097897.html。

② 相关数据和资料主要来源于相关报道，http：//www.xzcy.gov.cn/pacg_ 2517/201811/ t20181108_ 2434035.html。

③ 《马克思恩格斯选集》（第 4 卷），人民出版社，1972，第 92 页。

（一）大力保护传统民族文化，加强民族文化共同记忆

文化自信是中国特色社会主义的"四个自信"之一。坚定文化自信，是事关国运兴衰和民族精神独立性的重大问题。其中，少数民族文化是我国优秀传统文化的重要组成部分。习近平总书记在内蒙古考察的时候就指出，56个民族不断交流交往交融，形成了多元一体的中华民族。我们中华文明历史悠久，是世界上唯一没有中断、发展至今的文明，要重视少数民族文化遗产的保护传承。①

近年来，林芝市紧紧围绕着复兴优秀传统文化这一目标开展工作，十分重视传统和民族文化在教化群众、淳化民风当中的重要作用。林芝市是多民族共同生活的地区，多种语言、习俗、文化相互交织，共同构成了林芝市宝贵的传统文化资源。比如，珞巴族服饰习俗、米瑞工布箭舞、僜人饮食文化，等等。

林芝市一直将对传统民族文化的传承与保护作为重点工作内容。2017年，为贯彻落实党中央、国务院关于振兴传统工艺的工作部署要求，落实党的十八届五中全会关于"构建中华优秀传统文化传承体系，加强文化遗产保护，振兴传统工艺"和《中华人民共和国国民经济和社会发展第十三个五年规划纲要》关于"制订实施我国传统工艺振兴计划"的要求，同时，为进一步推动林芝市非物质文化遗产保护工作的开展，加大非物质文化遗产代表性项目宣传力度，增进广大人民群众对各级非遗项目的了解与热爱，林芝市积极开展各县区传统工艺振兴计划宣传指导工作。

比如，巴宜区推出了以"文化遗产人人保护，保护成果人人共享"为主题的电视专题栏目《西藏文化大家谈》，与自治区各级非物质文化遗产保护项目相结合，让非物质文化遗产代表性项目传承人做客栏目，解析工布民间歌舞、手工技艺、民风民俗等，现已推出22期；米林县相关工作人员前

---

① 相关数据和资料主要来源于相关报道，http://www.xinhuanet.com/politics/leaders/2019-07/16/c_1124758520.htm。

往扎饶乡立地村为林芝市级非遗项目甲玛雅鲁藏布江生鱼酱制作技艺传承人帕加拍摄视频资料，拍摄分为非遗项目制作和传承人采访两个部分，分别展示了米林县特色非遗文化项目和传承人保护非遗项目的心得体会；波密县将自治区级非遗项目易贡藏刀制作技艺编排为舞蹈，同时结合易贡藏刀独有的彩虹花纹，为舞蹈设计道具以及服装；察隅县组织开展了弦子舞、赛马、僜人舞蹈等各类文化演出和传统民间艺术活动，同时还积极组织开展僜人部落、土陶烧制技艺等文化产业宣传视频制作，并定期在县中心地带的电子显示屏进行展播；工布江达县结合"五下乡"工作开展非遗相关宣传，对 9 个乡镇实现全覆盖，涉及群众 2000 余人，宣传内容包括《非物质文化遗产法》、该县近年来在非遗保护方面取得的成就等，同时还制作并播放了非物质文化遗产项目纪录片《央恰婚俗》①。

（二）加强基层公共文化建设，建立健全乡村公共文化服务体系

推进基层社会公共文化服务体系的建设，不仅能够繁荣农村文化市场，丰富农村文化业态，还能通过文化惠民的渠道，真正将优秀的文化产品和文化服务带到农村社会，培育良好的农村文化熏陶氛围。

近年来，林芝市坚持"文化惠民、文化乐民、文化富民和文化稳民"的基本原则，基本实现了市有公共图书馆、群众艺术馆、博物馆，县区有功能相对完善的综合文化活动中心、民族艺术团排练演出场所，乡镇有综合文化站，行政村和社区有综合性文化服务中心的基本目标，切实保障了人民群众的基本文化权益，满足了人民群众的基本文化需求。林芝市共建设察隅县、墨脱县、朗县 3 个县级民族艺术团排练场所，4 个农林场综合文化站，489 个村级综合性文化服务中心以及 36 个文化旅游村，同时还建设了若干个集多功能活动厅、图书阅览室、书库、文化科技卫生法律培训室、文化信息资源共享基层点等于一体的标准化文化综合站②。

---

① 相关资料主要来源于相关报道，http：//www.xzcy.gov.cn/lswh_ 2519/201803/t20180312_ - 2138088.html。

② 相关数据来源于林芝市相关文件：《林芝市"十三五"时期文化发展规划》。

1. 新农村新文化示范村

为完善农村公共文化设施、满足农民精神文化生活需求，林芝市积极整合各类资源，按照"有200平方米的村综合文化室和300平方米的文化市场、有藏书2000册以上的图书阅览室（含书刊、画册、音像制品等品种）、有数字电影院室内场所（完成每月3场放映任务）、户户有40套以上广播电视节目的直播卫星设备、有村文艺表演队、有文化资源信息共享工程基层服务点"这六个标准，开展了"新农村 新文化"的示范村创建工作①。同时，为集中发挥各县区的优秀传统文化和独特自然资源优势，林芝市全力打造"民间文化艺术乡村""文化旅游村"等文化示范村，还进一步丰富了"波密县多吉乡非物质文化遗产保护乡""米林南伊珞巴民族乡"等品牌文化乡村，不断扩大特色文化乡村覆盖面。

2. 农家书屋

自2009年以来，林芝市大力开展农家书屋建设工作，并建成了489个行政村农家书屋，实现了全覆盖。书屋配备了图书、光碟、音响设备、影像播放设备、书架等。2015年，在其中的125个农家书屋安装了卫星数字书屋。同时，林芝市逐步建立健全了一套农家书屋建设、管理、使用制度，培训了农家书屋管理员。

3. 国门书屋

根据《西藏自治区全民阅读活动领导小组办公室2018年"书香西藏"全民阅读活动方案》，察隅县竹瓦根镇被评为"国门书屋"建设点，共接收自治区新闻出版广电局配备的图书音像285种、书柜5个、借阅登记本2册。察隅县"国门书屋"的设立进一步提升了边境地区农牧民群众的文化生活质量，为群众开阔视野、增长见识、陶冶情操以及培养健康的生活情趣提供了物质基础。

---

① 相关数据来源于林芝市相关文件：《林芝市地区文化事业"十二五"总结暨"十三五"总体发展思路》。

（三）大力开展移风易俗活动，提高群众科学文化和道德素质

林芝市各民族经过长期积淀，各自形成了浓厚的文化底蕴。然而，一些民族因为地理和历史等原因，现在依然保留封建迷信等文化观念。

针对传统文化中的糟粕成分，林芝市大力开展移风易俗行动，遏制大操大办、厚葬薄养、人情攀比等陈规陋习，抵制封建迷信活动。移风易俗的改革措施，并不是彻底瓦解传统文化，而是取其精华、去其糟粕，从而丰富农民群体的精神文化生活，提高农民的科学文化素养。在林芝市政府的大力倡导下，林芝市各县区都制定了各种措施，组织开展了许多文明活动。

比如，为认真贯彻落实好"四讲四爱"讲文明爱生活这一节点的实践教育活动，在村委会的号召下，察隅县竹瓦根镇龙古村组织 13 名青少年开展了"孝老爱亲从我做起"文明活动。活动中，相关工作人员为青少年和学生解读了二十四孝故事，并结合生活实列讲解孝道文化，引导青少年和学生认识新孝道，感恩父母的付出，接受爱的洗礼。此次活动弘扬了中华民族的传统美德，在孩子幼小的心灵中培植了"孝道""关爱"的种子，为营造幸福家庭、建设和谐社会打下了坚实基础。

位于林芝市巴宜区的布久乡珠曲登村，也在扎实开展和推进村庄的精神文明建设工作，不断推进移风易俗，丰富村民的精神文化生活，以文明乡风助力乡村振兴。珠曲登村每年坚持开展庆祝"3·28"西藏百万农奴解放纪念日活动，经常举行升国旗、唱国歌活动，邀请村里高龄老人开展新旧西藏对比故事会等。同时，组织全体村民观看《废奴》等爱国主义影片，并积极组织群众开展赛马、射箭、拔河等体育活动。近几年，在广东省东莞市的大力帮扶下，珠曲登村以援藏资金 598.86 万元为支撑，以果树、藏山茱萸、波棱瓜、藏木香、当归、板蓝根等作为支柱产业，走上了经济的飞速发展之路。在 2013 年被定位为小康示范村和水果产业村以后，珠曲登村紧紧围绕村容村貌改善，依托当地自然资源，新建村文化活动广场、村卫生室、景观平台、打麦场等，重点打造工布民俗人文风情村寨，为群众发展生态旅游奠定了坚实基础。同时，村庄还完成了道路硬化工程、水渠工程、人畜分离工

程等，成为新的亮点和标杆。珠曲登村也被评为水果产业示范村，并入选我国最美休闲乡村①。

四　基层治理：高质量跨越式发展的微观基础

基层治理是我国社会治理体制一个重要组成部分。在现实社会中，社会成员之间的冲突与纠纷大多集中在家庭、债务、土地、婚姻、赡养、邻里矛盾等"小事"之中，而这些"小事"也是人们日常生活当中重要的生活实践。一方面，按照科塞的社会安全阀理论②，这些日常生活中的冲突和纠纷具有重要的维护社会秩序稳定的功能，它可以及时排遣不断积累的不满情绪，从而避免严重的冲突。但另一方面，许多历史经验也已经证明，如果这些"小事"没有得到及时解决或者解决不当，就会成为"大事"，从而严重影响社会秩序的稳定运行。而解决这些"小事"，则在很大程度上取决于基层社会治理的有效性。

从城乡人口结构和比例来看，林芝市是一个典型的乡村人口占绝大多数的传统社会。因而，乡村社会治理是林芝市社会治理的重点，农村依然是林芝市社会治理的重要场域。林芝市始终将乡村振兴作为乡村治理的重要目标，将夯实基层社会作为固本之策，坚持党治、自治、法治、德治相结合的治理原则，不断建立和健全党委领导、政府负责、社会协同、公众参与、法治保障的现代乡村社会治理体制，以确保乡村社会充满活力、和谐有序。

（一）加强农村基层党组织建设，优化基层干部队伍结构

在现有的乡村权力结构中，村委会和基层党组织依然处于领导核心地位。作为国家权力结构的最后一环，基层党组织可以说是村庄事务的决策者和管理者，也是村民自治和国家权力之间的连接点。林芝市以扎实推进乡村

---

① 相关数据和资料主要来源于相关报道，http：//www.xzdw.gov.cn/dsdt/lz/201811/t20181130_81409.htm。

② 〔美〕L.科塞：《社会冲突的功能》，孙立平等译，华夏出版社，1989。

振兴为主要目标，突出乡村的政治功能，提供乡村组织力，把农村基层党组织建设成为坚强的战斗堡垒；不断强化农村基层党组织的领导核心地位，创新组织设置和活动方式，以持续整顿软弱涣散的村党组织；建设选派第一书记工作长效机制，并强化基层干部队伍建设工作，将他们作为化解冲突和矛盾的中坚力量，基层干部队伍的建设可有效促进村庄的社会治理。林芝市也非常注重吸引高校毕业生、优秀党员干部，以补充基层的干部队伍。同时，林芝市也推行了村级小微权力清单制度，加大对基层小微权力腐败的惩处力度，以严厉整治在惠农补贴、土地征收等领域内存在的侵害农牧民利益的不正之风和腐败问题。

（二）不断深化村庄的自治实践，提升农牧民的自治水平和能力

林芝市始终坚持以自治为基础，推动资源、服务、管理等乡村治理的重心逐渐下移，不断强化农村群众性的自治组织建设，提升农牧民的自治水平和自治能力。随着积极深入的探索，有部分农村已经全面建立了村务监督委员会，依托村民会议、村民代表会议、村民议事会、村民理事会、村民监事会等，形成了一套以民事民议、民事民办、民事民管为主的多层次基层协调格局体系。除了建立和健全基层党组织以外，林芝市也十分重视村规民约、自治章程等在村庄治理当中的作用，并积极发挥新乡贤对村庄事务的治理贡献。另外，林芝市也在不断积极探索和创新社会治理模式，将现代因素融入村庄治理体系中。在某些区域，一些基层政府通过整合与优化公共服务和行政审批职责，不断创新基层社会治理机制，打造了"一门式办理""一站式服务"的综合服务平台，并在村庄普遍建立了网上服务站点，形成了一套完善的乡村便民服务体系。同时，林芝市也十分注重对服务性、公益性和互助性农村社会组织的培育，积极发展农村的社会工作和志愿服务活动。

（三）加强乡村社会法治和德治建设，提升农牧民法律和道德修养水平

法治和德治是社会治理体系当中重要的组成部分，也是林芝市社会治理

取得成功的重要原因之一。在乡村社会，法治和德治则显得尤为必要。加强乡村社会法治和德治建设，是乡村治理的重要环节。以法治促进农牧民的权利意识，维护农牧民的基本权益；以德治来强化道德、习俗对农牧民的教化作用，提升农牧民的道德修养水平。

在法治方面，林芝市坚持法治为本的原则，强化法律在维护农牧民权益、规范市场运行、生态环境治理、农村社会矛盾化解等方面的绝对权威地位，既对农村社会加大普法力度，提高农牧民法治素养，引导广大农牧民增强遵法、学法、守法、用法的意识，也不断增强基层干部的法治观念，强化法治为民的意识，将政府涉农的各项工作纳入法治化的轨道。在制度上，林芝市深入推进综合行政执法改革向基层社会延伸，建立健全农村公共法律服务体系，加强对广大农牧民的法律援助和司法救助。

同时，林芝市各县区也大力开展"送法下乡"活动，增强农牧民的法律意识。比如，在 2018 年 9 月，察隅县就组织相关单位工作人员在下察隅镇搬迁村卡地村、松古村、沙玛村、日玛村开展了"送法下乡，法治扶贫"活动。活动现场，法律服务志愿者、援藏律师积极宣传法律援助、人民调解等惠民法治扶贫政策，同时为群众免费发放了农牧民工法律援助手册、《中华人民共和国反间谍法》、打击邪教组织宣传手册、拐卖妇女儿童罪宣传手册等与群众日常生活密切相关的法律知识读本，并提供现场法律咨询①。

墨脱县司法局也于 2018 年 8 月深入背崩乡地东村开展"法律服务进乡村"主题活动，为当地群众，尤其是贫困群体、老年群体提供法律咨询服务、普及法律知识。活动中，法律援助中心工作人员向群众宣传讲解了法律援助的申请条件、范围、程序等相关知识，并结合扫黑除恶打非治乱，就土地纠纷、婚姻纠纷、人身损害、农民工讨薪、强买强卖等群众普遍关心的法律问题进行了广泛宣传。同时，工作人员还设立咨询台由志愿律师现场解答群众问题，对于符合条件的，现场受理法律援助申请。2018 年 9 月 18 日，

---

① 相关资料主要来源于相关报道，http://www.xzcy.gov.cn/pacg_2517/201810/t20181001_2389971.html。

为进一步提升墨脱县农牧民法律意识，助力精准扶贫，墨脱县赴德兴乡文浪村开展了"送法下乡"法制宣传活动。相关工作人员以墨脱县法院审理的婚姻家庭纠纷案件为例，生动形象地介绍了分家、家暴、出轨、赡养抚养等婚姻家庭方面法律问题；结合当前高利贷纠纷易发多发的现象，给村民讲解民间借贷中的注意事项；以案说法，用身边的案例介绍了故意伤害、寻衅滋事等农村常见事件，号召广大青年农牧民遇事不冲动，理性解决问题；同时，还就村民提出的追索农民工工资、人身侵权等具体问题进行了细致详尽的解答。本次结对帮扶活动，法院干警不仅从物质上给予了村民一定的帮助，还助力了群众精神脱贫，让大家知道了哪些事能做、哪些事不能做，以便能依法维护自己的合法权益。①

而在德治方面，林芝市以本地优秀传统文化资源为基础，以村庄作为治理场域，深入挖掘乡村熟人社会中蕴含的各种道德资源，并结合时代要求对其进行丰富和创新，引导农牧民树立正确的价值理念，提高农牧民自我管理、自我教育、自我服务、自我提高的能力和水平。

五　林芝市社会治理面临的困难与挑战

本文以林芝市作为一种材料的经验文本，论述和分析了林芝市的社会治理经验。作为一个多民族共同生活的地区，林芝市的经济基础较为薄弱，基础设施并不完善，公共服务也不健全，地理位置较为偏僻，交通也不发达。这些因素极大地增加了林芝市情况的复杂性，也增大了林芝市社会治理的难度，共同构成了林芝市实现高质量跨越式发展必然要考虑的重要内容。然而，即便如此，林芝市 2017 年在全国社会治安综合治理表彰大会上仍然获得了"长安杯"这一全国性的社会治安综合治理最高奖。在面对如此大的治理难度的情况下，这不得不说是一个"奇迹"。从这个方面来说，林芝市

---

① 相关资料主要来源于相关报道，http：//www.xzmt.gov.cn/pacg_ 3595/201808/t20180830_ 2348048. html，以及 http：//www.xzmt.gov.cn/pacg_ 3595/201809/t20180920_ 2375690. html。

的成功经验对其他民族地区而言，确实具有一定的启示和借鉴意义。

诚然，林芝市的社会治理仍面临诸多挑战与困难，需要进一步厘清其中的难点、重点，不断完善社会治理体系，推进治理体系和治理能力现代化。

（一）经济治理结构需进一步优化，内源性发展有待加强

虽然林芝市的经济得到了快速发展，但其经济治理结构仍较为脆弱，主要体现在各县区、各区域之间的发展不平衡；经济增长严重依赖外来投资，自我造血功能不足；脱贫攻坚成效不稳定，因病致贫、因病返贫等现象容易发生；等等。目前，林芝市的外来投资大多依靠中央及广东、福建等援藏对口单位，一旦外来投资中断，经济可能减速甚至出现负增长，经济发展基础极其不稳固。因而，需要进一步优化经济结构，完成从"输血式"经济增长方式到"造血式"经济增长方式的转换。

（二）农民工劳动合同等社会保障仍需完善，农民工身体和心理健康需重点关注

林芝市是一个地形复杂、交通不便的高原城市。在很多边境县和边境村，道路崎岖难走，各种自然灾害频发。因经济建设的需要，大量农民工涌入林芝市，从事道路建设等高危险性职业。因此，需进一步完善农民工劳动合同制度，努力做到劳动合同签订"无死角"；建立健全农民工工资制度，维护劳动者合法权益；完善农民工医疗保险等社会保障制度，保障其身体健康；优化纠纷解决机制，使劳动者维权成本最小化。除了物质保障以外，还需要更多关注农民工的心理健康问题。作为外来者，多数农民工在心理上会不适应，容易产生心理疾病，因而需要建立健全相关制度，保障农民工的心理健康，促进农民工的社会融合。

（三）文化治理体系基础需进一步夯实，"文化高地"建设有待加强

近几年，林芝市始终坚持民族优秀传统文化的传承和保护工作，并立足

自身特色文化资源，不断加大投资力度，促使文化资源产业化、经济化。相比于其他省份，西藏的文化产业起步较晚、基础薄弱，需要进一步夯实基础。结合其他地区的经验模式，林芝市应当打造具有自身特色的"文化＋旅游＋经济"的发展道路。在做好文化产业化、经济化的同时，也应当加强民族优秀传统文化的传承和保护，防止其在市场经济中异化。另外，林芝市需要进一步加大投资力度，加强文化基础设施建设；做好文化活动场所的利用工作，防止形式主义出现。林芝市可以结合发达地区的经验模式，将自身民族优秀传统文化和新文化基础设施有机结合起来，以新文化活动场所为中心，更好地传承和发扬民族优秀传统文化；防止新文化活动场所沦为封建迷信的"滋生地"、不良文化的"温床"，使其成为居民的"文化高地"、精神家园。

（四）基层组织动员能力不足，边境村建设需进一步巩固

农村社会治理体系是我国国家治理体系和治理能力现代化工作中的重要一环。林芝市的农村社会治理工作虽得到了长足进步，但仍面临着基层组织动员能力不足等问题。基层党组织建设融合度不够，缺乏与村庄文化传统和民族习俗的有机结合，致使一些地区的基层党建工作存在生搬硬套的现象，村庄活力不足。在部分乡村，党员干部的号召力与凝聚力较为薄弱，因而，边境县市和边境村的社会治理工作需要结合当地的文化传统和民族习俗。除了加强基层党组织建设和完善村民自治制度以外，也需要充分发挥新乡贤和村庄能人的作用，动员他们参与村庄的治理工作。针对边境村，要切实做好稳边、固边工作。林芝市辖区范围大且地形复杂、交通不便，尤其是部分农村道路非常崎岖难走，这些都为林芝市的农村治理工作带来了挑战。林芝市可以借鉴发达地区的治理经验，努力探索一条具有自身特色的农村社区网格化治理道路，以社会网格智能化、信息化、数字化建设为重点，提升基层社会服务的影响力，提高社会治理能力。

第五章 高质量跨越式发展的旅游赋能：旅游产业提升林芝社会治理水平的探索

宁亚芳[*]

近年来，林芝市着力推进边境地区小康村建设，将全市 141 个边境行政村全部纳入边境小康村建设规划，总投资近 37 亿元[①]。调研发现，很多边境小康村被纳入林芝市乡村旅游规划建设之中，边境小康村的发展条件和村民的发展能力逐步具备，守边固边的基础越发牢固。

作为西藏边境地区的林芝市，将全域旅游作为推进跨越式发展和长治久安的战略性支柱产业进行重点培育、重点发展，逐步走出了一条具有中国特色、西藏特点，符合林芝实际的全域旅游发展路子[②]。总体而言，林芝市全域旅游产业在释放经济增长效应之余，也在改善社会治理基础环境、培育现代化合作协商意识、构建共建共治共享机制与组织、促进民族交往交流交融等方面发挥了重要的撬动和支撑作用，成为提升当地社会治理水平的重要驱动力量。乡村社会治理就是要整体推进乡村三次产业相互融合，拓展农业产业、生态、环保、文化、休闲、娱乐等多种功能，培植新产业新业态。乡村产业越兴旺，村民现代文明意识就越强，乡村社会治理的难度就越小[③]。从

---

[*] 宁亚芳，中国社会科学院民族学与人类学研究所副研究员。

[①] 史金茹、张猛：《乡村美了生活富了——林芝市边境小康村建设走笔》，《西藏日报》2019 年 10 月 25 日，第 2 版。

[②] 林芝市旅游发展局：《西藏自治区林芝市全域旅游产业运行情况》2019 年 4 月 13 日。

[③] 杨新荣、杨勇军、黄大乾：《乡村社会治理的框架、模式与路径研究——以广东省为例》，《农业经济问题》2019 年第 8 期，第 21 页。

旅游产业发展角度探析社会治理水平提升的路径与成效，是研究西藏社会治理的独特视角，也是评估西藏守边固边治边稳藏可持续发展能力的重要切入点。

一 林芝市旅游产业发展概况

早在 20 世纪 90 年代，林芝市就对全地区的旅游资源进行了勘察和旅游项目规划开发。"十二五"期间，林芝确立了"把旅游业培育成地区经济发展的战略性主导产业和人民群众更加满意的现代服务业，把林芝市建成全国旅游目的地和西藏生态旅游中心"的目标，[①] 此后，旅游业成为推动林芝市脱贫攻坚和全面建成小康社会的重要支撑。

自旅游产业被林芝市定位为战略性支柱产业以来，林芝市的旅游业已经成为该地区实现高质量绿色发展的实体支撑，也成为国内外了解林芝的亮丽名片。自 2016 年林芝市成功入选首批国家全域旅游示范区创建单位以来，林芝市按照"全景化打造、全地域覆盖、全资源整合、全领域互动、全社会参与"的原则，坚持走高端、精品、生态旅游发展道路，围绕打造"地球第三极"世界品牌、林芝国际生态旅游区和国家全域旅游示范区战略目标，大力推进全时、全域发展，林芝旅游业逐步实现了从小众旅游向大众旅游、从观光旅游向休闲度假旅游、从景点旅游向全域旅游发展模式的转变，并逐步走出了一条具有中国特色、西藏特点，符合林芝实际的全域旅游发展路子。2016 年以来，林芝获得《中国国家旅游》杂志 2016 年度旅游榜单"最受欢迎生态旅游目的地"、人民网和新华网评选的"最美中国·目的地城市"、新华网评选的 2017 "最美中国·最美乡村生态自然旅游城市"、"魅力中国城"魅力城市奖等殊荣。2019 年 9 月 5 日，林芝市鲁朗景区被文化和旅游部确定为首批国家全域旅游示范区[②]。林芝市对第三产业的固定资产投资近年来持续加大，2017年第三产业固定资产投资达 209.19 亿元。旅游产业发展投入的持续加大也使游客人数及旅游收入持续攀升。旅游总人数从 2010 年至 2018 年年均

---

① 林芝市旅游局：《林芝市旅游局"十二五"总结》2015 年 11 月 11 日。
② 林芝市旅游发展局：《西藏自治区林芝市全域旅游产业运行情况》2020 年 4 月 13 日。

增长率为21.3%，同期的旅游总收入年均增长率为23.3%，而同时间段林芝市GDP和公共财政预算收入的年均增长率分别仅为13.7%和18.9%。2018年，林芝市旅游总人数和总收入同比增长37.57%和30.27%，而林芝市当年GDP和公共财政预算收入同比增速仅为12.52%和6.45%。由此可以看出，旅游产业作为战略性支柱产业确实对林芝市的经济增长起到举足轻重的作用。横向比较而言，林芝市旅游产业发展增速和增幅水平均排在全区前列，为林芝市决胜全面建成小康社会、深入推进实施"十三五"规划提供了重要支撑。

表1　2010～2018年林芝市旅游产业发展概况

指　标	2010年	2011年	2012年	2013年	2014年	2015年	2016年	2017年	2018年
固定资产投资中按行业分第三产业所占比重(%)	66.07	65.53	56.08	73.92	78.13	82.96	90.86	84.59	—
旅游总人数(万人次)	152.10	183.42	229.03	249.62	278.36	351.72	437.58	518.66	713.5
旅游总收入(亿元)	11.05	13.47	18.59	22.63	25.88	32.83	39.30	45.46	59.22
旅游总收入占GDP比重(%)	20.58	21.96	25.68	27.65	27.87	31.47	33.95	34.10	39.48
旅游总收入占第三产业生产总值比重(%)	35.73	41.23	47.39	50.29	51.01	56.81	59.76	62.59	—

注：2010～2017年数据依据《林芝市统计公报》整理得到。2018年数据依据《2019年林芝市政府工作报告》整理得到。

当前，在全域旅游理念带动下，一方面，林芝推动与拉萨、山南等市协同开发，加快推进藏东南区域旅游一体化发展和区域旅游集群联动发展；另一方面，林芝市下辖县区也积极深度融入全市旅游业发展格局，将旅游业培育成当地的战略性支柱产业。例如，米林县就提出了"旅游兴县、实干立县、产业融合、富民强县"的总体战略。

二 旅游产业提升林芝市社会治理水平的实践

总体而言，林芝市全域旅游产业在释放经济增长效应之余，也在改善社会治理基础环境、培育现代化合作协商意识、构建共建共治共享机制与组织、促进民族交往交流交融等方面发挥了重要的撬动和支撑作用，成为提升当地社会治理水平的重要驱动力量。

（一）产业发展规划制定坚持多元利益主体共商

林芝市始终坚持把规划引领作为构建新时代旅游产业体系的关键。在景区开发和旅游项目（产品）设计中，林芝市委、市政府积极引导村"两委"、广东援藏单位、驻村工作队、村民和规划机构等多元主体表达对景区开发和民族文化保护与开发的利益诉求与意见，凝聚多方力量共同决策，确定林芝市各级各地的旅游产业发展规划。"十二五"期间，林芝市共编制市、县级旅游发展总体规划 4 个、乡村旅游规划 11 个、景区发展及建设专项规划 19 个，初步形成了旅游产业发展的规划体系。2016 年以来，林芝继续制定了《中国·林芝国际生态旅游区发展总体规划（2016~2030）》《朗县旅游发展总体规划修编（2017~2030）》《波密县全域旅游创建方案》以及其他十余项景区基础设施和公共服务建设专项规划。旅游产业发展规划一方面使当地政府和村民的经济发展诉求和民族文化创新性发展诉求得到充分表达；另一方面也加强了各个规划之间的衔接协同，既包括景区建设规划与当地土地利用总体规划和城镇化建设规划的协同，也包括重点景区和乡村旅游等专项规划与全域旅游规划的契合与统一，增强了产业发展的科学性。

（二）产业发展资金实行多元整合与精准供给

资金是产业发展的关键性要素，旅游产业被定位为战略性支柱产业后，不仅林芝市产业发展资金的总量得到增加，资金使用效率也因精准供给而得到提升。为了推动旅游产业发展，一方面，政府主导设立财政性产业发展资金（旅游发展资金、生态旅游资金等），直接撬动社会资金进入。"十三五"期间，林芝市获得中央预算内投资约 2.27 亿元，获得自治区级旅游发展资金 2267.29 万元，本市自设旅游发展资金 9562.31 万元，主要用于景区基础设施建设。[①] 另一方面，党委、政府创新资金整合模式，以"公司＋农户""企业＋合作社"等合作方式引导优质企业、特色企业的专业力量和资金，共同开发基础设施与推动经营发展。此外，资金雄厚的大型旅游开发企业则通过市场化筹融资渠道，引入产业资金延伸林芝市旅游产业的产品链、经营链、服务链。2016 年以来，全市 8 家旅游开发企业累计投入景区开发资金 6.24 亿元，用于开发林芝市墨脱县、察隅县、朗县等偏远县的旅游资源。政府和企业整合资金 4241 万元，落实了林芝智慧旅游乡村旅游信息化工程[②]。援藏资金作为资金整合的组成部分之一，也被用来设立人才培训资金，以支持服务业人才技能培训。多渠道资金的整合也提高了旅游产业发展资金的使用效率。一方面，这些资金集中用于多个乡村旅游示范村建设；另一方面，政府设立专项旅游扶持资金支持深度贫困村建设合作社、加工坊和改造家庭旅馆等。此外，政府和旅游运营企业拿出一部分经营收益建立旅游惠民滚动基金，重点支持农牧民家庭旅馆发展建设。金融机构通过运用差异化信贷政策和扶贫风险补偿金，也加大了旅游扶贫中的金融支持力度。通过一系列的农牧区普惠金融扶持项目，农牧民发展"农家乐"、"藏家乐"、家庭旅馆的资金短缺问题得以缓解。

（三）景区建设带动乡村基础设施和公共服务一体化、现代化

旅游产业提升社会治理水平的一个重要方式是以景区建设辐射带动周边区域的交通网络和服务项目建设，尤其是在全域旅游背景下，交通主干道沿线地区和特色村寨、特色小镇、农业观光园等的基础设施建设标准与现代化景区基本趋于一致，不仅快速提升了林芝市乡村的基础设施现代化水平，也

---

① 林芝市旅游发展局：《西藏自治区林芝市全域旅游产业运行情况》2019 年 4 月 13 日。
② 林芝市旅游发展局：《西藏自治区林芝市全域旅游产业运行情况》2019 年 4 月 13 日。

缩小了各个景区之间和景点之间的基础设施与基本公共服务的差距。在交通网络方面，有林芝市通景公路、乡村旅游公路，城乡之间、乡村与乡村之间、城市和景区之间分别由 G318、G219、S306 三条公路贯穿；拉林铁路的建成通车则极大地提升了林芝与拉萨、山南等地的交通一体化水平。在旅游公共服务方面，公路沿线的服务区、旅游集散地、停车场、旅游标识系统、游客服务中心、旅游咨询服务点、A 级旅游厕所等设施的标准化建设，极大地改善了交通沿线乡村和乡村旅游地区的村容村貌，使这些区域的生活便利程度和服务设施的现代化水平均有明显提升。以景区厕所建设为例，2016年以来，林芝市在旅游景区、公路沿线公共景点、旅游示范村等新建、改扩建旅游厕所 300 余座，优化了当地城乡人居环境。而智慧旅游项目的实施，则极大地降低了普通村民享用互联网的成本。智慧家庭旅馆、家庭旅馆预订平台、农牧产品展销平台、H5 导览平台等一系列网络数据化终端和平台，不仅使"一部手机游林芝"得以实现，也使当地居民熟用互联网掌握现代化知识的成本大大降低。在这些项目建设中，当地村民直接承担景区基础设施和公共服务项目的施工工作，也有一部分村民担任保洁员等，直接参与服务设施的日常维护①。

（四）产业规模扩大培育多元新型经营主体

旅游产业提升当地社会治理水平的一个重要路径就是帮助培育了多种类型的新型经营主体。在林芝市旅游产业规模扩大的过程中，基础设施建设、高原特色产品种植与加工、民俗庄园和"藏家乐"经营、物流运输等促进了当地致富能人、村委会、农牧民成立多种类型的组织化经营主体。据统计，截至 2019 年 6 月，林芝市农牧民合作社共有 878 家，注册资金达 4.03亿元，总资产达 7.1 亿元。按经营类型分，种植业 233 家、养殖业 352 家、加工业 99 家、旅游业 44 家、运输业 1 家、采石采砂业 13 家、建筑业 7 家、综合类 13 家、其他 116 家。合作社成员人数达 25691 人，带动人数达 20707

---

① 林芝市旅游发展局：《林芝市旅游产业扶贫典型材料》2019 年 5 月 20 日。

人①。以米林县派镇公尊德姆旅游专业合作社为例，2017 年底，派镇索松村吞白小组"两委"发起以"党支部 + 能人 + 小组村民（38 户） + 贫困户（6 户 16 人）"入股模式建立公尊德姆农庄，该农庄定位为集藏式餐饮、住宿、娱乐、服务于一体的游客服务中心，参与农庄经营的各主体的股份配置与债务承担比例为致富带头人占股 25%，40 户村民占股 60%，村集体占股 15%。吞白小组村民在党组织的引领和能人的带动下，实现了庄园经营的共建共治共享。自 2018 年开业以来，截至 2019 年 5 月收入总额近 70 万元②。此外，家庭旅馆也是由林芝市旅游产业带动起来的新型经营主体。2018 年，林芝农牧民家庭旅馆总数达 570 家，拥有客房 5105 间，床位 13199 张，2018 年累计接待游客 57.23 万人次③。这些多元新型经营主体的培育，不仅直接推动了旅游服务供给和增收，也提高了包括村委会、合作社、村民等在内的多元主体分享利益的规范化、组织化水平。

（五）产业融合延伸了利益共享的产业链和价值链

共建共治共享社会治理格局的形成，在本质上是多元治理主体的利益在有序共治的过程中得以实现。在只能适度推进产业规模化发展的背景下，旅游产业作为支柱性产业能够推动当地农牧业、民族医药行业、民族文化手工艺行业等融合发展，形成旅游服务产品生产、加工、经营、销售和文化传承等产业链。这种产业链的形成破解了当地特色农牧业产品的"卖难"问题，也促进了区域内现有产业的价值增长，提升了当地旅游服务供给的质量。以林芝智慧旅游乡村旅游信息化项目为列，该项目构建线上线下一体化管理服务运营模式，免费为农牧民家庭旅馆经营户销售农特产品和引流客源，让更多的农牧民群众参与到旅游中。2018 年，该平台共采集旅游全要素数据8600 余条、商户数据 480 条，为建设区农户对接林下资源粗加工、农副产品销售等信息 600 余次，为农牧民家庭旅馆吸引客源 3.9 万人次，实现旅游

---

① 林芝市农业农村局：《农牧民专业合作社培育情况》2019 年 5 月 21 日。
② 林芝市农业农村局：《西藏林芝市米林县派镇公尊德姆农庄典型材料》2019 年 5 月 14 日。
③ 林芝市旅游发展局：《西藏自治区林芝市全域旅游产业运行情况》2019 年 4 月 13 日。

收入 607.22 万元，进一步推动了乡村旅游产品实现有效供给①。在产业融合发展中，农牧民的增收效应和获得感也显著增强。2018 年，林芝市一方面引导 179 户农牧民群众参与巴松措景区内旅游服务项目经营，实现旅游收入 860 余万元；另一方面，从重点景区门票收入中每年提取 2000 多万元资金设立"旅游惠民资金"。此外，每年设置景区保洁等就业岗位定向提供给当地村民，增加了一部分群众的工资性收入②。在产业融合实践中，林芝市实现了农牧民向旅游业经营者和现代化服务行业就业者转变、特色农产品和手工艺品向旅游商品转变、农牧区向旅游景区转变。

（六）产业人才培训提升劳动力就业技能和协作化意识

　　旅游产业带动的产业融合对农牧民原有的劳动技能提出了新的要求，也对精通本民族文化的本地人才队伍壮大提出了迫切需要。为推动当地劳动力融入产业发展，实现增收致富和人力资本提升，林芝市通过整合人社部门、企业、合作社、高校、援藏单位等多个主体的力量开展与旅游产业相关的技能培训。培训对象包括旅游产业管理工作者、景区管理人员、景区服务人员、农牧民和大学毕业生，培训内容主要包括旅游景区及质量管理、旅游统计、旅游安全生产、A 级景区创建、旅游野外救援、宾馆客房、餐饮服务技能礼仪、僜人特色美食、民族服饰、民族舞蹈、民族手工艺、物流运输、乡村旅游实用技能等，培训方式则包括委托培训、自主培训、校企联训、挂职锻炼、送教上门等。2017 年以来，人社部门组织开展各类职业培训 389 期，培训 2.1 万人次，其中农牧民转移就业培训 1.04 万人，建档立卡贫困人口技能培训 7797 人③。旅游产业相关技能培训的开展，增进了农牧民劳动技能转型与区域主导产业的匹配度，为农牧民转变传统生产生计方式和实现现

---

① 林芝市旅游发展领导小组办公室：《关于林芝智慧旅游乡村信息化建设工作推进情况的报告》2019 年 5 月 16 日。

② 林芝市旅游发展局：《林芝市旅游产业扶贫典型材料》2019 年 5 月 20 日。

③ 林芝市人力资源和社会保障局：《林芝市就业创业和技能培训工作情况汇报材料》2019 年 5 月 17 日。

代化发展奠定了基础。以林芝市第一个全区家庭旅馆示范村扎西岗村为例，随着旅游市场的日益红火，当地每年就家庭旅馆概况、旅游政策法规、职业道德、乡村旅游业务技能、应变处理、急救常识、文明礼仪、消防知识、石锅鸡烹饪技术等不断开展农家乐服务技能培训，系统地将农家乐旅游服务技能和科学经营理念传授给每家经营户，明显提高了全村旅游接待户的综合接待水平。如今的扎西岗村普遍实现了房屋楼层化、园林化，人民生活水平不断提高，村中邻里团结，村风民风淳朴①。而劳动技能培训对毕业大学生的就业观念也开始产生积极效应，一部分年轻大学生开始主动在劳动技能培训中学习酒店管理、现代物流和电子商务、新媒体平台运营、无人机技术等，从事现代化技术岗位的观念不断增强。伴随着接受技能培训的劳动力逐步进入创业就业状态，农牧民的劳动观念和劳动纪律意识也在潜移默化中发生转变，越来越多的村民在乡村旅游从业过程中适应了规范化劳动的需求，时间观念、工作纪律观念和协作劳动的意识不断增强。

（七）产业秩序增强政府监管市场的能力

旅游产业的飞速发展，引来了大量的外来游客和从业人员，也加速了本地农牧民生产方式和就业方式的转变。在产业发展引起的经济社会多维度转型过程中，林芝市旅游产业发展秩序也面临挑战，既包括部分层面的无序经营和局部的欺诈性经营，也包括旅游业引起的环境污染，还包括交通事故在内的公共安全事件等。这些问题的治理都对政府监管部门提出了要求。由于旅游产业涉及的主体和业态很多，也加大了政府形成多主体协同齐抓共管旅游市场的难度。为应对这一问题，林芝市委、市政府形成了"党政统筹、部门联动、产业协同、社会参与"的现代化旅游治理体系。一是组建市旅游发展委员会，在体制实现上由行业指导向综合协调转变。二是引导组建宾馆酒店、景区景点、自驾游 3 个旅游办会，培育公平公正、团结互助、竞争

---

① 林芝市旅游发展局：《扎西岗村旅游减贫案例——林芝市巴宜区鲁朗镇扎西岗村》2018 年 7 月 23 日。

有序、健康协调的行业经营竞争机制。三是建立交通、公安、消防、质监、工商等多部门旅游市场联合检查机制和旅游救援求助应急机制，每年都开展旅游安全、旅游环境、旅游市场经营等专项检查。2017年，全市共开展旅游市场综合执法检查137次，检查各类旅游企业592家，接受处理旅游投诉121起，结案率100%①。旅游业的蓬勃发展，深刻地再造了林芝多元利益主体的经济社会交往格局，这一根本性变化也将对党委、政府在社会治理中继续发挥好引导作用和治理能力提出新的要求。

三　旅游产业提升林芝市社会治理水平的启示

西藏是我国的边疆民族地区和深度贫困地区，也是反分裂斗争的第一线。习近平总书记在西藏和平解放60周年庆祝大会上提出了关于西藏的"六个重要"论述②，强调了西藏对中国和全人类的重要性。基于西藏的特殊性，有很多学者往往倾向于用政治学的视角分析西藏的社会治理。张龚雪在讨论改革开放40年来西藏社会治理的成效时，认为西藏社会治理方式的创新在于创立了网格化管理、双联户制度和干部驻村驻寺制度等③。贺新元则提出，西藏治理体系和治理能力是在服务于稳定、发展与安全这"三位一体"的价值取向过程中逐步完善和提升的。强基惠民工作，是西藏在改革开放过程中实现稳定、发展与安全价值取向的具体抓手④。我们确实应该看到，在社会稳定和长治久安作为西藏工作的总目标要求下，党委、政府在西藏经济社会等各领域发展中起着主导作用。党组织更是引领西藏各领域事

---

① 林芝市旅游发展局：《2017年旅游工作总结暨2018年工作安排》，2018年6月11日。
② "六个重要"即西藏是重要的国家安全屏障，也是重要的生态安全屏障、重要的战略资源储备基地、重要的高原特色农产品基地、重要的中华民族特色文化保护地、重要的世界旅游目的地。
③ 张龚雪：《改革开放40年：西藏社会治理概述》，《西藏发展论坛》2018年第5期，第21～23页。
④ 贺新元：《改革开放40年西藏治理的价值取向与具体抓手》，《西藏研究》2018年第5期，第7～15页。

业持续发展的坚强核心，也是社会治理多元主体中的最主要组成部分。但基于区域环境和发展条件的不同，各地党委政府在解决发展不充分不平衡问题的路径上也各有不同，构建共建共治共享社会治理格局的思路也各具特色。林芝市委、市政府选择将旅游产业作为战略性支柱产业推动地区经济高质量发展，实际上是注重发挥市场经济的撬动作用，优化了当地社会治理的环境，培育了社会治理的主体，增强了多元主体共建共治的获得感。这些实践，同样也是西藏和当地农牧民实现社会主义现代化的重要探索。本文认为，林芝市旅游产业提升社会治理水平实践对新时代构建民族地区共建共治共享社会治理格局具有重要启示意义。

（一）在产业规划中重视多元治理主体的利益表达

现代化社会治理格局实现的基础在于多元主体在共治之前能有效地表达自身的意见和关切的利益内容，进而兼顾不同利益，共同形成制度性规范或方案，进入实践层面的共建共治和共享。旅游产业的发展十分依赖于当地的生态环境和文化资源，而生态环境、民族文化的保护与开发都会直接影响到当地居民原有生态观念、文化传承观念和生计方式等。因此，在发展旅游产业中强调开发的规划性，既是对当地居民主体性和文化多样性的尊重，也是对绿色发展理念的坚守。在林芝市的旅游产业发展中，党委、政府高度重视产业发展的规划工作，从乡村旅游项目申报到农牧民入股分红方案，从重点景区建设规划到吸纳农牧民创业就业和景区收入分配，都在规划中考虑到多元主体在共同开发中的共同参与和共同受益。此外，林芝市委、市政府尤其注重各级规划和各类规划之间的衔接与统筹，通过将旅游扶贫项目、乡村旅游和重点景区旅游建设协同规划，使当地政府、运营机构、农牧民等在旅游资源开发和回馈中形成"旅游共同体"和利益共同体，为发挥旅游产业在推动产业融合发展中的作用奠定了基础。

（二）在景区建设中发挥市场的资源配置优势和外部性

党的十八大以来，习近平总书记提出"使市场在资源配置中起决定性作用和更好发挥政府作用"①的重大理论观点,为处理好新时代政府和市场在资源配置中的关系指明了方向。林芝市的旅游产业发展环境营造就充分发挥了市场配置资源的优势及其带来的外部性,这些外部性对林芝市社会治理水平的提升和民生状况改善都发挥了不可忽视的效用。得益于旅游产业规划和地方各类规划的紧密衔接,林芝市景区基础设施建设和旅游公共服务设施建设效率相对更高,而且这些建设对景区沿线乡村和重点发展乡村旅游的地区产生了很强的带动性。这种带动性不仅体现为撬动了交通网络的一体化和畅通化,还体现为改善了乡村面貌和卫生程度,也体现在为农牧区生产生活方式的现代化提供了硬件设施:这些都为林芝市社会治理能力和治理体系现代化打下了坚实的基础。就巩固全面建成小康社会局面和加快建设现代化进程而言,西藏在坚持党中央治藏方略的基础上,也要善于在发展旅游产业中发挥市场的力量,使市场配置资源的优势在"富民兴藏"目标实现中发挥更大更好的撬动作用,提高西藏自治区各级政府对各类建设资源的利用效率。

(三)在产业链再造中做大多元治理主体共享的利益"蛋糕"

就多元治理主体而言,现代化社会治理格局的构建,应当是大家在共商共建共治的基础上实现利益的共享。依据具体治理事项的不同,有一部分利益共享方式是存量利益中的公平性利益再分配,另一部分利益共享则是增量利益中的普惠式利益增加。在党中央的坚强领导下,西藏自治区各级党委、政府在深化联系群众、维护社会稳定、守护神圣国土方面已经取得了显著成绩。而如何更好地建设幸福家园,在落实新发展理念中实现农牧民生产生活现代化水平的整体提升和全面提升,则应当多考虑采取"增量改革"思路。旅游产业具有撬动第一产业和第二产业联动发展的独特优势。产业的融合发展,一方面可以提高西藏当地生态资源、民族文化资

---

① 《中共中央关于全面深化改革若干重大问题的决定的说明》,《十八大以来重要文献选编(上)》,中央文献出版社,2014,第498页。

源、农牧业资源的开发效率和价值；另一方面则可以延长当地的产业链并创造更多的创业就业机会，为当地农牧民实现本地就业和传承民族文化双重目标提供捷径。

（四）在产业经营中提升多元治理主体的共建共治能力

在守护和建设雪域高原方面，西藏的历代农牧民积累了宝贵的经验和知识。在党的领导下，新时代的农牧民继续践行着"神圣国土守护者和幸福家园建设者"的时代精神，成为实现西藏社会治理能力现代化的推动者。以党组织和党员干部引领实施的驻村帮扶、网格化管理和精准扶贫等措施，为增强基层农牧区群众自我发展愿望和提升村两委富民固边能力打下了坚实基础。而农牧区民生状况的改善、现代化水平的提高则依然需要在增强本地自我发展能力的路径中实现。在比较优势下，旅游产业以产业经营和就业吸纳当地劳动力，可以带动当地农牧民以参与成本较低、参与范围广、参与程度深的方式来提升参与社会治理的能力和自我发展能力。村"两委"和村集体经济的经济增收能力和劳动力组织能力也将在共同参与旅游产业经营中得到提升。可以说，旅游产业的深入发展，尤其是旅游产业带动下的产业融合发展将为西藏培育更多具有全球化、市场化意识的经营主体和从业人员。这些本地主体和劳动力在产业发展中提升自身的人力资本，不仅将增强自身发展能力，还将增强他们对本民族文化的文化自觉和文化自信。这些能力与观念上的转变，最终将推动西藏的社会治理往更加现代化的方向发展。

（五）在旅游服务供给侧改革中实现民族文化的创新性发展和创造性转化

在社会主要矛盾发生变化的背景下，人们对美好生活向往的时代需求催生出了旅游服务供给侧改革，旅游服务供给侧改革也构成了我国整个供给侧改革的重要组成部分。旅游服务供给侧改革实际也为民族文化的创新性发展和创造性转化提供了现实路径。林芝市依托丰富的生态资源和文化资源，确立了"全景化打造、全地域覆盖、全资源整合、全领域互动、全社会参与"的原则，并坚持走"高端、精品、生态"的旅游发展道路。围绕这些发展思路所推动的全域旅游建设和旅游服务供给模式创新，加深了藏族等少数民族的民族文化在旅游产业中的融入程度，外地游客与少数民族文化的体验距离越来越近，鉴赏的维度越来越多。另外，全域旅游的开展，也提升了民族文化开发与传承的全面性、整体性。此外，"高端、精品、生态"的旅游发展道路，则有利于林芝市农牧民在自我经营中筛选和确定最能够表达本民族文化的途径和元素，进而在旅游服务供给中不断提升对民族文化的自觉和自信，也有利于不断丰富中华民族共有精神家园的时代内涵。

四　结语

西藏是我国十分重要的边疆省份，边境地区的安全与稳定是西藏社会治理能力和治理体系现代化的重大目标。边境地区安全与稳定的实现，则离不开西藏当地居民和国防军事力量的长期守护。守边固边治边稳藏是贯彻落实"治国必治边、治边先稳藏"重要战略思想和"依法治藏、富民兴藏、长期建藏、凝聚人心、夯实基础"重要原则的题中应有之义。林芝市围绕守边固边治边稳藏的现实要求，结合地区经济发展的优势资源，将旅游产业作为提升地区经济可持续发展的战略性支柱产业，实现了产业融合发展水平和社会治理能力的双提升，成为民族地区推进乡村振兴和社会治理体系现代化的典范。构建共建共治共享的社会治理格局是我国治理能力和治理体系现代化的内在要求，这一格局的构建与实现，离不开多元治理主体治理能力的可持续性提升，也离不开利益共享局面的动态实现。在决胜全面建成小康社会，开启全面建设社会主义现代化国家新征程的关键时期，民族地区和少数民族如何提升自我发展能力，始终是一个重要议题。随着现代化建设进程的推进，治理能力也成为民族地区和少数民族群众自我发展能力的重要组成部分。在实现经济持续稳定增长和社会长治久安的双重目标下，旅游产业能够通过产业链和价值链再造，推动民族地区多元治理主体围绕旅游产业形成治理共同体，实现共享利益的增量提升。旅游产业提升社会治理水平的路径是多维度的，但也正是这些多维的路径推动了民族地区产业振兴、生态振兴、人才振兴、组织振兴、文化振兴的全面实现，为民族地区多元治理主体治理能力的持续性提升奠定了坚实的基础。

第六章　高质量跨越式发展的民生保障：以改善民生践行共享发展的林芝实践

刘诗谣[*]

习近平总书记指出："要坚持富民兴藏战略，毫不动摇把保障和改善民生放在更加突出的位置，解决好人民最关心最直接最现实的利益问题，努力让西藏各族群众享有更好的教育、更稳定的工作、更满意的收入、更可靠的社会保障、更高水平的医疗服务、更舒适的居住条件、更优美的环境，过上更加幸福美好的生活。"在第七次西藏工作座谈会上，习近平总书记就民生建设的相关方面进一步强调："要贯彻新发展理念，聚焦发展不平衡不充分问题，以优化发展格局为切入点，以要素和设施建设为支撑，以制度机制为保障，统筹规划、分类施策、精准发力，加快推进高质量发展。"尤其是同日常生活相关的交通设施、就医就学、养老社保等要全覆盖。要围绕川藏铁路建设等项目，推动建设一批重大基础设施、公共服务设施，建设更多"团结线""幸福路"。要培育扶持吸纳就业的能力，提供更多就业机会，推动多渠道市场就业。长期以来，林芝市委、市政府毫不动摇地把提高人民生活水平、提升林芝各族人民幸福指数作为林芝各项工作的出发点和落脚点，始终坚持实现好、维护好、发展好最广大人民群众的根本利益，不断增进民众福祉，在高质量发展中不断加大保障和改善民生力度，努力做到福祉为了人民、发展依靠人民、发展成果由人民共享，确保高质量发展成果更多惠及林芝民众。

---

* 刘诗谣，中国社会科学院边疆研究所助理研究员。

一 关注生存：解决民生最突出的目标要求

美国著名心理学家马斯洛的层次需求理论将人类的需求按照从低到高的顺序划分为生理需求、安全需求、社会需求、尊重需求和自我实现需求五个层次。生理需求是人们最原始、最基本的需求，如吃饭、穿衣、住宅，涉及衣食住行的方方面面。这种需求在人类各种基本需求中占有最强的优势，若得不到满足，人类的生存就成了问题。也就是说，生理需求是最强烈的、最不可避免的、最底层的需求，是推动人们行为的强大动力。恩格斯说："人们首先必须吃、喝、住、穿，然后才能从事政治、科学、艺术、宗教等。"[1] 可见，衣食住行是民生最基本的内容，关系着群众的生死冷暖和切身利益。

（一）衣食住行：解决民生问题的基础内容

1. 实施脱贫攻坚，解决贫困群众的温饱问题

林芝作为一个典型的高海拔民族地区，仍然存在较大规模的贫困人口，贫困发生率较高。截至 2015 年底，林芝市建档立卡人口有 6636 户 22803 人，贫困发生率为 16.42%[2]，远远高于全国贫困发生率 5.7%，贫困问题依然严峻。为了进一步解决贫困人口的生计问题，帮助贫困人口实现"三不愁、三有、三保障、五享有"[3]，林芝市委、市政府从贫困人口和地区特殊困难、发展优势、战略定位出发，深化专项扶贫、行业扶贫、社会扶贫、金融扶贫、援藏扶贫等扶贫模式，形成了政府、市场、社会协同推进的大脱贫攻坚格局。

---

[1] 《马克思恩格斯选集》（第 3 卷），人民出版社，1997，第 776 页。

[2] 资料来源：《林芝市"十三五"时期脱贫攻坚规划》，资料提供部门：林芝市脱贫攻坚指挥部，资料提供时间：2018 年 5 月 21 日。

[3] "三不愁"：不愁吃、不愁穿、不愁住；"三有"：有技能、有就业、有钱花；"三保障"，教育保障、医疗保障、社会保障；"五享有"：享有稳定的吃、穿、住、行、学、医、养保障，享有和谐的安居乐业环境，享有均衡的基本公共服务，享有较为完善的社会保障体系，享有充分的宗教信仰自由和宗教需求保障。

一是实施以易地扶贫搬迁、整村推进、以工代赈、产业扶贫、就业促进等为主要内容的专项扶贫。在坚持群众自愿的前提下，对居住在生存条件恶劣、自然资源贫乏地区的人口实行易地扶贫搬迁，促进贫困农牧民转移就业，改善群众获得公共服务的条件；有重点地实施整村推进，整合各类支农惠农资金和扶贫专项资金，逐村制定贫困农户增收、社会事业发展等规划，统筹推进到村到户帮扶工作；实施以工代赈项目，加强县、乡、村公路，农田水利，人畜饮水，基本农田，草场建设，小流域治理等小型基础设施项目建设；大力发展特色产业，扶持贫困农户，建设产业化基地，发展农村合作经济，推动贫困地区产业开发规模化、集约化和专业化；深入实施"雨露计划"，对贫困家庭劳动力开展务工技能和农业实用技术培训，实现贫困户劳动力的稳定就业。

二是实施水利、电力、道路、通信、房屋等贫困地区基础设施建设项目以及教育、科技、文化、卫生、社会保障等贫困地区和贫困群众的社会事业发展项目。具体措施主要包括：围绕贫困地区特色优势产业，扶持发展各类专业合作组织和专业技术协会，对加入专业合作组织的贫困户给予特色产业发展专项资金扶持；筛选科技开发项目，引进先进实用技术，解决产业发展中的关键技术问题；改善交通条件，满足贫困群众的基本出行需求；加强水利建设，推进大中型灌区续建配套与节水改造和小型农田水利建设，实施农牧区饮水安全工程；推进贫困地区土地整治、能源体系建设和电网改造升级，普及信息服务，加强可再生能源技术服务体系建设；大力发展贫困地区社会事业，改善办学条件，促进城乡优质教育资源共享；加强农村公共文化服务体系建设，推进村级综合性文化服务中心建设，大力实施文化惠民工程；健全基层医疗卫生服务体系，改善公共卫生和人口服务管理；实施食品安全战略，加强农牧区食品安全监管；完善农牧民就业、社会保障和户籍制度改革等政策，建立城乡统一的居民登记制度；完善农牧民易地搬迁落户政策，针对跨行政区域自愿搬迁的农牧民，保障其享受当地居民基本权利；加强贫困地区生态建设，完善生态补偿机制。

三是深入实施以加强定点扶贫、推进区域扶贫协作、发挥军队和武警部队的作用、动员企业和社会各界参与扶贫作为重要内容的社会扶贫。林芝将定点扶贫与强基惠民活动有机结合，组织全市党政机关、人民团体、企事业单位、驻藏部队大力开展定点帮扶工作，不脱贫不脱钩；建立光彩事业基金和产业帮扶基金，推动"百企帮百村"行动，以产业扶贫、商贸扶贫、就业扶贫、捐赠扶贫、智力扶贫等措施，帮助贫困村创办企业，吸纳带领贫困户创业就业，提升其内生动力和市场活力；发挥军队和武警部队的作用，坚持把地方扶贫开发所需与部队所能结合起来；鼓励引导各类社会组织、企业和个人以多种形式参与扶贫开发，积极倡导扶贫志愿者行为。

四是发挥对口援藏优势，加大援藏扶贫工作力度。通过创新援藏扶贫方式，建立和完善援藏扶贫工作机制，大力实施经济援藏、教育援藏、就业援藏、科技援藏、干部人才援藏，进一步完善全方位、多层次、宽领域的对口支援西藏工作格局，推进林芝的跨越式发展和长治久安。

五是大力实施以推进普惠金融和强化金融服务为重要内容的金融扶贫。通过发展政策性农业保险、扶贫小额保险、涉农信贷保证保险等保险产品，开展产业扶持、能力提升、教育扶贫、搬迁安置、低保兜底、医疗救助、特色信贷扶贫，推行农村承包土地的经营权和农民住房财产权抵押贷款；探索"龙头企业＋基地＋贫困农户""企业＋家庭牧场""家庭牧场＋农民专业合作社"等适合新型农牧业经营主体的信贷模式；实施"精准扶贫专项贷款工程"，推行"政、银、企、农"合作模式，实施创业担保贴息贷款政策；实施农牧区信用体系建设工程，开展信用镇、信用村、信用农户评选，为金融扶贫创造良好条件。

通过一系列扶贫措施的实施，林芝贫困群众的"三不愁、三保障"问题基本解决，脱贫攻坚取得了重大进展。截至 2018 年底，林芝全市减贫1697 户 5913 人，退出贫困村 129 个，贫困发生率已降至 2019 年的 0.33%①。

---

① 资料来源：《林芝市 2018 年脱贫攻坚工作总结暨 2019 年工作安排》，资料提供部门：林芝市脱贫攻坚指挥部，资料提供时间：2019 年 5 月 21 日。

2. 确保住有所居，加强住房保障体系建设

住房是人们的基本生活资料，关系民生。特别是中低收入家庭住房问题，不仅是经济问题，也是社会问题和政治问题。自住房制度改革以来，林芝市委、市政府越来越重视住房保障体系建设，把住房保障作为社会主义市场经济条件下政府实施公共管理职能的重要内容和关系民生的重要政策领域，逐步探索和完善住房保障政策体系。

一是建立和完善多层次住房保障体系，扩大住房保障范围。林芝市按照住房和城乡建设部《关于调研新市民住房保障情况的函》、西藏自治区人民政府办公厅《关于鼓励和支持高校毕业生返乡创业的实施意见（实行）的函》以及《关于调整公共租赁住房（廉租房）保障对象户籍条件的通知》（藏建住保〔2018〕72 号）等文件要求，为市直符合住房保障条件的人群提供多渠道住房保障。截至 2019 年 6 月，林芝市直已建成并分配入住的公租房共 896 套，保障人群主要有城镇低保户、城镇中低收入家庭、住房困难的一线环卫工人、新毕业未就业大学生、孤老病残人员、城镇稳定就业的外来务工人员、住房困难的市直各单位人员（含公益性岗位、公交司机、协辅警）。在租金收取上，针对所保障的不同人群实行租金差异化收取标准，按照小区所在区域位置，以不高于同地段市场价的 60% 以及收入水平分三档进行收取。目前，林芝市直公租房共保障中低收入住房困难人群 887 户。其中，保障低保户 56 户、城镇中低收入家庭 287 户、市政环卫工人 119 人、新毕业未就业大学生 6 人、孤老病残人员 23 人、市直各单位人员 140 人（含公益性岗位、协辅警、临时工）、外来务工人员 240 人、定向扶贫人员 16 人[①]。

二是开展对城镇低收入住房困难家庭的租赁补贴工作。2018 年，林芝市城镇低收入住房困难家庭共计 210 户（涉及 286 人），截至 2018 年底，住房租赁补贴已全部发放，累计发放资金 87.516 万元。其中，市直发放 21 户（涉及 31 人），共计发放资金 9.486 万元；巴宜区发放 8 户（涉及 11 人），

---

① 资料来源：林芝市住房和城乡建设局：《加大力度实施住房保障努力实现群众住有所居》，林芝市住房和城乡建设局网，http://www.zjj.linzhi.gov.cn/zjj/c104708/201906/9d0f8b2a48af498697ea637c48750bde.shtml，访问时间：2019 年 7 月 14 日。

共计发放资金 3.366 万元；工布江达县发放 10 户（涉及 14 人），共计发放资金 4.284 万元；米林县发放 21 户（涉及 28 人），共计发放资金 8.568 万元；朗县发放 82 户（涉及 112 人），共计发放资金 34.272 万元；波密县发放 43 户（涉及 55 人），共计发放资金 16.83 万元；察隅县发放 18 户（涉及 24 人），共计发放资金 7.344 万元；墨脱县发放 7 户（涉及 11 人），共计发放资金 3.366 万元①。

三是稳步推进棚户区改造项目。截至 2019 年 6 月，林芝市改造棚户区 3389 户，改造建筑面积 254175 平方米，保障群众住有所居。续建 2017 年城镇棚户区改造项目，共 4 项 685 户，改造建筑面积 51375 平方米。项目总投资 46301.77 万元，其中国家和自治区补助资金 1387 万元，贷款资金 44914.77 万元。项目累计完成投资 42855.99 万元，占总投资的 92.6%。续建 2018 年城镇棚户区改造项目，共 13 项 2704 户，改造建筑面积 202800 平方米，财政和中央预算内补助资金共 9134.83 万元，贷款资金 3 亿元。项目累计完成投资 26034.75 万元②。

四是实施危房改造项目。林芝市委、市政府把实施农村危房改造工作作为主要工作之一，市住建、财政、扶贫、民政等部门协调联动，各负其责，积极开展农村危房改造工作。通过制作汉藏文农村危房改造政策"明白卡"，免费发放到每个农村危房改造户手中，让改造户了解政策、明确标准。自 2016 年开展农村危房改造工作以来，林芝对四类重点对象（建档立卡贫困户、低保户、农村分散供养特困人员、贫困残疾人家庭）1152 户的危房存量改造工作基本完成，完成投资 1719 万元③。农村危房改造工作的

---

① 林芝市住房和城乡建设局：《林芝市 2018 年度城镇低收入住房困难家庭租赁补贴发放工作圆满结束》，林芝市住房和城乡建设局网，http：//www.zjj.linzhi.gov.cn/zjj/c104762/201901/faf11dd9081f484eac1c81072a6b4f05.shtml，访问时间：2019 年 7 月 14 日。
② 林芝市住房和城乡建设局：《稳步推进棚户区改造项目》，林芝市住房和城乡建设局网，http：//www.zjj.linzhi.gov.cn/zjj/c104708/201906/c83d10641d48456aa6dd8d125e5ff239.shtml，访问时间：2019 年 7 月 14 日。
③ 林芝市住房和城乡建设局：《林芝市农村危房改造工作稳步推进》，林芝市住房和城乡建设局网，http：//www.zjj.linzhi.gov.cn/zjj/c104790/201901/defe376582a349b580 f26df56d4ad900.shtml，访问时间：2019 年 7 月 14 日。

开展改善了农牧民居住条件，特别是改善了困难群众的居住条件。林芝市通过把农村危房改造工作与美丽乡村建设相结合，对乡村道路、村庄风貌、亮化等工程统一改造，有力地推动了新农村建设。此外，危房改造工作也转变了农牧民建房观念。因受传统藏式建筑影响，以前大部分农房建筑都为土木结构，农房建成后有结构不稳定、抗震设防差、使用年限短等缺点。自实施农村危房改造以来，农牧民按照标准化建房的积极性得到极大提升，新建农房质量进一步提高。

3. 加强交通事业建设，建设"四好农村路"

近年来，林芝全面加强农村公路建、养、管、运等各项工作，推动农村公路实现从量到质的跨越式发展。按照《林芝市推进"四好农村路"建设三年行动计划（2018～2020年）》《林芝市关于加强农村公路养护管理工作的实施方案》等文件的要求，林芝基本构建起以"四好农村路"建设为主线，以示范县创建为抓手，以交通脱贫攻坚为重点的管理体系和工作机制。按照相关计划要求，林芝市各县区均成立了"四好农村路"领导小组，制订出台了《"四好农村路"建设实施方案》，明确了县区政府为农村公路管养的责任主体。为保障农村公路建、养、管、运各项工作顺利推进，林芝市政府进一步拓宽农村公路养护专项资金来源渠道。一方面落实自治区"7351"（即县道每年每公里7000元、乡道（专用公路）每年每公里3500元、村道每年每公里1000元）补助标准，另一方面督促各县区进一步落实养护主体责任，配套解决农村公路养护费用。2018年，林芝各县区共配套解决资金402.73万元，用于农村公路养护工作①。2018年9月，朗县成为自治区唯一一个"'四好农村路'全国示范县"。林芝在全市范围内推广朗县"四好农村路"建设管理"一所六站""两站两员"模式，通过朗县的辐射带动，其他各县区不断探索创新农村公路养护管理模式，如设"路长"、制定爱路护路村规民约、与企业签订

---

① 林芝市交通运输局：《林芝全力推进"四好农村路"建设　建制村通达率99.6%》，林芝市交通运输局网，http://www.jtysj.linzhi.gov.cn/lzsjtj/c103633/201906/09b8e3ce9504427f8f1b4a77d9b82ed1.shtml，访问时间：2019年7月14日。

养护协议等，全力推进农村公路建设、管护工作。截至 2018 年底，林芝农村公路总里程达到 3905.787 公里，乡镇通畅率达 92.6%，建制村通畅率达 84.74%。

（二）劳有所得：在就业上拓渠道，促增收

就业是经济发展的基础，是居民收入的主渠道、社会稳定的"压舱石"。诚然，就业涉及千家万户的生计和发展，是人民群众改善生活的基本前提和基本途径，是实现社会长治久安的基本保证，也是全面建设小康社会的必然要求。经济学家弗雷斯特尔说："失业是人民的头号公敌。"只有民众的就业有了保障，民众的经济收入才会不断增加，才有更多的资本让自己过上好的生活，才能进一步享受精神生活改善带来的益处。这样我们才能离全面小康社会更进一步，才能提高民众的幸福指数。近年来，林芝市各级政府始终坚持把就业作为经济社会发展的优先目标，牢牢把握新时期就业主要矛盾变化，以充分开发和合理利用人力资源为出发点，坚持劳动者自主择业、市场调节就业、政府促进就业和鼓励创业的方针，积极实施"就业优先"战略，努力实现更高质量和更充分的就业，不断增强林芝人民的获得感、幸福感、安全感。

2018 年，林芝全市新增城镇就业 4350 人，完成年度目标任务的 108.8%，城镇登记失业率控制在 2.5% 以内。其中，困难群体就业人数 773 人，完成目标任务的 110.4%；城镇失业人员再就业 898 人，完成目标任务的 112.3%；共计开发岗位 5125 个，完成目标任务的 284.72%；开展就业再就业培训 1358 人，完成目标任务的 226.33%；开展农牧民转移就业培训 65 期，培训 3172 人，完成目标任务的 151.04%；开展建档立卡贫困人口培训 3078 人，完成目标任务的 116.6%；开展创业培训 17 期，培训 409 人，完成目标任务的 163.6%；实现农牧区劳动力转移就业 60197 人次，完成目标任务的 120.39%；实现农牧民转移就业 27900 人，完成目标任务的 111.6%；实现转移就业收入 1.268 亿元，完成目标任务的 126.8%；实现建

档立卡贫困劳动力转移就业 3357 人，完成目标任务的 129.1%[①]。具体来讲，林芝市促进就业创业的措施主要有以下几个方面。

1. 以化解结构性就业矛盾为主基调，大力推行职业技能培训

一是整合优化资源，强化培训平台支撑。高质量的培训需要高质量的资源，为了进一步加强对劳动者的职业技能培训，林芝成立了吉萨技能学校、鸿图技能学校等首批民办职业技能培训机构，推进各类培训资源优势互补和协同发展，进一步筑牢职业技能培训的基础支撑。二是创新培训机制，进一步提升培训精准度。为了突出培训的实效性和便民性，林芝不断创新培训方式，如开展"送教下乡"培训，把培训直接办到村里或乡里，让农牧民在家门口就能学到技能；开展订单式培训，与林芝用工企业签订一系列培训订单，实现培训一人，就业一人；开展实地参观体验式培训，通过"听、看、研"的模式，让学员在观看、参与、体验的过程中提高技能水平。三是聚焦重点人群，着力加强对大学生和贫困农牧民的技能培训。积极开办以大学生和农牧民为主体的创业培训班，并率先在全区开展电商创业孵化服务培训。针对有创业愿望和具备一定创业条件的对象，分别开展 GYB（产生你的企业想法）、SYB（创办你的企业）等方面的培训。以全市合作社法人、创业致富带头人为对象，采取理论知识培训和实地观摩等形式，开展合作社法律法规、企业管理和 IYB（改善你的企业）、EYB（扩大你的企业）等创业知识培训。培训重点从常规农牧业生产技能培训、新型农牧业生产技能培训转向劳动力转移培训和创业培训，有针对性地开展受农牧民青睐的重型机械、民族手工艺品加工、藏式烹调师、旅游服务等工种培训。

2. 以完善服务体系为着力点，大力营造良好就业环境

一是完善就业政策，优化高校毕业生就业环境。林芝建立了高校毕业生就业工作联席会议制度，制定出台了《林芝市关于促进高校毕业生就业创业的实施意见（试行）》，为全市高校毕业生就业提供政策扶持。二是狠抓

---

① 《林芝市劳动就业服务中心 2018 年工作总结暨 2019 年工作要点》，资料提供部门：林芝市社保局劳动就业服务中心，资料提供时间：2019 年 5 月 21 日。

岗位开发，大力促进就业岗位对接服务。为了进一步促进高校毕业生顺利就业，林芝始终把开展职业介绍和组织招聘活动作为开展就业工作的重要抓手，积极搭建岗位对接服务平台，大力组织春风行动、民营企业招聘周、高校毕业生专场招聘会、精品招聘会等各类招聘活动，为农牧民群众实现城镇转移就业搭建平台，提供优质就业服务。2018 年，林芝市共组织各类招聘活动 43 场次，提供岗位 9682 个，达成就业意向 3520 人。同时，注重强化职业介绍服务，开展职业介绍 2357 次，成功介绍 1668 人，开展职业指导 2089 次①。三是大力推进广东对口林芝就业援藏专场招聘会。为进一步拓宽林芝籍高校毕业生的就业渠道和范围，林芝市社保局积极争取广东省人社厅、省第八批援藏工作队支持，在林芝举办就业援藏专场招聘会。"十三五"以来，先后举办广东省面向林芝籍高校毕业生专场招聘会、扶贫援藏专场招聘会等招聘会 3 场，组织广东用人招聘单位 159 家，提供岗位 4421 个，现场达成赴粤就业意向 418 人②。四是加快"互联网＋就业"建设，进一步提升公共就业服务效能。林芝市社保局充分利用门户网站、就业服务网以及微信公众号，实时发布岗位信息，让群众随时随地查看岗位信息；充分发挥基层服务平台、各乡（镇）人社专干以及各级强基办、驻村工作队优势，定期将岗位推送到基层一线，实现线上线下全方位服务，有效提升了就业服务的质量和水平。

3. 以创新创业为引擎，大力完善创业生态体系

一是聚焦重点人群，着力加强对大学生群体的创业扶持。大学生是创新创业的生力军，是最具潜力和活力的群体。为了进一步优化大学生的创业环境，林芝市制定出台了《林芝市创业担保贷款实施细则》，筹集 1000 万元设立就业创业扶持基金，筹集 500 万元设立创业担保贷款基金，为全市高校毕业生就业创业提供资金扶持。二是优化创业服务，为创业者提供低成本、

---

① 《林芝市人力资源社会保障局落实"十三对关系"工作情况》，资料提供部门：林芝市人力资源社会保障局，资料提供时间：2019 年 5 月 21 日。

② 《林芝市人力资源社会保障局落实"十三对关系"工作情况》，资料提供部门：林芝市人力资源社会保障局，资料提供时间：2019 年 5 月 21 日。

专业化、全要素的服务。结合林芝的精准扶贫和旅游特色产业发展目标,广东省第八批援藏工作队支持300余万元引进了3D打印项目,使5人实现3D打印项目创业。同时,林芝成功举办了首届高校毕业生创业训练营及双创论坛,有力提升了高校毕业生就业创业能力。三是营造浓厚创业氛围,激发全社会创新、创造、创业活力。通过制定《林芝市高校毕业生就业创业宣传工作方案》,林芝市社保局大力推动政策宣传进校园、进基地、进企业、进村居、进家庭,并主动争取了林芝市宣传部门的支持,充分利用市和县区电视台、《西藏日报》、《林芝日报》、微信公众号等平台,大力宣传市、县区各项创新创业优惠政策,特别是针对高校毕业生的就业创业扶持政策,在电视台、微信公众号等平台进行了连续滚动推送,并制作了林芝市高校毕业生就业创业特刊,持续扩大政策知晓度和影响力,引导广大高校毕业生及其家长转变就业观念。此外,林芝市社保局通过挖掘墨脱石锅、薇薇安烘焙等高校毕业生创业典型,强化宣传引导,以榜样的力量带动更多大学生投入创新创业大潮,进而在全社会厚植创业文化,营造鼓励创业、宽容失败的良好氛围,使大众创业、万众创新蔚然成风。

4. 以转移就业为手段,促进扶贫对象积极就业

在建立就业扶贫对象台账的基础上,林芝以各级公共就业服务机构为平台,以就业培训、转移就业、就业援助、产业促进、项目吸纳、创业带动等为手段,以提升扶贫对象就业创业能力、实现稳定就业创业为目的,努力实现"培训一人、就业一人、脱贫一户、稳定一家"的目标。一是以主导产业吸纳扶贫对象就业。林芝充分利用资源优势,大力推进特色农牧业、生态旅游业、藏医藏药业、文化业、民族手工业、交通运输业等产业发展。通过进一步壮大产业发展,增加就业岗位,引导农牧区扶贫对象积极参与当地产业发展,就地就近转移就业,实现发展产业与促进就业相互协调。"十三五"期间,通过产业发展吸纳扶贫对象3862人。其中,通过发展专业合作社吸纳扶贫对象210人,通过发展电子商务吸纳贫困对象95人,通过发展交通运输业吸纳贫困对象126人,通过发展民族手工业吸纳贫困对象86人,通过发展水电能源产业吸纳贫困对象360人,通过发展藏医藏药业吸纳贫困

对象 341 人，通过发展生态旅游业吸纳贫困对象 986 人，通过发展特色农牧业吸纳贫困对象 1658 人。二是以项目建设带动扶贫对象就业。林芝市各级人社部门以开展"就业援助月""春风行动""民营企业招聘周"等公共就业服务活动为契机，搭建用工对接平台，有针对性地推荐扶贫对象就业。同时在安排国家、自治区和援藏重点投资项目时，按总用工量的一定比例吸纳当地贫困人员务工就业。"十三五"期间，林芝申报项目资金 248 亿元。根据林芝市项目建设情况，工程建筑部分资金占项目总额的 60%，建筑工人工资占建筑部分总额的 15%，预估扶贫对象工资额占全部工人工资额的 5%。除去 10% 的不确定因素，"十三五"期间，林芝市通过项目带动 2176名贫困人员就业。三是加强生态保护建设，优先吸纳扶贫对象就业。积极争取国家生态补偿政策，优先吸纳有劳动能力的贫困人员就地转成护林员、自然保护区管理员、环境保护监督员、草原（场）保护监督员、乡（镇）村公路养护员、乡（镇）村保洁员、旅游景区保洁员等。"十三五"期间，生态补偿为转移就业脱贫新提供岗位 3023 个，解决 3023 名扶贫对象就地就近就业[①]。

对个人而言，就业是劳动者谋生的手段，是获取收入的主要渠道。个体通过就业可以实现自己的人生价值，并进一步得到社会的认可和尊重。对国家而言，确保就业、降低失业率，可以提高人民收入，提升民众的消费水平，进而有力拉动全国和区域性内需，促进经济的可持续增长，保障社会经济的和谐发展。林芝实施的一系列促进就业创业的政策，正确处理了地区经济发展与促进人民就业的关系，广泛地调动了群众的积极性和创造性，实现了经济社会的协调发展，为林芝的跨越式发展和长治久安奠定了坚实的群众基础。

（三）提高收入：确保经济发展与民生改善良性互动

收入分配是民生之源。改革开放以来，林芝市的国民经济快速发展，城

---

① 《林芝市脱贫攻坚"十三五"转移就业脱贫规划》，资料提供部门：林芝市脱贫攻坚指挥部转移就业组，资料提供时间：2018 年 6 月 1 日。

乡居民收入逐年增加，人民生活水平明显提高，实现了从绝对贫困到生活富裕的历史性转变。林芝的地区生产总值从 1986 年的 0.66 亿元增长到 2017 年的 133.10 亿元，按可比价格计算，是 1986 年的 200 多倍（见图 1）。林芝居民的收入水平也迅速提高，2005 年，林芝农村居民人均可支配收入仅有 2723 元，城镇居民人均可支配收入为 7243 元。到 2017 年，林芝农村居民人均可支配收入已经达到 13407 元，城镇居民人均可支配收入达 26946 元（见图 2）。随着收入的增加，城乡居民的消费水平也有很大提高：食品消费种类越来越多，着装也更加鲜艳亮丽，温饱型的消费方式逐渐被现代消费方式所取代，消费需求正从生存资料消费向享受资料消费转变。

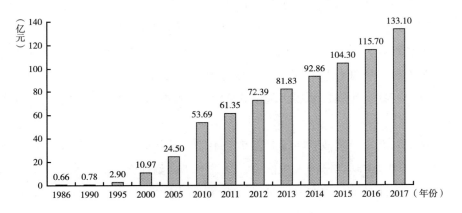

图 1　林芝市生产总值变动情况

资料来源：1986 ~ 2014 年《林芝统计年鉴》、2015 ~ 2017 年《林芝市国民经济和社会发展统计公报》。

二　重视保障：改善民生最基本的制度安排

（一）社会保障：改善民生的重要依托

社会保障作为国家在风险管理领域的基础性制度安排，与民生建设紧密相连。它是解决民生问题的最有效措施，关乎广大人民群众的根本利益。建

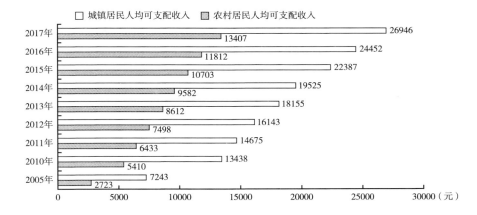

图 2　林芝城乡居民收入情况

资料来源：同图 1。

设完善的社会保障体系对于林芝的经济发展、社会稳定、民生改善具有至关重要的作用，已经成为彰显公平正义、体现互助救济原则、确保社会成员的基本生活和基本尊严、增进全民福祉的重要保证。当前，林芝的社会保障体系建设进入加快发展的新时期，具有林芝特点的覆盖全民、统筹城乡、责权清晰、保障适度的社会保障体系全面建立，社会保障覆盖范围不断扩大，保障水平不断提高，各项社会保险事业取得历史性成就，为保障和改善民生、维护社会稳定、促进社会和谐发挥了重要作用。

1. 覆盖城乡居民的养老保险和医疗保险制度不断完善

近年来，林芝按照"保障方式多层次、管理服务社会化"的要求，不断扩大城乡社会保障覆盖范围，建立健全政府主导、社会参与、运转协调、管理规范、网络健全，多层次、全方位、覆盖城乡的社会保障体系。认真落实城乡居民基本养老保险和新型农村社会养老保险、城镇居民基本医疗保险、失业保险、工伤保险和生育保险制度，加快实施"全民参保登记计划"，扩大各项保险覆盖范围和提高参保比率。在人口相对集中的乡镇建立基层社会保障服务平台，推进人力资源与社会保障信息网络建设。2018 年，城乡居民养老保险参保缴费人数达 79813 人，完成目标任务的 113.87%；

征缴基金 828 万元，完成目标任务的 102%；领取待遇人数达 13471 人，基本养老金支出 2805 万元①。

2. 社会福利事业加快推进

林芝按照《西藏自治区人民政府办公厅关于切实做好五保集中供养和孤儿集中收养有关工作的通知》，建立了由民政、财政、卫健、公安、审计等多部门参与的"双集中"工作协调机制，针对有意愿的五保老人以及孤儿采取"双集中"的供养模式，即五保老人在县级机构集中供养，孤儿在市级机构集中供养，最大限度地保障两大弱势群体的基本生活。全市配备具有事业编制的五保集中供养机构负责人和管理人员共 37 人，林芝市儿童福利院配备事业编制管理人员 21 人。林芝市五保集中供养机构均按供养人数 10∶1 的比例配备要求，配备护理人员 104 人。林芝市儿童福利院按收养人数 15∶1 的比例配备要求，聘请专业护理员 57 名②。"双集中"供养项目的实施，不仅改善了困难群体的生活条件，解决了弱势群体的生活保障问题，提高了民政公共服务管理水平和民生保障能力，也让全区五保老人和孤残儿童充分享受到了改革发展的成果，真切感受到了党和政府的温暖和关心，切实增进了民生福祉。

3. 社会救助制度不断完善，城乡低保"应保尽保""应救尽救"

按照"应保尽保、按标施保、动态管理、应退则退"的原则，确保将所有无法依靠产业扶持和就业帮助脱贫的家庭以及其他符合条件的困难群众纳入低保保障范围，充分发挥农村低保制度在兜底脱贫中的重要基础作用。目前，已将全市符合农村低保条件的 7107 人全部纳入农村低保范围，做到应保尽保③。在此基础上，不断提高低保标准。2018 年初，林芝市农村低保标准由每人每年 3311 元提高到 3840 元，补助方式由分类补助变为差额补

---

① 《林芝市社保中心 2018 年工作总结》，资料提供部门：林芝市人力资源与社会保障局，资料提供时间：2019 年 5 月 21 日。

② 《林芝市民政局 2017 年工作总结暨 2018 年工作安排》，资料提供部门：林芝市民政局，资料提供时间：2018 年 6 月 8 日。

③ 《林芝市脱贫攻坚"十三五"政策兜底规划》，资料提供部门：林芝市脱贫攻坚指挥部社会保障组，资料提供时间：2018 年 6 月 8 日。

助。2018 年 7 月 1 日起，农村低保标准由 3840 元提高到 4450 元，农村低保与扶贫开发政策标准达到了有效衔接。截至 2018 年底，林芝市共计发放农村低保资金 721.4 万元，累计救助 34325 人次①。根据《西藏自治区特困人员救助供养办法（试行）》的要求，从 2018 年 1 月 1 日起，农村分散特困人员救助供养标准提高到每人每年 5760 元，集中供养和城市分散供养标准提高到每人每年 11700 元。截至 2018 年底，林芝市共计发放特困人员供养金 767.9 万元，累计救助 11128 人次②。此外，救助范围进一步扩大。2016 年，林芝市制定出台《林芝市扩大救助范围的通知》，对救助范围、底线、形式进行细化，将"五保"、"三无"、低收入家庭、因病致贫家庭纳入救助范围，建立慈善救助机制。

（二）医疗卫生：改善民生的当务之急

作为民生问题焦点之一的医疗卫生问题一直受到广泛关注。国家的医疗保障制度是由政府主导建立的，通过个人、集体和国家多渠道筹集资金，解决民众最关心、最直接的医疗健康问题而建立起来的一项重要的公共制度，也是现代国家、政府的重要职责之一。医疗卫生事业是造福全民的事业，不仅事关人民的健康和生命安全，也关系着国家的经济发展和社会稳定，是改善民生的当务之急。近年来，林芝市委、市政府始终坚持以人为本，努力实现医疗卫生事业与经济社会的协调发展。

1. 全面深化医疗卫生体制改革，完善农牧区医疗制度

具体措施有：逐步提高补助标准和医疗保障水平，推动医疗、医药、医保联动协调发展；完善医保报销转移接续制度、分级诊疗制度、农牧民就医先诊治后结算制度、医疗卫生激励制度；加大对卫生事业的投入力度，进一步完善公共卫生、基本医疗服务体系和增加医技人员配备，提升医疗卫生服

---

① 《林芝市脱贫攻坚社会保障 2018 年工作总结暨 2019 年工作安排》，资料提供部门：林芝市脱贫攻坚指挥部社会保障组，资料提供时间：2019 年 5 月 21 日。

② 《林芝市脱贫攻坚社会保障 2018 年工作总结暨 2019 年工作安排》，资料提供部门：林芝市脱贫攻坚指挥部社会保障组，资料提供时间：2019 年 5 月 21 日。

务、突发公共卫生应急处置、远程医疗等能力和水平；加大投资完善县级卫生服务中心、藏医院和乡镇卫生院、村级卫生室建设，为全县广大群众提供安全、有效、方便、价廉的公共卫生和基本医疗服务。

2. 实施健康扶贫，加大医疗救助保障力度

目前，林芝已形成"城镇基本医疗保险、农牧区医疗制度＋大额医疗补充保险＋城乡医疗救助、重特大疾病医疗救助"的医疗救助模式，通过资助参保参合、普通医疗救助、重特大疾病医疗救助的方式，充分保障贫困家庭及时获得有效救助。为了确保健康扶贫工作取得实效，在严格实施《西藏自治区农牧区医疗管理办法》的同时，结合本地实际情况，林芝市每年设立 300 万元的健康扶贫政府兜底资金，用于各县区医疗健康扶贫对象在市级及市以外医疗机构就医产生费用的兜底；各县区也分别设立 100 万～200 万元的健康扶贫医疗救治政府兜底资金，用于各县区精准扶贫对象在市级及市以外医疗机构就医的兜底，确保健康扶贫对象医疗费用在超出农牧区医疗大病统筹、大病商业保险、民政救助金额后，剩余所有就医费用（含交通费、陪护补助费）全部得到政府兜底解决。截至 2018 年底，林芝市发放民政医疗救助资金 1225 万元，救助困难群众 2.23 万人次①。

3. 开展家庭医生签约服务

林芝因病致贫健康扶贫对象家庭医生签约覆盖率达 100%，服务率达 95.4%。截至 2018 年底，林芝市建档立卡贫困户签约率达 100%，其中米林县、墨脱县、朗县、察隅县等 4 个边境县建档立卡贫困户签约率达 100%，服务率达 92.9%；一般群众签约率达 66.1%，服务率达 62.5%。②

4. 医疗卫生援藏工作稳步推进，成效显著

援藏工作开展 20 多年来，广东、福建两省共实施了市、县、乡医疗卫生机构业务用房、设备配备、人才培养等项目 58 项（其中广东 35 项、福建

---

① 《林芝市脱贫攻坚社会保障 2018 年工作总结暨 2019 年工作安排》，资料提供部门：林芝市脱贫攻坚指挥部社会保障组，资料提供时间：2019 年 5 月 21 日。

② 《林芝市脱贫攻坚社会保障 2018 年工作总结暨 2019 年工作安排》，资料提供部门：林芝市脱贫攻坚指挥部社会保障组，资料提供时间：2019 年 5 月 21 日。

23 项），累计投入援藏资金达 11080.98 万元（其中广东 8952.4 万元、福建 2128.58 万元）。同时，通过人才援藏的方式，广东、福建两省共选派了 84 批次援藏医疗队，合计 826 人。这些医疗队在西藏工作期间，共举办培训班 900 多期，培训人数 4.5 万人次，开展各类手术 18000 多台，门诊接诊 18 万人次，现场调研指导 80 多次，义诊 300 次，服务人群 9 万人次，赠送药物价值 900 多万元，有力地推动了林芝卫生事业发展①。

（三）社会安定：改善民生的重要支柱

稳定是最根本的大局，平安是最基本的民生。林芝不仅是偏远民族地区，还是边境地区。因此，边境稳定和民族团结问题就显得尤为重要。

1. 夯实基层党建，凝聚政治向心力

林芝市委组织部以习近平新时代中国特色社会主义思想为指引，认真贯彻落实习近平总书记治边稳藏重要战略思想和给玉麦群众的回信精神，牢牢把握加快边疆发展，确保边疆稳定、边境安全这条主线，以实施"神圣国土守护者、幸福家园建设"战略为契机，大力开展基层党组织核心能力提升工程，以团结带领全体村民致富奔小康为目标，以边境地区繁荣稳定为宗旨，通过持续深化爱国主义教育和国防教育，全面推广边境一线流动型基层党组织抵边设置模式，不断壮大维稳戍边力量，建好建强边境红色堡垒，着力强化基层党组织和边境一线党员爱国守边主力军作用。

2. 推动边境小康村建设

米林县邦仲村积极探索创新实践"支部联党员，党员联群众，军民共建"的"双联共建"边境党建工作模式，围绕固边兴边战略，大力开展人居环境提升综合整治、小康村后续管理、美丽乡村建设等工作，按照人人参与、治理有效的新方法，全面推进乡村治理。在边境小康村建设实践过程中，邦仲村党组织明确了产业发展与村居发展建设高度融合的目标，着力

---

① 《林芝 20 年卫生援藏工作总结》，资料提供部门：林芝市卫计委，资料提供时间：2018 年 6 月 1 日。

以旅游、藏医药、高原现代农业、商贸物流四大产业体系为载体，以落户边境村的重大产业项目为龙头，通过产业发展不断带动村集体经济发展以及村民增收，使得边境村逐步迈入市场经济发展的轨道，提升了边境村自我造血、自我发展的能力，进一步保障了边境的和谐稳定。

三 促进发展：改善民生最重要的价值体现

（一）发展教育：提升民生的必然要求

我们党在不同历史时期都紧密结合当时的政治、经济、社会、文化发展实际，把教育作为民生的重要内容不断改善、持续推动。党的十八大以来，以习近平同志为核心的党中央高度重视教育事业发展，对发展中国特色社会主义教育提出了许多富有创见的新思想、新观点、新要求，特别是牢牢把握教育既是国计又是民生的属性，从大民生的视角深刻揭示了教育、民生与促进个人发展、社会进步、国家富强和民族复兴之间相互牵动、互为条件的辩证关系。"建设教育强国是中华民族伟大复兴的基础工程，必须把教育事业放在优先位置，加快教育现代化，办好人民满意的教育。"党的十九大报告中关于发展教育事业的表述高屋建瓴，充分体现了教育的战略地位和民生需要。林芝紧跟国家发展教育的思路，优先发展教育事业。教育事关人口素质和民族素质的提高，在林芝群众生计发展系统中，教育处在最基础的位置，扮演最核心的角色。目前林芝已经建立起涵盖学前教育、基础教育、职业教育、高等教育、特殊教育的完整的现代教育体系。

1. 学前教育普及工作取得明显成效

林芝城镇地区的 3～5 岁适龄儿童入园率连续三年达到 100%。其中，2016 年，适龄儿童（3～5 岁）2218 人[①]，在园人数 2218 人，3～5 岁儿童毛入园率达 100%；2017 年，适龄儿童（3～5 岁）2240 人，在园人数 2240 人，

---

① 注：适龄儿童人数和在园人数包含在外就读的儿童，不含外来借读生。

3～5岁儿童毛入园率达100%；2018年，适龄儿童（3～5岁）2262人，在园人数2262人，3～5岁儿童毛入园率达100%。林芝农牧区的适龄儿童入园率也都保持在80%以上。其中，2016年，适龄儿童（5～6岁）4282人，在园人数3468人，5～6岁儿童毛入园率达81%；2017年，适龄儿童（5～6岁）4324人，在园人数3545人，儿童毛入园率达82%；2018年，适龄儿童（5～6岁）人数4366人，在园人数3624人，儿童毛入园率达83%[①]。

2. 大力推进义务教育均衡发展

加强义务教育学校标准化和寄宿制学校建设，逐步改善贫困县、乡义务教育薄弱学校基本办学条件，保障移民搬迁学生和贫困家庭适龄儿童就学。2016年以来，林芝小学及初中入学率连续三年保持100%。截至2017年5月，林芝市共有义务教育阶段学校70所、班级728个、在校生25446人。义务教育阶段最大平均班额分别为小学44人、初中50人，无大班额（56人及以上）和超大班额（66人及以上）。义务教育阶段教职工2715人，其中，市直初中师生比1:11、县直初中师生比1:9.6、市直小学师生比1:12.5、县直小学师生比1:9.8、乡镇小学师生比1:8，基本满足正常教育教学工作需要。到2018年，林芝在全区率先完成县域义务教育均衡发展任务。此外，林芝加大"控辍保学"力度，切实履行各级政府主体责任，落实控辍工作责任制，提高入学率和巩固率，达到县域义务教育基本均衡、城乡和学校间差距明显缩小、办学条件和办学质量基本均等目标。预计到2020年，林芝市小学在校生达到17993人，适龄儿童入学率达到100%；初中在校生达到8997人，适龄少年入学率达到100%，巩固率达到100%[②]。

3. 加快普及高中阶段教育

实施普通高中改造计划，缩小校际差距。促进普通高中和中等职业教育协调发展，统筹做好中等职业学校和普通高中招生工作，优化高中阶段普职

---

① 《林芝市脱贫攻坚"十三五"政策兜底规划》，资料提供部门：林芝市脱贫攻坚指挥部社会保障组，资料提供时间：2018年6月8日。

② 《林芝市脱贫攻坚"十三五"政策兜底规划》，资料提供部门：林芝市脱贫攻坚指挥部社会保障组，资料提供时间：2018年6月8日。

比结构；加大高中办学标准化建设力度，深入推进新课程改革，不断提高办学水平和教育质量。2018 年，林芝高中阶段在校生人数达 7848 人（其中，高中在校生人数 4239 人、职业中专在校生人数 3609 人），毛入学率达 89%，巩固率达 100%。2020 年，全市普通高中在校生达到 4095 人，中等职业学校在校生达到 4092 人，高中阶段入学率达到 91%①。

4. 积极发展特殊教育

林芝采取多种形式发展残疾儿童学前教育，鼓励普通幼儿园接收残疾儿童，基本满足残疾儿童接受学前教育的需求。按照"一人一案"原则，采取随班就读、进特殊学校和送教上门等形式，确保三类残疾儿童少年平等享受义务教育的权利。到 2020 年，林芝实现每个学校有 1 个教室为残疾儿童少年进行特殊教育，残疾儿童少年入学率达到 35%。特殊教育的快速发展，最大限度地保障了特殊儿童学习文化和科学知识，培养了他们的生活信心、健康的自我意识、生活学习和劳动就业的能力。

5. 积极推进双语教学

林芝推进双语教学的具体措施主要有以下几个方面。一是坚定不移推行国家通用语言文字教育，全面开设国家通用语言文字课程，全面推广国家通用语言文字，确保少数民族学生基本掌握和使用国家通用语言文字。二是实现各学段双语教育有效衔接。重视幼小衔接，在学前教育阶段强化国家通用语言文字听、说能力训练，解决基本能听懂、会说问题。小学阶段强化汉语文、藏语文、数学教育，使学生基本能掌握运用国家通用语言文字，解决语言关问题。中学阶段加强国家通用语言文字、理科和实验教学，使学生毕业时能熟练掌握和使用国家通用语言文字，具备一定的应用能力、审美能力和探究能力。三是着力提高双语教育质量。开齐开足国家规定课程，明确分学段双语教育重点和教学质量要求，科学设置中小学课程，小学、初中汉语文周课时不少于 6 课时。通过开发、译制、引进以及资源共享等多种途径，建

---

① 《林芝市脱贫攻坚"十三五"政策兜底规划》，资料提供部门：林芝市脱贫攻坚指挥部社会保障组，资料提供时间：2018 年 6 月 8 日。

设满足双语教育需要的学科资源、专题资源和地方特色资源。完善双语教材审查标准，规范审查程序，提升双语教材的科学性、时代性、系统性。进一步提升双语教师培养质量，开展全员培训，提高教师双语能力、学科教学能力和信息技术应用能力。

6. 健全学生资助政策体系

当前，林芝已经实现了两个"十五年"全覆盖。一是学前至高中阶段教育（含中职教育）十五年免费教育政策全覆盖。二是将义务教育"三包"（即"包吃、包住、包基本学习费用"）及助学金政策扩大至学前至高中阶段教育所有农牧民子女和城镇困难家庭子女。另外，对西藏户籍计划内录入和就读的建档立卡贫困家庭子女和农村低保家庭子女在校本科生、专科生、研究生实施免费教育政策，免除其在校期间的学费、住宿费、书本费，并补助生活费。根据《西藏自治区学生资助政策》，林芝对建档立卡贫困户学生实施教育资助政策。其中，学前教育每生每学年 2600 元，义务教育阶段每生每学年 2800 元，普通高中教育阶段、中等职业教育阶段每生每学年 2800元。对考入区外重点高校的本科生一次性资助 6000 元（含报到交通费及短期生活费）；对考入区外一般高校的本、专科生一次性资助 5000 元（含报到交通费及短期生活费）；对考入区内高等院校的本、专科学生一次性资助 1500 元（含报到交通费及短期生活费）。同时，对被正式录取的全日制困难家庭子女硕博士研究生每生每年补助生活费 5000 元，直至此学段学习结束。对退役一年以上，考入全日制普通高等学校（包括全日制普通本科学校、全日制普通专科学校和全日制普通高等职业学校）的自主就业退役士兵每学年资助金额（补偿或代偿金额）不超过 6000 元。这些资助政策有效减轻了农牧民家庭经济负担，避免了贫困家庭因学致贫、因学返贫。

（二）生态文明：提升民生的环境保障

生态文明建设关系人民福祉。民生是一个内涵不断丰富和发展的概念，其内涵经历了从物质领域向精神领域、政治领域、文化领域、生态领域逐渐拓展的过程，具有多层次和发展性的特点。当前，生态环境的好坏直接影响着人们的生活质量，良好的生态环境已经成为人们对美好生活向往的一部分。"环境就是民生，青山就是美丽，蓝天也是幸福。"① 近年来，林芝市委、市政府坚定不移地走生态优先、绿色发展的道路，持之以恒抓紧抓好生态文明建设和生态环境保护，扎实开展污染防治、环评审批、环境监察、环境监测、环境综合整治等重点工作，环境保护以及生态文明建设取得显著成就。

1. 巩固国家生态安全屏障

林芝市通过实施生态保护红线划定、"绿盾2018"自然保护区专项行动、生态文明示范市创建、乡村生态振兴等活动，不断加强生态文明建设，国家生态安全屏障不断巩固。

2. 强化环境约束机制

林芝市严格落实建设项目环境保护"一票否决"制，对不符合国家产业政策的"三高一低"（高投入、高能耗、高污染、低效益）项目坚决不予审批，牢牢守住生态环境保护底线；同时，对重大民生项目、精准扶贫项目开通环评审批绿色通道，采取专人负责、"一站式"办理、项目函审等措施，大幅缩短审批时限，提升服务效率，服务民生发展，助推精准脱贫。

3. 强化大气污染防治

按照《中华人民共和国大气污染防治法》《大气污染防治行动计划》《林芝市大气污染防治行动计划重点工作部门分工方案》的要求，林芝市环保局持续巩固大气污染防治工作。全面开展城市道路硬化、绿化升级、裸土覆盖等市政工程，专项整治城市周边砂石土采挖，城市施工工地采取洒水、覆盖等降尘措施，城市扬尘治理初见成效。城区营业面积300平方米以上的大、中型餐饮服务经营场所安装高效油烟净化设施率达95%以上。林芝市环保局联合市政等部门，加强对露天烧烤的监管，严厉查处露天焚烧垃圾、

---

① 中共中央文献研究室：《习近平关于社会主义生态文明建设论述摘编》，中央文献出版社，2017，第8页。

塑料以及其他产生有毒有害烟尘和恶臭气体等违法行为。2018 年林芝未发生重污染天气现象。

4. 推进水污染防治

林芝市环保局开展饮用水水源地达标建设和水源环境保护规范化建设；开展地级城市集中式饮用水水源环境状况评估工作，主要调查水源地水质现状、环境保护现状，水源地环境问题整治情况、环境风险等内容，为制定林芝市集中式饮用水水源地环境管理政策与对策提供基础技术支撑；严格执行《西藏自治区饮用水水源地环境保护管理办法》，要求重点污染源企业采取严格的防护措施，严控城镇污染、工业污染、土壤污染等地下水污染源，隔断地下水污染途径；要求林芝市医疗废物处置中心、八一镇及县城生活垃圾填埋场和加油站定期开展地下水环境监测，实施综合防治，降低污染负荷，防范环境风险。同时，通过严格执行排污许可证制度，严格控制新增污染物排放量，开展城镇集中式饮用水技术评估和信息调查工作，进一步加强对城镇生活污水、医源性废水、养殖业废水的日常监管，确保其污水处理设备正常运行。

5. 实施土壤污染防治

按照《林芝市土壤污染防治行动计划工作方案》，林芝市环保局开展污染防治、土壤污染状况调查。积极申报林芝市土壤环境管理信息化建设工程项目（总投资 730 万元，西藏自治区财政厅已下达 560 万元）①，建设土壤环境信息化管理电子政务平台，及时调度、发布土壤环境质量数据，提升土壤环境监管水平。此外，林芝市制定了辖区土壤环境重点监管企业名单（《林芝市关于报送土壤环境重点监管企业名单的报告》），并向社会公开。强化畜禽养殖污染防治，严格规范兽药、饲料添加剂的生产和使用；严控重金属污染，严防矿产资源开发污染土壤；严厉打击非法排放有毒有害污染物、违法违规存放危险化学品、非法处置危险废物、不正常使用污染治理设施、监测数据弄虚作假等环境违法行为。

---

① 《林芝市环保局 2018 年工作总结暨 2019 年工作计划》，资料提供部门：林芝市环保局，资料提供时间：2019 年 5 月 21 日。

（三）文化民生：提升民生的重要内容

文化可以育民、惠民、富民、强民，因而它关乎政治、关乎经济，也关乎民生。文化民生事关人民群众的精神信仰、思想状态、文化权益和生活品质，是民生之魂。它指的是广大民众在文化层面、文化领域的生存、享受和发展，是在人民温饱问题基本解决之后的更高层次的精神文化需求。文化民生主要通过思想道德建设、精神文明创建、文化事业发展、公共文化服务体系建设和文化产业发展来实现。文化民生作为人民群众的"精神生存"基础，既包括人民群众的精神信仰和理想信念的塑造，也包括人民群众的基本文化权益的实现。文化民生建设，不仅可以丰富人民的精神文化生活，让人民群众共享文化繁荣发展的丰硕成果，还能够提升人民群众的思想道德素质和科学文化水平，提高人民群众的生活满意度。民族地区的文化民生建设可以增进文化认同、增强文化自信，进而为本地社会经济的稳定发展提供坚定的思想保证、强大的精神力量、丰润的道德滋养和良好的文化条件。

1. 注重舆论引导，切实凝心聚力

林芝市文化局始终坚持以人民为中心的工作导向，深入关注基层民生，多把镜头对准基层、多把版面留给群众，用基层的生动实践来展示社会进步，用群众的真切感受来说明深刻道理，在全心全意为人民服务中体现新闻工作价值。通过充分发挥广播电视正面宣传作用，多渠道挖掘林芝市学习宣传贯彻习近平新时代中国特色社会主义思想和党的十九大精神的典型人物和典型事迹。林芝市精心策划《砥砺奋进的五年·林芝故事》《我奋斗 我幸福》《学习贯彻十九大·谱写新时代华章》《共沐光辉·我眼中的共产党员》《满怀信心·我为林芝做贡献——用实际行动践行党的十九大》等系列报道，大力宣传林芝在中国共产党领导下发生的翻天覆地的变化和人民群众过上的幸福美好生活。

2. 推动文化产业建设，带动群众致富增收

当前，林芝构建了"一核、两带、五区、三工程与多点"的文化产业阶梯式发展空间格局，以充分发挥文化产业辐射带动作用。深入结合林芝市

脱贫攻坚工作，利用文化产业扶持资金，对部分民族手工艺品生产过程进行适当的现代工艺和技术革新，融入现代设计元素，加入现代设计理念、流行时尚元素，提高民族手工艺品的市场竞争力和附加值。此外，林芝市认真落实国家、自治区关于文化产业发展的一系列优惠政策，为文化企业发展营造良好环境。不断完善招商引资项目目录，联合各县区推出各类文化旅游产业招商引资项目40余个，总投资约13亿元。开展周边三县的非物质文化遗产普查工作，成功申报第五批自治区级非物质文化遗产代表性项目9项。同时，林芝积极推进市级非物质文化遗产传承人申报工作。截至2018年底，林芝各类文化市场经营主体达784余家，注册资金达7.16亿元，从业人数达4436人，分别同比增长48%、42%和36%。2018年1~9月，文化及相关产业实现增加值6.15亿元，同比增长36.2%，带动农牧民和困难群众就业980余人，增收1380万元①。

3. 公共服务体系建设扎实推进

林芝各边境县、乡（镇）、村结合小康示范村创建工作，进一步加大文化建设和文化服务工作投入力度，积极探索和创新边境地区困难群众公共文化建设途径和办法。2018年，组织举办舞蹈、声乐、美术、少儿藏汉书法、扎年琴、民间碧央等培训班6个，培训学员5000人次。深入基层开展讲座、展览等共计18场次，受益群众达8万人次；图书借阅流通23502人次，书刊文献外借9814册；举办公开课3期，累计受益群众达到150余人次。全面提升了免费开放公共文化设施服务水平，进一步丰富了群众文化生活。林芝市文化局实施"国家边疆万里数字文化长廊建设"项目，进一步推动乡（镇）、村两级基层服务点设施的提档升级。全市54个乡（镇）、498个村居委公共文化一体机等设施全部配套到位，安排文化站人员负责日常使用和管理，消除了公共文化服务盲点。为进一步推广群众文化广场活动，林芝市文化局为54个乡（镇）配套落实群众文化广场资金108万元，用于鼓励和

---

① 《林芝市文化局2018年脱贫攻坚工作总结》，资料提供部门：林芝市文化局，资料提供时间：2019年5月21日。

支持群众文化广场活动的开展。截至 2018 年底，林芝持续开展文化广场活动 1562 场次，累计参与人数达 23.7 万余人次。此外，林芝市文化局制定了《林芝市文化局在全市干部驻村工作中开展"送文艺"活动的实施方案》，各县区民间艺术团分批分时间段下乡开展"送文艺"活动，确保所有行政村县级以上艺术团体演出全覆盖，实现"一村一年一场戏"的目标。截至 2018 年底，林芝市共开展演出 310 场次，参与群众达 12.8 万人次①。

4. 加强文化惠民工作，积极构建现代公共文化服务体系

林芝市文化局大力推进文化基础设施建设，顺利完成全市 11.8 万户广播电视"村村通"工程项目；实现了"十三五"时期林芝市易地扶贫搬迁集中安置点 391 户广播电视信号覆盖的目标；完成了广播电视"村村通"维护设备 1069 套的发放工作及广播电视"寺寺通" 150 套直播卫星接收设备和 33 台 32 寸液晶电视机的发放工作；完成自治区 2012 年以后新通电寺庙"舍舍通"项目。2018 年，林芝市文化局累计向农牧区群众和广大僧尼发放安装广播电视直播卫星设备 2847 套和电视机 251 台，保障了林芝农牧区群众、僧尼收听收看广播电视节目，确保广播电视信号长期通、优质通；统筹全市 54 个乡镇电影放映队，在全市完成农村公益电影放映 4764 场，累计完成全年场次任务的 74%，观众达 27.11 万余人次，完成林芝市广播电视"村村通"便民服务中心组建工作，有效解决全市广大群众广播电视卫星接收设备维修维护难问题。截至 2018 年底，林芝市广播、电视人口覆盖率分别达到 98.20% 和 98.56%。此外，林芝市文化局还完成全市 489 个农家书屋、79 个寺庙书屋出版物更新配送工作，每个书屋发放价值 2000 元的补充书籍，并在巴宜区开设首家社区书屋②。

5. 歌颂幸福生活，塑造林芝良好形象

林芝市文化局成功打造了《林芝印象》舞台剧，成功举办林芝市藏历

---

① 《林芝市文化局 2018 年脱贫攻坚工作总结》，资料提供部门：林芝市文化局，资料提供时间：2019 年 5 月 21 日。

② 《林芝市文化局 2018 年脱贫攻坚工作总结》，资料提供部门：林芝市文化局，资料提供时间：2019 年 5 月 21 日。

土狗新年电视联欢晚会、第十六届桃花文化旅游节、藏博会林芝分会场暨2018 年西藏林芝雅鲁藏布生态文化旅游节系列活动、"阳光路上梦起航"、林芝市"四讲四爱"群众教育实践活动、《翻身农奴把歌唱·齐心协力奔小康》《巾帼心向党·建功新时代》等文艺演出活动，全面呈现林芝各族干部群众在党的十九大精神引领下，朝着实现"两个一百年"目标和中华民族伟大复兴的中国梦奋勇前进的新征程；生动描绘林芝经济发展、社会进步、局势稳定、民族团结、边防巩固、生态良好、人民安居乐业的新局面；积极传递繁荣林芝、和谐林芝、健康林芝、绿色林芝、美丽林芝的新声音。特别是林芝 2018 年藏历土狗新年电视联欢晚会《祥和林芝》，紧扣"全面展现党的十八大以来林芝各项建设取得的辉煌成就，各族儿女学习贯彻党的十九大精神欢乐喜庆过新年"的定位，以反映成就变化、讴歌火热生活、巡礼百姓生活、畅想美好未来等为内容，展现了林芝市巴宜区完成脱贫攻坚摘帽、巴松措获评 5A 级旅游风景区、党的十九大代表达波尔先进事迹以及习近平总书记在林芝市巴吉村视察等亮点。林芝进一步加大对文艺作品创作的帮扶力度，围绕改革开放 40 周年、新中国成立 70 周年、西藏民主改革60 周年、自治区成立 55 周年、全面建成小康社会、建党 100 周年六个重要时间节点，始终坚持以人民为中心的创作导向，突出崇尚文明新生活、幸福家园建设者、神圣国土守护者等主题，着力在爱党爱国、民族团结、和谐社会、脱贫攻坚等现实题材创作上下功夫，创作出《祥鼓迎春》《三口一杯》《孔雀饮水》《阿达情》《米纳羌姆》《多彩的林芝》《美丽的珞巴姑娘》《牧歌》《噶吉啦》《牧女欢歌》《祝福西藏》《林芝的春天》《太阳的宝座》《工布阿达》《朗玛堆谐》等一批传得开、受欢迎的歌舞节目，并搬上群众"大舞台"，展现出林芝各族群众日新月异的生活面貌和昂扬向上的精神风貌。

四　林芝民生事业发展中存在的问题和挑战

民生建设与老百姓的生活密切相关，它是人民群众最关心、最直接、最现实的利益问题。改革开放以来，林芝的民生建设取得了令人瞩目的成就，但同时也面临着诸多困难与挑战。

（一）历史欠账较多

林芝经济发展相较发达地区仍有很大差距，支撑经济发展的交通、水利、电力、环境等配套基础设施承载能力较弱，严重制约着经济社会发展。此外，在墨脱、察隅等生态环境恶劣、自然资源贫乏、地理位置偏远的地区，还存在较多的贫困人口。同时，由于自然环境恶劣、灾害频发，因灾致贫、因病致贫、因学致贫等现象时有发生。

（二）经济社会事业发展水平仍然较低

林芝经济发展起步晚、底子薄、积累少、实力弱的情况没有根本性改变；交通、水利等配套基础设施承载能力较弱；产业层次低、规模小、链条短，初级产品多、附加值低，还处于发展的起步阶段；城乡之间、区域之间发展仍然不平衡，偏远县乡经济社会发展滞后；反分裂斗争依然尖锐复杂，维护社会稳定的任务艰巨繁重。因此，必须坚持以人为本，进一步推进林芝的民生建设，夯实林芝安全屏障的群众基础。

（三）自我发展能力较弱

影响林芝自身发展能力的因素主要可以从自然、历史和林芝自身三个层面来进行剖析。从自然环境方面来看，林芝位于高寒缺氧地区，自然条件恶劣；地形复杂多样，高山纵横、冰川广布，交通条件比较落后。这在客观上不利于林芝人口的增长，阻碍了其对外开放的步伐。从历史上看，林芝是政教合一的农奴制社会，这种落后的社会形态不仅严重制约社会生产力的发展，也禁锢了人们的思想。此外，从林芝自身来看，人口密度过低、市场容量小，无法为经济发展提供充足的人力资本；教育的落后使得人才队伍建设薄弱与人才结构不合理现象长期存在。在部分贫困人群中，惜杀惜售的传统思想和小农意识十分浓厚，尤其是在边境地区和门巴族、珞巴族、僜人群众中这种现象尤为普遍，靠天吃饭的现状没有根本扭转。同时，在一些贫困地区，群众的文化与生产生活技能缺乏，自身发展能力欠缺，商品意识、竞争意识淡薄，部分群众仍然存在"等靠要"思想。

当前，同全国的其他地区相比，林芝的发展还处于较低水平。林芝的民生建设也将是一项长期的、艰巨的历史任务。未来要进一步加大力度支持林芝的交通、水利、教育、卫生、文化等基础设施建设，加快提升其自我发展能力，进一步推进基本公共服务均等化，不断提高人民生活水平，全面开启建设社会主义现代化林芝的新征程。

五　林芝民生事业发展过程中的重点及方向

只有切实保障人民群众最关心、最直接、最现实的居住、收入、就业、教育、文化、医疗卫生、社会保障方面的利益问题，增强各族群众的幸福感和获得感，边疆地区的稳定才具有持久动力，社会的长治久安和繁荣发展才具有深厚根基。未来，林芝的民生建设还需要进一步扎扎实实地贯彻落实好包括教育、医疗、就业、住房、基础设施建设、社会保障等在内的各项发展举措，继续重视主抓重点民生建设，进一步加强农牧地区的公共服务设施建设，优化农牧民的居住环境，不断完善社会保障体系，提高各民族群众的社会保障水平，采取一些特殊的优惠倾斜措施，优先发展民族地区的教育事业，推动更高质量的充分就业，提高各族人民的生活水平。在此基础上，未来林芝的民生建设必须充分考虑到民族地区的特殊情况，采取更具针对性的措施以有效推动林芝民生事业的进一步持续健康发展。

（一）继续推进兴边富民工程

边疆地区的发展事关少数民族地区的经济发展，事关国家的长治久安。20 世纪 90 年代末，国家民委发起的针对边疆贫困少数民族的兴边富民行动规模不断扩大。兴边富民行动是国家富边固防的重要战略要求，对于边疆稳定发展、居民生活水平提升具有重要意义，因此也被称为"民心工程""富民工程"。未来，在林芝的民生建设过程中，应该进一步深入推进兴边富民行动，加大对民族地区政策和资金的支持力度，实施基础设施建设、特色产业发展、少数民族特色村寨保护与发展项目。并且，应当结合当前"一带一路"建设契机，在推进兴边富民战略的过程中重点确立与"一带一路"倡议相互衔接的总体规划，构建与"一带一路"倡议相互推进的总体框架，确立与"一带一路"倡议相互增进的总体关系，以更好地发挥兴边富民政策使沿边地区发生根本改变的助推器的作用，进一步促进民族地区的社会经济发展。

（二）重视农牧区文化民生建设

未来，在新一轮大规模援藏建设的背景下，由物质短缺所引起的社会矛盾将相对减少，而由文化匮乏所引起的社会矛盾将相对增加。区域文化上的差距进一步增大会增加现代和传统之间在文化上的对抗性，尤其是在林芝这种宗教信仰氛围浓厚的少数民族地区，其文化异质性的矛盾可能会进一步增大。而文化民生作为我国新时期发展社会主义先进文化和公民教育的支撑和载体，不仅可以满足少数民族群众日益增长的精神文化生活需求、实现民族地区经济社会协调发展，还能够为抵制宗教极端思想渗透、培育现代文化、维护国家安全和民族团结提供有力保障。因此，要进一步提高林芝农牧区教育和公共文化服务质量。同时，要做好林芝的民生建设，必须关注宗教这件大事，注重林芝宗教文化的独特性，积极引导林芝宗教与社会主义相适应，为林芝的繁荣稳定贡献力量。

（三）进一步加大对口支援力度

党的十九大提出了"中国特色社会主义进入新时代，我国社会主要矛盾已经转化为人民日益增长的美好生活需要和不平衡不充分的发展之间的矛盾"的科学判断，并首次正式提出了"实施区域协调发展战略"。对口支援是区域治理和区域协调发展战略的重要工具，新时代对口支援的实施可以进一步缩小地区发展差距、促进区域协调发展和各民族共同繁荣。当前，林芝民生建设所取得的辉煌成就与中央政府加大对西藏的财政转移力度以及内地省份的援藏支持是密不可分的。林芝自身发展能力不足，这从客观上要求中央政府提供政策、人才、资金的大力支持。因此，未来林芝的民生建设需要在增强其自身发展能力的同时进一步加大中央政府财政转移支付力度和地方的援藏力度。其中，中央西藏工作座谈会是助推林芝经济社会发展、提升林芝自身发展能力的必要手段，也是最好方式。毋庸置疑，援藏项目的实施为林芝经济发展提供了强大的动力，带动了林芝文化、教育事业的发展和民众素质的提升，对于维护民族团结和国家统一具有重要意义。

（四）从根本上提升自我发展能力

有学者提出，强有力的援助政策的确在一定程度上提高了西藏的经济发展水平，但西藏的自我发展能力相对较弱，无法将援藏政策这个外在驱动力转化为发展的内生动力，"西藏已经形成援助依赖"[1]。这种"输血式"援助方式不仅不能实现西藏的永续发展，还有可能产生"援助黑洞"。因此，在未来的发展过程中，必须将"输血式"援助转化为"造血式"援助，增强林芝自我发展的能力。自我发展能力的提升是推进林芝实现高质量跨越式发展和长治久安的关键所在。具体来说，林芝可以结合其拥有的特色旅游资源，进一步发展特色旅游产业，带动当地的经济发展，进而增加就业机会，提高当地群众的收入水平，以实现社会经济的长久持续发展。

---

① 靳薇：《西藏的受援与可持续发展》，《西北民族研究》2016年第2期，第7页。

第七章　高质量跨越式发展的智力支持：林芝市教育发展的成就、问题和建议

尹秋玲[*]

百年大计，教育为本。教育发展直接影响着一个国家或地区的经济发展。教育持续稳定发展是解决林芝市及其边境县各项问题的重要基础。高质量的教育发展不仅能够通过提升农牧民的人力资本推动林芝市经济的持续繁荣，还能够阻断贫困的代际传递，实现农牧民家庭的整体发展。可以说，教育事业的蓬勃发展为林芝开启高质量跨越式发展提供智力支持，为全面建设社会主义现代化新林芝贡献重要力量。

---

* 尹秋玲，南京农业大学讲师。

一 林芝市教育发展现状及取得的成效

西藏和平解放以来，特别是党的十八大以来，在党中央的亲切关怀下，在西藏自治区及对口援藏省市的大力支持下，在全市教育工作者的共同努力下，林芝市教育事业取得了长足进步。林芝市为促进教育公平、提高教育质量，不断加大投入力度，着力改善办学条件，加快标准化学校建设步伐，紧紧抓住"全国全面改善贫困地区义务教育薄弱学校基本办学条件"项目、"学前教育三年行动计划"等建设机遇，全市教育工作迈上了新台阶。目前，林芝市各级各类教育持续快速发展，教育师资建设初具成效，城乡义务教育基本实现均衡，民族教育发展态势良好，教育援藏成效显著，教育质量稳步提升，推动教育高质量向前发展。

（一）各级各类教育持续发展

截至 2020 年 8 月，林芝市有各级各类学校 266 所、在职专任教师 3985 人、在校生 44702 人，全市学前教育、小学、初中、高中阶段毛入学率分别达 89.83%、99.97%、104.15%、93.45%，义务教育巩固率为 96.92%。建成了涵盖学前教育、义务教育、高中教育、中等职业教育和特殊教育的教育体系[①]。

林芝市共有 4 个边境县 17 个边境乡镇 141 个边境小康村，建有各类学校 93 所，4 个边境县均建有初级中学，14 个边境乡镇均建有乡镇中心小学（其中上察隅镇有 1 所村级不完全小学）。

1.普惠性双语学前教育不断普及

从 2017 年秋季起，林芝市在农牧区推进学前双语三年教育，加快实现学前双语三年教育全覆盖；合理布局城乡幼儿园，扩大供给学前双语教育资

---

① 资料来源：《林芝市教育发展综合情况》，资料提供部门：林芝市教育局，资料提供时间：2020 年 8 月 11 日。下文中凡是没有特别注明资料来源的数据资料，均来自该资料。

源，完善以公办园为主体、覆盖城乡的普惠性学前双语教育服务体系。2013～2018 年，中央财政投入林芝市学前教育项目的建设资金共计 42862 万元，其中农牧区学前教育投入资金 30737 万元①。2020 年已经建成投入使用幼儿园 192 所，学前三年双语幼儿园毛入园率达到 89.83%，行政村（居）幼儿园覆盖达到 91.4%。目前，全市四个边境县在园幼儿总数达到 3650 人，幼儿园从教人员有 273 人，在园学生与从教人员比例为 14∶1。学前教育教师来源主要有毕业生分配和小学教师转岗两种方式，其中幼教专业教师 193 人。为了提高学前教育教师的专业水平，2016 年以来，林芝市共选派 545 人次学前教育教师参加"国培计划"、园长培训、保教技能培训等。林芝市在学前教育阶段实行双语教育，强化国家通用语言文字听说能力训练，使学前幼儿基本能听懂会说藏汉双语，解决幼儿语言障碍问题②。

2. 义务教育普及程度不断提高

近年来，林芝市大力建设边境乡镇中心校，学校布局更加科学合理。同时，通过开展"全国全面改善贫困地区义务教育薄弱学校基本办学条件"工作，全市农牧区学校的办学条件大幅改善，义务教育普及度不断提高。

以林芝市 2018～2019 年初基础教育基本情况统计表为据，从幼儿园到高中总共有学校 210 所，学生 42362 人（包括送教上门和随班就读人员）。其中，幼儿园 137 所，在校学生 9193 人；小学 61 所，在校学生 18882 人；初中 9 所，在校学生 7570 人；高中 3 所，包括 1 所职业高中，在校学生 6508 人。因残疾原因无法进入正常小学而享有送教上门和随班就读学生为 209 人。各个阶段的入学率情况分别为：学前三年毛入学率为 85.26%；小学净入学率为 99.96%，小学毛入学率为 114.13%；初中净入学率为 75.55%，初中毛入学率为 106.08%；高中阶段毛入学率为 90.06%。义务教育巩固率为 96.12%。义务教育适龄儿童为 23681 人，辍学儿童为 275 人，辍学率为 1.16%，辍学原因主要是身体残疾。从以上数据可以得知，

---

① 林芝市教体局实施《林芝市"十三五"时期国民经济和社会发展规划纲要》情况中期评估报告。
② 《林芝市教育发展情况》，资料提供部门：林芝市教育局，资料提供时间：2019 年 5 月 30 日。

林芝市义务教育普及程度较高，学龄阶段的儿童大部分实现了就学①。

3. 高中和职业教育稳步发展

高中教育的稳步发展表现为高考录取率的不断上升。2015 年，市一中高考录取率为 91.3%，市二中高考录取率为 64.3%。市一中 3 名学生分别被北大、清华、复旦录取，创造历年高考最好成绩。高中阶段有普通高中 2 所、中等职业技术学校 1 所，有在校生 6096 人（其中中职在校生 1239 人、普通高中在校生 4857 人），高中阶段毛入学率达 85%。职业教育的发展表现为职业学校的建设和职教体系的建立。林芝市启动了"国家中等职业教育改革发展示范学校"创建工作。2015 年 11 月，林芝市职校"国家中等职业教育改革发展示范学校"创建工作顺利通过省级验收。按照教育部召开的对口支援西藏和四个涉藏工作重点省中职教育工作部署会、西藏和四个涉藏工作重点省中职教育推进会精神，有序推进广东外贸职教集团和福建泉州信息学院对口援建市职业技术学校工作。与广东外贸职教集团和福建泉州信息学院的结对工作也取得了实质性进展，2015 年 1 月分别与两所学校签订了三年协议。②

（二）师资建设初具成效

1. 教师年龄结构年轻化，学历水平较高

截至 2019 年 3 月底，林芝市一共有 3973 名教师，其中，学前教育 598 人、小学 2014 人、初中 836 人、高中 381 人、中职 144 人。性别结构上，以女教师为主。其中，男老师 1513 人，女老师 2460 人。民族结构上，形成了以藏族和汉族老师为主，多民族共存的局面。其中，汉族老师 1483 人，藏族老师 2201 人，门巴族、珞巴族、僜人和其他民族老师共 289 人。教师的年龄结构呈年轻化。小于 35 岁的老师有 2589 人，占总教师数的 65%；

---

① 《西藏自治区 2018/2019 学年初基础教育基本情况统计表》，资料提供部门：林芝市教育局，资料提供时间：2019 年 5 月 30 日。

② 《林芝市教育事业发展"十三五"规划》，资料提供部门：林芝市教育局，资料提供时间：2019 年 5 月 30 日。

35~45岁的老师有1135人，占总教师数的29%；45~55岁的老师有244人，占总教师数的6%；大于55岁的有5人。从教师的职称结构来看，正高级教师有1名；高级教师有344人，占比为9%；一级教师有1222，占比为31%；二级教师有1075人，占比为27%；三级教师155人，占比为4%；剩下的还有未评职称和其他1176人，占比为30%。从教师学历结构来看，研究生有48人，本科有2655人，二者占总教师人数的68%；大专有1230人，占总教师人数31%。中专26人、高中4人、初中及以下10人，这部分主要是年龄较大的民办教师。林芝市教师中高级职称占58%，本科及以上学历证书持有者也占68%，整体素质水平较高①。

2. 人才引进计划和援藏计划进展顺利

林芝市人才引进计划是指从内地各个省份的应届师范类大学毕业生中招聘一批综合素质比较高的老师。为了吸引人才，林芝市政府对引进的人才给予各种优惠条件，包括给予每位引进人才5000元的安家费；对表现优异的人才，试用一年后给编制。2018年，林芝市人才引进计划共招聘了76名老师。除了人才引进外，对口援藏工作队每年会通过对口单位实习和人才交流计划为林芝补充一批老师。例如，2019年，广东援藏工作队通过"请进来""送出去"，共招募大学生志愿者及退休教师4批次52人赴米林县中小学支教，极大地缓解了各学校部分学科专业教师紧缺的问题②。

3. 教师待遇水平较高，激励措施多元

（1）教师工资水平较高

从社会声望和社会评价的角度来看，教师待遇的社会参照体系往往是公务员，国家也提出"争取不少于地方公务员的工资"。按照这个标准，在同样工作年龄的条件下，"西藏老师的工资水平整体稍微高于当地的公务员，原因在于教师有职称工资，一个刚毕业的大学生在教师实习期的工资有6000元，转正后的工资为7000多元。从初级升为中级往往需要3~5年时

---

① 《林芝市在职教职工结构分析表》，资料提供部门：林芝市教育局，资料提供时间：2019年5月30日。

② 《米林县援藏工作总结》，资料提供部门：米林县教育局，资料提供时间：2019年5月23日。

间，拥有中级职称的教师待遇往往同比公务员副处级待遇，但因为有工龄，故而工资高于公务员。一个工龄 15 年、拥有中级职称教师的工资待遇为 8000 多元，拥有高级职称的老师工资一般在 1 万多元"[1]。教师作为一份职业，在当地评价体系中处于中上层，教师不仅拥有较高的社会声望，还有一定经济地位，社会生活比较体面。

（2）激励措施多元、有效

教师积极性充分影响教育质量，因此，要制定有效、合理的激励办法调动教师教学和教研积极性。激励办法可以分为物质激励和非物质激励、正式激励和非正式激励。针对精英教师，林芝市以奖励机制来调动老师积极性，包括五个方面。第一，师德师风模范奖，每年按照教职工总数的 10% 评选师德师风模范，每人奖励 1000 元。第二，获国家、自治区级荣誉称号或者先进事迹报道，分别一次性奖励 2000 元、1000 元。第三，优秀乡村教师奖，包括幼儿园教师在内，每人一次性奖励 1000 元。第四，科研进步奖，根据所发表项目成果的等级给予不同程度的奖励，国家级一等奖、二等奖、三等奖奖金分别为 2000 元、1500 元、1000 元，而自治区级的奖金相应为 900 元、800 元、700 元，市级的奖金相应为 600 元、500 元、400 元；在核心期刊上发表学术论文，每篇奖励 2000 元；在省级及以上正式出版社出版教育类专著，每部专著一次性奖励 5000 元。第五，竞技能手奖，对参加教育行政单位举办的促进教育事业发展专业竞赛并获奖的个人或者团体，参照科研项目的标准进行奖励[2]。从市一级的文件中可以看出，在对教师个体奖励取向上有三个方面的特点：第一，注重综合素质，尤其是师德师风和对边疆教育的奉献；第二，强调教师的科研水平；第三，物质和荣誉相结合，以正向激励为主，通过树立典型来起带动作用。

针对大多数老师，各个学校则通过盘活既有资源，建构校内教师之间的竞争激励机制。市一级以学校为单位，对办学业绩（包括考核评比、质量

---

[1] 来自对 LL 和 YL 的访谈，访谈时间为 2019 年 5 月 22 日，访谈地点为林芝市教育局。

[2] 《林芝市促进教育事业发展激励办法》，资料提供部门：林芝市教育局，资料提供时间：2019 年 5 月 30 日。

检测、升学考试）好的学校进行一定的物质奖励，这批物质奖励在学校的分配中具有一定的灵活性，一般情况下校长会将其作为一种资源来激励教师抓教学。以西藏内地班的考试为例，林芝市会按照每上线一个人奖励4000～5000元的标准奖励给学校，"我们学校基本的方式是给教师奖励3000元，学生奖励500元，然后学校统筹500元作为科研经费"①。学校以上级给予的奖励资源为物质基础，制定学校内部的竞争机制，提高教师教学的积极性。

（三）城乡义务教育基本实现均衡

1. 城乡学校布局集中，生源相对稳定

林芝市地广人稀，这种自然和人口条件反映在学校布局上就是基本上只有市里才有高中。林芝市所辖的每个县基本上有一所初中，每个乡镇基本上有一所小学，有些村有自己的幼儿园，有些是几个村合在一起有幼儿园，大多数乡镇的小学每个年级只有一个教学班。一般而言，学生在自己村或临近村上幼儿园，在镇里上小学，在县里上初中，在市里上高中。县及县以下单位的地域范围内学校数量少，基本上各个学段只有一所学校，各个年级的学班数量也不多，再加上地理距离的原因，各县各乡的生源比较稳定。林芝市区的学校数量较多，各个学校之间存在一定的竞争。

2. 城乡各校硬件水平均比较高

基于林芝地域面积较大、市内学生居住分散、交通不便的状况，除了林芝市内的部分学校因学生离家近可实行走读制外，林芝市下辖各县的小学、初中基本上都是寄宿制，学生从7岁开始寄宿，大部分时间都在学校度过。显然，集中办学和寄宿制主要是为了提升农村教育资源的使用效率。据调研，在国家、西藏自治区大力支持下，在对口援藏省市（单位）扶持下，目前林芝市城乡各校的硬件水平大幅提高，各级各类学校基本按照现代化的标准建设，学校基本有现代化的食堂、橡胶操场、洁净厕所和设备齐全的教

---

① 来自对YXZ的访谈，访谈时间为2019年5月28日上午，地点为朗县中学。

学楼、宿舍，城乡各校的硬件水平整体较高。

3. 大部分学生能够实现就近入学

从学生和学校的分布情况来看，2018 年林芝市巴宜区和市直学校共有 39 所，从幼儿园到初中，在林芝市城区接受教育的学生总共有 11425 人，占林芝市所有在校生的 31%，其他近 70% 的学生均在自己所在的县城接受教育。大部分人在所属县域接受义务教育，形成了以县为主、以市区为辅的义务教育接受模式。通过这项指标，我们可以推断，除了少部分经济条件好、重教程度高的家庭将小孩从小送到市区上学外，基础义务教育阶段农牧民子女实现了就近入学。另外，在国家大力推进"全面改薄"和义务教育均衡发展背景下，大部分学生在市区和县城能够享受同等的物质条件。从就近入学和享受的基本教育条件来看，城乡基础教育均衡度较高。自 2013 年 3 月林芝市推进义务教育均衡发展工作全面启动以来，林芝市巴宜区、米林县、工布江达县和波密县、察隅县、朗县先后通过了国家、自治区义务教育均衡评估验收，其中巴宜区每年均以小组第一的成绩，通过了县域义务教育均衡验收和中小学校素质教育自治区级评估验收①。

（四）民族教育发展态势良好

1. 民族团结教育深入开展

林芝市在学校广泛开展民族团结教育和社会主义核心价值观教育，努力培养爱党爱国的社会主义事业建设者和接班人。第一，把民族团结和社会主义核心价值观教育纳入中小学思想品德课程体系和课程教学，并安排课程时间予以保证。第二，建立具有民族团结教育意识和知识储备的教师队伍，制定从事德育教师培训计划，采取岗前培训、教学研究、集体备课、集体教研、学术研究、调查研究等方式，引导学校校长、政教主任、团队工作者和思想品德教师及相关学科教师，将民族团结和社会主义核心价值观教育自觉

---

① 《林芝市教育发展情况》，资料提供部门：林芝市教育局，资料提供时间：2019 年 5 月 30 日。

渗透学校教育教学活动各个环节，更好发挥教师在民族团结等德育工作中的主导作用。第三，开展民族团结和社会主义核心价值观教育活动。充分运用宣讲、重要节日开展主题教育活动、唱红歌等多种形式、途径和方法开展民族团结和社会主义核心价值观教育。组织教育系统宣讲团，深入各级各类学校宣讲。聘请民族团结进步先进模范人物担任民族团结教育工作顾问和校外辅导员等，不断巩固民族团结教育成果。充分利用"3·28百万农奴解放纪念日"、清明节、"7·1建党节"等时间节点，开展民族团结和社会主义核心价值观主题教育。积极组织开展"童心向党"歌咏活动，组织学生广泛传唱歌颂党、歌颂伟大祖国、歌颂中国特色社会主义、歌颂民族团结的优秀歌曲，唱响"共产党好、社会主义好、改革开放好、人民军队好、各族群众好、伟大祖国好"主旋律①。

2. 民族遗产继承：以派镇小学的鹰舞为例

伴随经济的发展及人口流动的加速，汉族同胞和藏族同胞进行了密切的交往，很多现代文化比如街舞等在青少年群体中越来越受欢迎，传统民族文化如鹰舞面临即将失传的风险。米林县派镇小学顿且校长故而决定就地取材在学校里普及鹰舞，一方面希望通过教会学生跳鹰舞，达到民族文化传承的目的，另一方面希望在此过程中，增强学生文化意识，拓展其文化素养，达到较好的文化教育的效果。在顿且校长的努力下，米林县派镇小学的鹰舞成功地成为米林的非物质文化遗产，在林芝市和西藏自治区都享有盛名。

我认为民族文化的传承得从娃娃抓起，鹰舞作为地方特色文化应该保存。我先自己去搞清楚了鹰舞的来龙去脉，找到了会跳鹰舞的传统文化传人，是一个老爷爷，然后让他来教学生跳鹰舞。我们利用课间操时间和学生兴趣小组课外活动时间教，先培养一批感兴趣的、比较擅长的学生，组建了校鹰舞队。教育局也比较支持，市教育局专门找人给我们

---

① 《林芝市教育发展情况》，资料提供部门：林芝市教育局，资料提供时间：2019年5月30日。

编了曲。为了鼓励学生的积极性，我便自己做主给他们买了鹰舞服装，花了 14 万元，我没有钱就去找政府，政府是我们的父母官啊，为了教育，也是应该的，本来教育局批准了这 14 万元，后来因为各种问题一直批不下来，我欠了服装厂老板 13 万多元后，都不好意思见他，躲着他。我想着这也不是个事，我就趁着我们这里办桃花旅游节，便拼命地训练学生，让学生拼命跳，跟学生说如果我们不能好好跳，以后可能再也没有钱买服装跳鹰舞了。趁着本地办的桃花旅游节，我们就上去表演，桃花节上观众众多，我们的节目推动了整个桃花节的高潮，游客和民众反响甚好，表演结束后，县长站起来给我们鼓掌，我瞅着这个机会，便跟县长说这是我们的学生，服装还需要您签字，这才把服装厂老板的欠款还清。

后来，我们的名声大了，西藏电视台也来采访了我们。我们要是愿意，也可以去拉萨表演，表演机会增多了。我们学校通过课间操也普及了鹰舞，现在鹰舞也是米林县的非物质文化遗产了。家长们对学生跳鹰舞也比较支持，我自己也很满足。①

在各方努力下，鹰舞从即将失传逐渐转为繁荣和复兴，市教育局也大力宣扬，让各县区的学校学习。通过学校教育来发扬民族文化传统，不仅具有充分的文化意义，也有丰富的教育意义。以鹰舞为例，传承民间文化或者民族特色文化需要以下几点条件。

第一，优秀传统文化只有与现实的经济、文化、社会交往生活相结合，才能获得发展的长久动力。以鹰舞为例，民众的喜爱为其奠定了良好的基础，但是从当地特色文化活动升级为县级非物质文化遗产，并获得市一级的推广，最为关键的便是顿旦校长将其与当地的旅游发展相结合，契机便是顿旦校长带领学生在一年一度颇有盛名的桃花节上表演，获得了民众的支持和好评，真正地发挥了鹰舞在实际生活中丰富人们生活、促进经济社会发展的

---

① 来自对顿旦校长的访谈，访谈时间为 2019 年 5 月 25 日上午，地点为派镇小学。

功能，为长期推广和发展找到了动力和机会。故而，优秀传统文化的意义不能仅仅停留在保存层面，为了获得长久的发展，应该继续发挥优秀传统文化在丰富民众生活、构建社会交往平台、促进经济繁荣等方面的功能，只有这样优秀传统文化才会获得自身的生存空间和发展动力。

第二，必要的组织和物质资源是优秀传统文化继续繁荣的保障。繁荣和复兴优秀传统文化需要必要的人力和物力，在鹰舞繁荣过程中，顿旦校长个人的觉悟和努力、学生们的配合、文化传人的奉献以及政府的支持都是必不可少的条件，特别是 14 万元服装费的"策略追要"，充分显示了地方政府和教育部门的重视和支持对于推广和发扬优秀传统文化的重要性。因此，各地政府和教育部门，应该大力支持有潜力的优秀传统文化传承项目。

第三，文化与教育相结合，民族地区的文化教育和传承要从娃娃抓起。学生接受民族文化教育和传承的优势在于学习时间多、负担少，相对而言也比较容易教学。并且学校作为初级社会化的主要场所，方便传输民族文化和社会知识。通过学校传播民族文化和实践民族教育，不仅能够实现传统民族文化的保存，更重要的是可以在其过程中让学生了解民族历史，让祖国的各民族文化共同进步、共同发展，实现费孝通先生所说的"各美其美，美人之美，美美与共，天下大同"。

第四，双语教育发展稳定。双语教育对于促进民族团结、保存民族文化意义重大。课堂上的双语教学需要具备双语教学能力的教师和相关配套的素材。林芝市各级各类学校除藏语文学科外，其他各学科均用汉语授课，专有名词、术语等采用民族语言辅助教学，小学生基本上能够以汉语正常交流。全市中小学双语教育普及率达 100%。全市具备双语教育能力的教师有 1902 人，占比为 52.8%；双语教师中藏族教师占 98%，其他民族教师占 2%。教材方面，学前阶段各学校统一使用自治区编订的面向农牧区学校的双语教材；义务教育阶段，语文教材分为语文（统编版）和汉语文（区编版），少数民族学生要同时学习藏语文和汉语文；高中阶段，综合班所有科目使用人教版统编教材，藏文班汉语文使用区编版教材，其他科目使用统编教材，另增设一门藏语文课程。近年来，林芝市大力推进双语教师培养培训，确保各学段师资及时到位，大力开展双语教研教改，不断提高双语教学水平①。

（五）教育援藏成效显现

教育援藏是以习近平同志为核心的党中央立足当前、着手长远做出的一项重大战略决策部署。教育援藏的核心是把先进的教育理念带进西藏，把科学的教育方式留在西藏。自 1994 年西藏工作座谈会确定对口援藏政策以来，广东省委、省政府从党和国家大局出发，始终以高度的政治自觉和政治担当，把林芝纳入全省经济社会发展总体规划，不断加大援助力度、开辟援藏领域、丰富援藏内容、落实援藏项目、投入援藏资金，为林芝的发展注入了强劲的动力。目前派出的援藏队伍已经是第八批，广东省作为沿海经济发达地区，通过各项教育措施和手段推动了西藏教育的发展。

1. 教育财政投入

（1）政府财政

广东省累计投入教育援藏资金和物资达 2 亿多元，建成了林芝广东实验学校和市一中、市一小、市二小、市三幼教学楼等一大批项目，给予林芝教育事业巨大帮扶，为林芝教育跨越式发展做出了重要贡献。2017 ~ 2020 年，援藏规划资金投入教育领域 5650 万元，占援藏资金的 3.78%；2017 年，援藏教育资金投入 1650 万元，占援藏资金的 3.83%。以米林县为例，广东省"十三五"时期对口支援西藏林芝米林县的总投资为 1050 万元，具体项目包括 7 个乡镇幼儿园食堂、教师周转房、室外活动场所及配套附属设施。目前，大部分项目已经竣工，并且发挥了较好的效益②。这些财政支持极大地缓解了林芝市学校基础设施建设的资金困难，并改善了林芝市整体教育条件。

（2）民间慈善

教育援藏的另外一个重要部分便是慈善、捐赠脱贫，主要援助对象是有

---

① 林芝市教体局实施《林芝市"十三五"时期国民经济和社会发展规划纲要》情况中期评估报告。

② 《米林县援藏工作总结》，资料提供部门：米林县教育局，资料提供时间：2019 年 5 月 23 日。

特殊求学困难的学生。其内容包括增加林芝市学生到东中部发达省份的学习机会，并给予一定经费支持；募集善款，用于资助林芝市贫困家庭子女上学；还包括捐赠物资给学校学生，比如图书、校服，从而帮助林芝市偏远地区的学生改善学习条件和生活条件。

例如，2017年9月，惠州援藏鹅翔教育基金成立，每年预算投入资金43.49万元。2018年鹅翔教育基金对郎县籍新考入的大学生、西藏班新生、教育教学质量优秀的学校和个人进行奖励，慰问帮扶了困难教师和困难学生。[1]

2018年米林县"选派5名优秀小升初应届毕业生赴珠海随班就读，争取珠海市政府每年给予每人1.6万元的经费支持；争取到社会各界捐款37.15万元，用于资助贫困家庭子女上学；争取到珠海市华发集团捐赠学生服1900套；联系广东天行健慈善基金会携中山眼科两次赴米林为师生免费验光配镜700余副；争取到国家图书馆为米林县中小学及幼儿园捐助图书15000册，热心承担了两名西藏孤儿的帮扶任务；争取到港澳爱心企业家捐赠御寒衣物400件资助卧龙镇小学全体学生等。"[2]

2. 教育经验传授

广东的援藏经验主要以教师为切入点，通过选派教师参与当地的教学管理和教学行为决策来传播现代教育经验。

（1）人才队伍输入：组团式教育人才援藏

教育人才援藏主要是指从对口援藏的沿海发达省份选拔一批优秀的教师和管理人员到西藏帮扶教育发展。2019年，对口援藏的教育部直属高校附属学校和广东省教育厅共选派81人到林芝市参加组团式教育人才援藏工作，其中专任教师70名，管理人员11名[3]。另外，广东的一些地方学院与林芝

---

[1] 《惠州市对口西藏林芝市朗县教育援藏工作总结》，资料提供部门：朗县教育局，资料提供时间：2019年5月26日。

[2] 《米林县援藏工作总结》，资料提供部门：米林县教育局，资料提供时间：2019年5月23日。

[3] 《林芝组团援藏工作自查评估报告》，资料提供部门：林芝市教育局，资料提供时间：2019年5月30日。

市学校建立了稳定的实习制度，每年会派遣实习生到学校任教。这种稳定的人才输送机制是教育援藏的重要条件。

（2）人才交流机制：结对帮扶

为了传播发达地区先进的教育经验，教育援藏建立了频繁、多元的教育人才交流机制。第一，广东教育人才在林芝市通过承担教育管理岗位、教学岗位来传授先进地区的经验。第二，在广东省、林芝市的教师与教师、校与校之间建立了结对帮扶机制，即林芝市的老师定期到广东省的学校学习、培训和交流。

例如，协调珠海市九州中学、唐国安纪念学校分别与米林县中学、米林县中心小学结对帮扶。协调安排米林县优秀教师教育管理干部、优秀教师15人次赴广东嘉应学院学习，协调安排米林县校长培养对象、优秀教研员、优秀教师27人次赴珠海跟岗实习[①]。惠州市11所学校（幼儿园）共有11批次52名教师到朗县开展了支教活动。朗县84名教师赴惠州跟岗研修，同时将朗县教师纳入惠州市教育系统每年的继续教育培训范畴，形成机制，对朗县教师有组织地展开培训。援藏以来，朗县教师有6人次到湖南师范大学参加教育培训[②]。

（3）经验传播

将援藏教师充实到教育局管理单位，特别是核心的教研岗位，来传授沿海发达地区的教学经验。广东地区教育比较先进，在学校管理、成绩管理、师资培训上均有一套成熟的体系，让援藏教师参与林芝市的教学管理和科研决策，可以改善教师的教学常规活动，比如上课、听课、备课，其中比较有特色的便是米林县的中心备课组。在全县同年级、同学科老师中选拔一批经验丰富、教学成绩突出、责任心强的老师组成中心备课组，利用现有网络条件，统一全县同年级、同学科的教学进度，在中心备课组统一分配备课任务，安排同年级、同学科的年轻教师与中心备课组成员结对，共同备课；通

---

① 《米林县援藏工作总结》，资料提供部门：米林县教育局，资料提供时间：2019年5月23日。

② 《惠州市对口西藏林芝朗县教育援藏工作总结》，资料提供部门：朗县教育局，资料提供时间：2019年5月26日。

过 QQ 工作群提前将备课的教案、课件等在全县同级同学科老师中共享，组织组内交流讨论；分片区定期开展同课异构等教研交流；扩容后及时就上课情况进行总结，组织二次备课；县教研室及时收集备课成果，形成本县的社会课程资源①。

中心备课组的作用不仅是将精细化的教学常规管理经验传播给林芝市学校，更为关键的是在筹备活动中培育了林芝市的学科带头人，使得每一个学科都有敢于担当、善于负责的精英。

总体而言，广东省教育援藏的各项措施，不仅是资助物质资源，而且从现代教育的整体系统出发，从教学、科研到管理都有一整套的经验传授和分享，以教师为切入点，通过组团式帮扶和结对式沟通机制实现了教育援藏。第一，大量的支教人员缓解了学校部分师资短缺的问题，特别是音体美等素质课程，广东地方学院稳定的实习生构成了部分偏远学校音体美教师的主要来源。第二，现代教育管理经验和方法在林芝市得到了传播，一改林芝市教学管理涣散的局面。第三，现代教育思想和观念的引进，极大地促进了民族教育的发展。

二　林芝市教育发展中存在的问题

西藏和平解放以来，特别是党的十八大以来，林芝市教育事业发展取得了长足进步。但与东部发达地区相比，林芝市教育发展不充分、不平衡的问题仍然显著，教育仍然是经济社会发展的"短板"之一，高质量的教育发展还面临一些困境和问题，包括目前教育总体水平仍比较低、基础设施建设力度不够，等等。

（一）师资问题

1. 教师队伍流动性较大

我们在林芝市及 4 个边境县调研时，教育局相关干部普遍反映的一个问

---

① 《米林县援藏工作总结》，资料提供部门：米林县教育局，资料提供时间：2019 年 5 月 23 日。

题是教师调动频繁，流动性大，由此出现一定程度的教师流失问题。教师调动主要有以下几点特征。第一，调动方向主要是从自己工作的地方调回自己的家乡，藏族老师最为普遍。一旦自己 3~5 年的服务期限满，并且编制、职称、工龄等达到自己目标后，便要求调回原籍。比如林芝藏族教师一般回到自己的家乡拉萨或者昌都。第二，普遍想往大城市调动，农村的教师流动性高于城市，年轻教师较多。城市方便的交通、医疗、教育资源对年轻教师有较强的吸引力。第三，家庭原因，如夫妻分居、子女到城市接受教育。第四，教师个人的人际关系影响到自己调动的机会。第五，小学的整体规模较小，教师人数较少，教师的流失对小学影响较大。学校短期内如果不能够及时补充教师，则可能需要一个教师身兼数职[①]。

案例：

派镇小学是林芝市典型的优秀示范学校，总共有 283 位学生（包括学前教育儿童数）、6 个年级、19 位教师。虽然从师生比上看，学校不缺老师，但是因为年级较多，一个老师至少要承担两门主课，而且往往还是不同的年级，老师劳动量大，所以需要更多的老师。学校每年都会向教育局要人，校长为了争取更多的教师资源，在 2018 年以自己的优异成绩为后盾，向教育局放话，"你们再不给人，我就不办六年级"。后来，教育局从援藏队伍中分配了 9 名支教老师，但是支教老师毕竟不是长久之计，只能缓解短时矛盾。基本上每年都会流走 4~5 名教师，这些流走的教师基本上都去了市里，"我们学校简直成了市里学校的教师培养基地啊"。[②]

如果教师的流动速度过快、流失太多，会对一线的教育产生重要的影响。除了会影响一个学校的正常教学秩序，还会使留下的教师承担更多的课

---

① 《市教育局需要自治区层面解决的问题》，资料提供部门：林芝市教育局，资料提供时间：2019 年 5 月 30 日。

② 来自对顿旦校长的访谈，访谈时间为 2019 年 5 月 25 日上午，地点为派镇小学。

业，使他们积极性受挫。"一个学校的发展短期内靠生源靠成绩，但是长期发展，则必须靠一个属于自己的教师团队。"① 稳定的教师队伍对学校发展至关重要。教师调动主要受客观制度和个体资本因素影响。首先，教师空缺是调动成功的前提。其次便是调动要求，教育主管部门一般在学科适合、能力不错、家庭确实需要考虑的情况下同意教师的调动申请。最后，林芝市教师调动的底线要求是服务期满 3～5 年，并且教师的调动并不影响教师的编制和工龄积累，条件相对宽松。可见单个教师调动成本不高，一般的老师服务期满，能力得到提升，取得编制和职称，获得较长的工龄，再动员一定的社会关系，便可以实现调动。基于生活便利和服务家乡的考虑而调动是可以理解的，并且正常的流动机会也是必要的，它可以对教师产生正向的激励作用。但是过度频繁和快速的教师流动对整体教育秩序和教学的影响是负面的。我们在对教师的流动原因、流动结构进行分析后认为，从管理者的角度而言，政府应该进行一定程度的引导或者改变，以保持教师流动性与稳定性的平衡。

2. 师资缺乏

第一，林芝市学生少、老师多，不存在内陆地区的大班额问题，所以单从师生比来看，林芝市不缺教师。但从班师比来看，教师短缺，特别是小学。小学每个班级人数少，但是年级健全，单科教师比较缺乏。以派镇小学为例，一个教师往往身兼数门课。第二，林芝市中小学紧缺教师为语文、数学、外语、生物、化学、藏文、音乐、体育、美术、职业教育"双师型教师"，这种结构性缺乏影响林芝教育教学质量的提升。第三，教师的专业匹配程度有待提高，小学教师专业不匹配比较明显。

（二）基础设施建设力度不足

林芝市于 2015 年和 2017 年前后分别完成了义务教育均衡验收和素质教育验收，目前大部分地区的小学、初中的校园建设已经获得了长足进步。校

---

① 来自对顿旦校长的访谈，访谈时间为 2019 年 5 月 25 日上午，地点为派镇小学。

园教学楼、橡胶操场、宿舍楼、食堂等达到了一般性的现代化标准。但偏远乡镇小学教师周转房、学生宿舍条件较差，附属设施比如厕所、围墙、绿地等配套不足。这主要是因为：其一，边境县多数地处偏远，项目预算迟滞于当地市场现价，由此存在资金缺口；其二，大部分附属设施建设一般没有纳入整体规划，能否建成取决于校长个人寻找资源的能力。

> 我认为机遇很关键，只要一有什么项目我就去打听，这些资源是等不来的，必须自己坚持不懈地去要。有些校长喜欢等，我永远不会等靠要，得自己去争取。这些年我自己跑的项目资源估计有 200 万元，涉及的项目有厕所，我们学校的厕所应该是米林县所有乡镇小学最好的厕所，花了 60 万 ~70 万元；路面硬化；还有学校新修的围墙，以前我们跟政府之间根本没有围墙，基本是敞开的；宣传栏；还有水沟；鹰舞的服装，14 万元；大门，我认为大门代表着面子，也是自己通过私人关系在 2018 年找人帮忙修的。主要是向教育局跑，市里的教体局和县里的教育局我都去过，乡政府我也去过，亲戚朋友我也找过，朋友有当老板的也资助了 1 万 ~2 万元[①]。

义务教育均衡发展验收背景下，全国校园主要基础设施能够得到普遍改善，但"边边角角"的配套设施因地区发展差异而存在建设不足，在沿海发达地区，地方财政实力雄厚，学校整体建设都比较好，但中西部地区财政紧张，很难兼顾所有配套设施建设。校长个人需要积极努力去跑政策、要资源。社会资本雄厚、善于找政策资源、积极的校长则容易解决配套设施建设难题，社会资本较弱、不善于解读政策、拥有"等待"思想的校长则可能有心但无力解决学校配套设施难题。在配套设施建设中，亟须解决的问题是教师周转房，在交通比较方便的内陆地区，教师可以通过开车"跑校"，白天在村里上班，晚上回县城，生活方便，但是林芝市大部分地区地广人稀，

---

① 来自对顿旦校长的访谈，访谈时间为 2019 年 5 月 25 日上午，地点为派镇小学。

交通不便，很多年轻教师不是本地人，需要住校从事教学和生活，周转房不足极大影响教师生活质量和工作积极性。

（三）教育援藏存在的一些问题

1. 现代教育在民族地区适应性

不同地区的教育发展程度不一样，广东等沿海地区走在全国的前列，而林芝由于社会变革较晚，教育发展比较缓慢，水平也相对较低，以精细化、系统性为特征的现代教育在落地林芝时难免会遇到短期内难以适应的问题，表现为广东援藏教师在参与当地的教学过程中产生的认知困境。"在这边的宗教认知里，学生调皮被老师进行一定惩戒是天然合理的，这一点我们是难以理解的"，"这边老师很忙，偏远地区的小学老师需要身兼数职，既要当老师，还要管学生生活，在广东地区，教学人员是教学人员，后勤人员是后勤人员，教师在这里专职化比较弱，很辛苦"①。按照广东现代教育的标准，林芝市教育很可能被贴上各种不合理的标签，但林芝市有其本身的特殊性，教育援藏的经验、理念在传播和学习过程中可以适当放宽标准，从林芝市的实际出发，意识到任务的长期性和艰巨性。

2. 援藏教师的长期定位

教育援藏围绕的核心是提升林芝市的教育质量，传播先进地区的教育经验。但是在实践中，往往发挥的是补充师资的作用。从长期来看，援藏教师应该是长久的教育管理和教学经验的传播者，他们通过理念的传播和经验的推广影响当地的教育部门和教师，以此推动林芝市教育系统进步。

（四）教育总体水平比较滞后

从纵向历史角度来看，林芝市在教育基础设施建设、信息化水平、政府投入和建设等方面取得了巨大进步。但是相比于全国其他少数民族地区，林芝市总体教育水平和教学质量比较低。一是教学质量仍需提升，部分教师教

---

① 来自对的 HJ 的访谈，访谈时间为 2019 年 5 月 24 日下午，访谈地点为米林县教育局。

育教学观念落后，手段方法陈旧，在提高学生兴趣和满足学生多样化需求上存在差距。二是均衡发展任务艰巨。城乡之间、学校之间办学水平和质量存在差距。需要持续加大对边境地区学校的投入力度和扶持力度，改善其师资力量、基础设施、教学设施条件。三是部分农牧民对教育认知相对比较落后，特别是边境地区和少数民族聚集地区，比如门巴族、珞巴族、僜人等聚集区，这极大制约了林芝市教育进步和发展。

三　林芝市教育发展建议

（一）解决师资问题的建议

1. 增加师资，拓宽教师补充机制，适当赋予市里更大的教师招聘自主权

一是加强骨干教师引进培养。继续加大组团式教育援藏工作力度，建立教育援藏长效机制。同时在现有政策基础上，进一步出台更多鼓励优秀教育人才到西部、边疆和欠发达地区支教的优惠政策，引进优秀人才，用好现有人才，培养造就拔尖人才。二是进一步加强教师培训。按照"统筹规划、分级实施、学用结合、注重实效"的原则，加大国家级师资培训力度，采取网络、远程培训方式，增加中小学教师受教育的渠道。同时加大紧缺学科教师和学前教育师资力量的培养力度，向基层学校输送更多高素质教师。三是畅通教师出口关。将具有丰富基层教育工作经验、业务能力强的优秀教师或校长选拔充实到教育行政队伍，对于加强业务工作、促进教育发展具有十分重要的作用①，使市教育局根据学科教师结构现状，自主选择"菜单"。

2. 保持教师稳定性，从教师招聘的程序上提升回乡教学的比例

顺应教师回乡教学需求，在招聘和分配时提升教师回乡教学的匹配度，以减少跨地市、远距离的教师调动，维护教师队伍稳定性，打造留得住的校园教师队伍是保证教育质量的前提。

---

① 《林芝市教育发展情况》，资料提供部门：林芝市教育局，资料提供时间：2019年5月30日。

3. 继续巩固对边疆、农村教师的政策倾斜

在现有基础上进一步提升各族教师待遇，大幅提高边境、高海拔、较少人口民族地区教师待遇，吸引优秀人才安心从教、终生从教。目前，在教师的工资和职称评定上基本上已经对农村教师有所倾斜，农村教师的月均补贴有 550 元。除此之外，为了推动偏远乡镇发展，林芝市对"两县两乡"（墨脱县、察隅县以及波密县的八盖、康玉两乡）的教师在津贴、职称评聘和表彰上也有倾斜。

在教师津贴上，对于墨脱县庞辛乡、加拉萨乡、甘德乡，察隅县察瓦龙乡、古拉乡（以下简称"五乡"）工作五年内的正式在岗在编职工每月补贴 400 元，连续工作五年以上（含五年）十年以下每月补贴 600 元，连续工作十年（含十年）以上每人每月补贴 800 元。在"两县两乡"（除五乡以外）工作五年以内的正式在岗在编教师每人每月补贴 200 元，连续工作五年以上（含五年）十年以下每人每月补贴 400 元，连续工作十年以上（含十年）每人每月补贴 600 元①。在各类表彰活动中，向"两县两乡"教师倾斜，对在"两县两乡"工作的教职工荣获自治区以上荣誉的，地区再给予同等物质奖励。

（二）完善学校基础设施建设

1. 中央政府可以适当加大财政倾斜力度

从 2017 年开始，教育部开始在西藏大力建设免费幼儿园，基本上从主体教学楼到配套设施全包。一座幼儿园整体建设需要 190 万元左右，这种包括配套设施整体项目下乡的方式可以在林芝继续推广。

2. 地方政府建立长久的经费保障制度

一方面，林芝市政府将财政投入教育的比例从 20% 提升到 25%。另一方面，可以充分调动当地社会资源支持教育建设。在一些不能纳入项目的边

---

① 《林芝市行政公署关于印发林芝市两县两乡教职工激励办法（试行）的通知》，资料提供部门：林芝市教育局，资料提供时间：2019 年 5 月 30 日。

缘基础设施建设上，通过适当地组织、发挥民众和社会的力量积极参与，如政府协调和村集体动员当地人民以义务工或者筹资酬劳的方式共建围墙、水沟，通过人民参与教育服务供给，来服务当地教育发展。

3. 简化项目程序

针对边境县、乡交通条件差的情况，在项目核算时按照当地实际建设价格下达投资，同时在主体项目规划建设时将配套附属设施同步安排。简化教育项目审批手续，缩短项目审批时间，提高项目使用率①。

（三）明确援藏教师的定位，加强双方教师群体的沟通交流

重点是促进林芝市和对口援藏先进发达省份在教研经验和学校管理上的沟通交流，通过开展教师队伍的结对帮扶、课堂演练学习、交流会等方式，加强双方教师关于提升教学水平、现代教育思想的互相学习。林芝市的教师和管理者也多从林芝市教育发展的实际状况出发，让援藏教师体会林芝市教育独特的文化传统。只有加强双方教师群体的沟通、交流和学习，才能够消除双方教师队伍由于差异产生的不适应和不理解，援藏教师也能够通过影响教师进而影响更多的学生。

（四）提升林芝市教育质量和水平

教育水平和教育质量的提升是一个系统工程，必须从整体着手。从政府的角度而言，在目前所取得成就的基础上，首先应该重点建设一支稳定和高素质的教师队伍；其次，巩固现有的教育水平，进一步普及学前教育，提升义务教育和高中教育水平，推动职业教育发展；最后，应该积极努力地推进林芝市整体社会的进步，让农牧民在经济社会发展过程中日益体悟到教育的实惠，提升自己的教育认知和改变自己的教育观念。

总而言之，教育发展作为边疆治理、西藏稳定的重要举措，其成效关乎林芝市未来的高质量发展和长治久安。在"治国必治边、治边先稳藏"战

---

① 《林芝市教育发展情况》，资料提供部门：林芝市教育局，资料提供时间：2019 年 5 月 30 日。

略指导下，林芝教育发展取得较大成效。从各类教育发展状况来看，学前教育、义务教育、高中教育和职业教育发展态势良好。从教师队伍建设来看，教师结构年轻化，学历水平较高，招聘渠道和激励措施多元，并且教师待遇水平较高。从教育布局和城乡义务教育均衡发展来看，城乡学校布局集中，生源相对稳定，城乡各校硬件水平不断提升，大部分学生实现了就近入学，城乡义务教育均衡发展基本实现。从民族教育发展情况来看，民族团结教育深入开展，民族遗产继承态势良好，双语教育发展稳定。从教育援藏的发展状况来看，援藏教育财政不断增长，教育经验不断传播，成效显著。当然，林芝教育发展也面临一些问题，主要表现为教师的流动性较大和师资匮乏，教师周转房、厕所等校园基础配套设施投入不足，现代教育在西藏的适应性需要进一步提升，教育援藏的长远发展需要进一步巩固，总体教育水平相对较低。未来需要通过拓宽师资补充渠道，增强市级招聘自主权，提升教师回乡任教的比例，加强对边境地区农村教师的政策倾斜以稳定教师队伍；通过保障配套设施建设的资金、简化审批程序以进一步完善边境地区基础设施；通过提升林芝民众的教育认知水平来共同推动林芝市教育发展。

第八章　高质量跨越式发展的绿色根基：以生态保护践行绿色发展的林芝路径

范明明[*]

林芝市自然生态极具特色，具有完整的自然垂直带谱，是全球生物基因的宝库，也是我国藏东南生态安全屏障区。良好的自然环境与丰富的自然资源吸引多个民族扎根于此，世代守护着边境地区的安宁。在生态建设与生态实践方面，林芝市始终将生态保护放在第一要位，积极响应国家与西藏自治区关于生态安全方面的部署，并充分发挥当地各民族群众的生态守护作用，形成了"国家—地方政府—本土社区"的生态保护模式，至今仍然保存了最为完整和原始的生态系统。优质的自然生态环境是林芝市社会经济发展的绿色根基，不仅是长久以来世居民族赖以生存的基础，也是现阶段林芝市实现高质量跨越式发展的资本，更是未来经济社会发展进一步提升和优化的重要发力点。但与此同时，林芝市的经济社会发展与自然生态环境之间仍然存在亟须正视和解决的矛盾点，如地势条件、自然灾害、保护区域对经济社会发展的限制，经济发展对生态保护工作的压力，以及生态保护动力的内生性不足等问题。

---

* 范明明，中国社会科学院民族学与人类学研究所助理研究员。

一 林芝市生态社会系统特征及其在稳边
固边中的重要地位

（一）自然垂直带谱最完整区域，全球生物基因宝库

林芝市是全球陆地垂直地貌落差最大的区域，具有完整的垂直气候带，是珍贵的生物基因库。林芝平均海拔 3000 米左右，是西藏自治区平均海拔最低的地区。但是，林芝市属于典型的高山峡谷、高原丘陵、山川河谷地貌，峡谷纵横、沟深谷多，境内的雅鲁藏布江大峡谷，是世界上最深的峡谷。林芝市最高峰南迦巴瓦峰海拔达 7782 米，而全市最低处只有 152 米，林芝也因此成为全球生态系统垂直带谱最完整的区域，从下到上具有热带、亚热带、温带、寒温带和寒带五个气候带，森林植被自下至上呈现六个生态系统。从景观上看，冰川、草原、峡谷、瀑布、河流、湖泊、森林等一应俱全。林芝境内复杂的地形地貌和气候环境，不仅造就了完整的垂直植被带，也使林芝成为世界上高海拔地区生物多样性最集中区。仅以墨脱县为例，墨脱县辖区面积占西藏自治区和全国面积的 1.8% 和 0.23%，但境内的维管束植物占西藏总数的 65%、全国的 13%，苔藓植物占西藏总数的 65%、全国的 25%，大型真菌总数占西藏总数的 78%、全国的 17%，锈菌占西藏总数的 77%、全国的 24%，哺乳类占西藏总数的 50%、全国的 17%，鸟类占西藏总数的 49%、全国的 25%，爬行动物占西藏总数的 43.1%、全国的 8%，两栖动物占西藏总数的 47.5%、全国的 10%，昆虫占西藏总数的 60%、全国的 5%。同时，复杂的地貌环境和生态系统，也构成珍稀物种的栖息地和灾害避难所，许多生物至此已达边缘分布和极限分布，林芝成为许多动植物的分布和分化中心[1]。林芝市有国家重点保护动物 96 种，如孟加拉虎、滇金丝猴、云豹、蟒、黑颈鹤等；国家重点保护植物 28 种，如桫椤、西藏巨

---

① 《西藏生态安全屏障保护与建设规划（2008～2030 年）》。

柏、云南红豆杉、海南粗榧等。由此可见林芝市的生物多样性之丰富，生态地位之重要。

（二）藏东南生态安全屏障区，自然资源富集区

西藏是青藏高原的主体，是世界山地冰川最多的地区，是我国和南亚、东南亚地区主要江河的发源地和上游地区，是中国乃至东半球气候变化的"启动器"和"调节器"，生态地位极其重要。林芝市位于西藏的东南部，林地面积占土地总面积的53.01%，森林覆盖率为46.09%，西藏80%的森林集中于此。全市活木蓄积量达8.82亿立方米，占西藏全区活木蓄积量的64.9%，是全国最大的原始林区[1]，也是西藏氧气含量最充足的区域。林芝市V字形的峡谷地势，成为青藏高原的一个豁口，使两大洋流得以常年涌入，带来湿润的气候。藏东南高原边缘森林生态功能区是《全国主体功能区规划》确定的生物多样性维护型国家重点生态功能区，是西藏国家生态安全屏障的核心区，大部分地处林芝市内。在《西藏生态安全屏障保护与建设规划（2008～2030年）》中，林芝市被列入藏东南和藏东生态安全屏障区之中，具备保护生物多样性、涵养水源、保持水土、调控水体、调节气候等生态服务功能，是巩固全区、全国乃至亚洲生态安全的重要区域。

林芝市是全国乃至全世界水资源的集中区域，水能资源丰富。由于高山峡谷的地貌特征和丰沛的降水，林芝市形成了众多的河流与湖泊。据统计，林芝市境内水域面积达1149.01万亩，年径流量达3084亿立方米，主要河流湖泊有雅鲁藏布江、尼洋河、帕隆藏布、察隅曲和巴松措、新措、易贡措、日及木措等。水能蕴藏总量为9215万千瓦，可开发利用的约为3184万千瓦，占全自治区的56%，分别为"一江两河"[2]地区的12.4倍和8.8倍[3]。

---

① 林芝市人民政府网站，《森林资源》，http：//www. linzhi. gov. cn/30377/861/868/201611/MIT15226. shtml。
② "一江两河"指雅鲁藏布江中游及其支流年楚河、拉萨河中部流域地区，东接林芝，西抵阿里，南近国境线，北与那曲接壤，是西藏的主要水利工程地区。
③ 林芝市国土资源局网站，《林芝水利资源概况》，http：//www. lz. xzgtt. gov. cn/zygk/qtzy/201008/t20100806_ 732459. htm。

林芝市林木、林下资源丰富。林芝市拥有我国最大的原始森林，拥有大量的珍贵林木种类，以及极具经济价值的林木资源。同时，林下资源也非常丰富，野菜、野生菌类（蘑菇、黑木耳等）等种类多、品质好。此外，林芝素有"药材天然博物馆"之美称，是全区藏药材主产区，有天麻、灵芝菌等2400余种藏药材，其中濒危藏药材种类有50多种。

林芝境内生物物种罕见、生态系统完整，是极有价值的科考资源。林芝市山地垂直气候带明显，拥有多种国家级重点保护珍稀植物和野生动物，更难能可贵的是，林芝市境内部分地区完整保留了原始生物链，具有极高的科研和开发价值。

（三）优越的生态环境成为多个民族扎根于此的重要原因

林芝市优越的自然环境成为历史上不同民族迁移至此的重要原因，各民族在长期的人与自然的互动中形成了独特的民族文化。民族文化会在衣、食、住、行、生产、观念等多个方面表现出来，而这些方面又直接与生态环境相关。在长期与自然的互动下，林芝市各民族所形成的文化具有地方特殊性。比如高原藏族以糌粑为主食，副食以牛羊肉为主，而门巴族、珞巴族、僜人等则以玉米为主食，副食主要依靠打猎或者采集野生植物。高原藏族主要居住在牦牛毛制作的帐篷中，在一些石头便于采集的地方则建造石头房屋居住；在林芝市，因森林较为丰富，木材和竹子更易采集，房屋以竹木结构为主，并且由于气候湿热，房屋多采用干栏式，下层饲养牛羊猪犬，上面人居。此外，林芝市各民族的服饰、丧葬、出行、禁忌、宗教等各个方面也都有别于高原藏族。可见，独特的生态环境造就了林芝独特的区域文化。

二 "国家—地方政府—本土社区"的生态保护实践

近三四十年，随着全国经济的快速发展，生态环境剧烈变迁，绝大多数地区的生态环境已经受到了人类活动的严重威胁。然而，即便如此，林芝市依旧保存了大面积的原始自然风貌，实属不易。林芝市的生态保护成效，依赖于国家对于生态建设的大力投入，以及地方政府积极落实国家部署和积极推进生态建设。此外，林芝市尤其是边境地区长期处于封闭的环境中，本土居民是自然资源的直接利用者，也是生态环境的保护者。传统的生态观与自然和谐的生产方式对于保持生态系统的健康完整起到了重要作用。

（一）国家及自治区重视生态功能区建设

国家及自治区层面高度重视西藏的生态地位，林芝作为藏东南的生态安全屏障核心区也是国家建设和投入的重点区域。西藏是特殊的边疆民族地区，是青藏高原的主体，在我国乃至全球占据特殊自然生态地位。2005 年，《中共中央国务院关于进一步做好西藏发展稳定工作的意见》将西藏纳入国家生态环境重点治理区域，提出构建西藏高原生态安全屏障。2010 年，中央第五次西藏工作会议以及《国务院办公厅关于印发支持西藏经济社会发展若干政策和重大项目意见的通知》等文件明确提出，西藏是重要的国家安全屏障、重要的生态安全屏障、重要的战略资源储备基地、重要的高原特色农产品基地、重要的中华民族特色文化保护地和重要的世界旅游目的地，要强化西藏生态建设与保护，积极构建高原生态安全屏障，努力实现西藏生态系统良性循环。2013 年，习近平总书记在参加十二届全国人大一次会议西藏代表团审议时明确指出，要高度重视生态文明建设，保护好雪域高原的一草一木、山山水水，努力构建国家生态安全屏障。2015 年，中央第六次西藏工作会议上，习近平总书记强调，依法治藏、富民兴藏、长期建藏、凝聚人心、夯实基础是党的十八大以后党中央提出的西藏工作重要原则，要坚持生态保护第一，采取综合举措，加大对青藏高原空气污染源、土地荒漠化的控制和治理，加大草地、湿地、天然林保护力度。习近平总书记在 2020 年中央第七次西藏工作座谈会上又一次强调了西藏生态环境的重要性，他指出"保护好青藏高原生态就是对中华民族生存和发展的最大贡献。要牢固树立绿水青山就是金山银山的理念，坚持对历史负责、对人民负责、对世界负责的态度，把生态文明建设摆在更加突出的位置，守护好高原的生灵草木、万水千山，把青藏高原打造成为全国乃至国际生态文明高地……"

国家及自治区高度重视林芝市生态，陆续建立生态功能保护区和自然保护区。林芝市在全国生态安全屏障建设中占据重要位置，巴宜、米林、波密、察隅和墨脱五个县区被列入了国家重点生态功能区之一的藏东南高原边缘森林生态国家重点生态功能区。林芝市是国家公益林区，全市共有生态公益林 4461.8 万亩，年补偿金达 1.44 亿元。在保护区的建立方面（见表 1），林芝市已经建立了国家级自然保护区 2 个、国家森林公园 3 个、国家地质公园 1 个、国家湿地公园 3 个，此外还有 2 个自治区级自然保护区，保护地总面积占到林芝市辖区总面积的 51.2%。

表 1 林芝市各类保护区的基本情况

名称	建立时间	范围	保护对象
雅鲁藏布大峡谷国家级自然保护区	1985 年，墨脱自治区级自然保护区；1986 年，国家级自然保护区；2000 年，雅鲁藏布大峡谷国家级自然保护区	总面积 91.68 万公顷，涉及墨脱、波密、米林、巴宜四县区，其中墨脱县全部位于保护区范围内	热带低山季风雨林为基带的完整的山地系统
慈巴沟国家级自然保护区	1985 年，察隅自治区级自然保护区；2002 年，察隅慈巴沟国家级自然保护区	总面积 10.14 万公顷，位于察隅县境内	山地亚热带原始常绿阔叶林、云南松林、亚高山原始常绿针叶林生态系统及其珍稀物种
工布自治区级自然保护区	2003 年	涉及工布江达、巴宜区、米林、朗县四县区，总面积 215.6 万公顷	原始天然林生态系统
林芝巴结巨柏自治区级自然保护区	1993 年	总面积 8 公顷，位于巴宜区境内	巨柏林
色季拉国家森林公园	2001 年，西藏第一个国家森林公园	总面积 40 万公顷，位于巴宜区和米林县境内	珍贵野生动植物，如巨柏、杜鹃花等；自然景观，如云海、林海、花海等
巴松措国家森林公园	2001 年，西藏首个也是目前唯一一个自然风景类国家 5A 级旅游风景区	湖面面积约 27 平方公里，位于工布江达县境内	雪山、湖泊、森林、瀑布、牧场、文物古迹、名胜古刹、珍稀野生动植物

名称	建立时间	范围	保护对象
比日神山国家森林公园	—	—	西藏珍稀动植物活体标本馆
易贡国家地质公园	2001 年,西藏第一个国家地质公园	总面积为 2160 平方公里,位于波密县与巴宜区交界处,主体位于波密县易贡乡	罕见的特大山崩灾害遗迹和中国最大的海洋性现代冰川群
雅尼国家湿地公园	2009 年	8738 公顷,位于巴宜区、米林县境内	林芝市最大两河交界处,河流湿地、沼泽湿地
波密嘎朗国家湿地公园	2009 年	2689 公顷,位于波密县境内	—
朱拉河国家湿地公园	2013 年	1269.40 公顷,位于工布江达县境内	河流湿地和沼泽湿地两大类型

注:"—"为数据资料缺失。

国家生态补偿资金大力投入,保障林芝市生态保护工作的持续稳定推进,确保边境四县生态安全。2013～2017 年,林芝市累计落实重点生态功能区建设资金 33455 万元,开展了森林、草地、野生动物肇事损失及补偿等领域的生态补偿工作。林芝市共有公益林 4461.88 万亩,其中米林县、朗县、察隅县和墨脱县四县共计有 2653.05 万亩,占到全市公益林总面积的 59.46%[①]。

(二)林芝地方政府积极推进生态保护工作

林芝市始终将良好的生态环境作为重要发展目标,积极推进生态保护工作。在生态创建方面,截至 2018 年 6 月,林芝市共有 6 个县区、41 个乡镇、384 个行政村先后获得自治区级生态县、生态乡镇、生态村命名,率先在全区完成"80% 的行政村、乡镇、县创建自治区级生态村、生态乡镇、生态县"的目标任务;2 个县区通过国家生态县区现场技术核查;38 个乡镇完成国家级生态乡镇的申报。2017 年 7 月,巴宜区代表西藏自治区参加

---

① 数据来源:林芝市林业局内部材料。

全国第一批国家生态文明建设示范市县评选，并于 2017 年 9 月成功获得
"国家生态文明建设示范县区"称号，是目前西藏自治区唯一获此殊荣的县
区，树立了区域生态文明建设的标杆样板，为林芝市乃至西藏自治区推进生
态文明建设发挥了重要的典型引领作用。

林芝市加快环保基础设施建设，改善居住环境。污水处理设施方面，
"十二五"以来，林芝市建成运行污水设施项目 8 个，截至 2018 年 7 月，已
建成的污水处理项目有林芝市八一镇、工布江达县城、鲁朗国际旅游小镇及
林芝镇污水处理及收集系统 4 座；正在建设的有米林县城、波密县城与朗县
县城污水处理及收集系统工程 3 座；察隅县城污水处理及收集系统工程已下
达概算批复，进入招投标阶段；墨脱县城污水处理及收集系统工程正在开展
前期工作。生活垃圾处理设施方面，"十二五"以来，林芝市开展生活垃圾
处理设施项目共 17 个，已全部建成投入使用，包括 7 个县区生活垃圾填埋
场；巴宜区百巴镇，工布江达县巴河镇、错高乡，米林县扎西饶登乡，波密
县玉许乡及察隅县察瓦龙乡生活垃圾处理设施；墨脱县达木乡、朗县仲达镇、
工布江达县朱拉乡及仲莎乡生活垃圾转运站项目。目前各县区主要以村收集、
乡镇转运、县城集中处理的模式，对生活垃圾、建筑垃圾、医疗废物垃圾进
行分类。其中，生活垃圾集中转运至各县区垃圾填埋场进行无害化处理；建
筑垃圾设置堆放填埋点，进行集中无害化填埋处理；医疗废物垃圾由各县区
收集转运至市医疗废物处理厂进行集中无害化处理[①]。

在水资源保护方面，林芝市大力推进污染治理及全面实施河长制，从源
头控制水污染。林芝市实施了"十小"[②]"三高"[③]企业零审批、零准入，
将高耗水、高污染企业拒之门外，从源头上遏制了工业废污水。严格控制河
道采砂。河道采砂是林芝市河水污染的突出问题，自 2015 年起林芝市加强河

---

① 《林芝市加快推进城镇污水、垃圾处理设施项目建设》，http：//www.lzcs.gov.cn/viewmessage.aspx？
messageid = 118687。

② 国务院《水污染防治行动计划》提出全部取缔不符合国家产业政策的小型造纸、制革、印
染、染料、炼焦、炼硫、炼砷、炼油、电镀、农药等严重污染水环境的生产项目。

③ 高污染、高耗能、高耗水企业。

道采砂监管，制定了"规范开采，有序经营，确保供水、行洪和生态安全，确保社会和谐稳定"的河道采砂总体工作目标；进行河道采砂综合整治，将原有 200 余处各类状况混乱的采砂点，通过关停、整合、取缔等方式，整顿成 68 家，杜绝了雅鲁藏布江及尼洋河流域内非法采砂行为；实行水资源有偿使用制度，按照国家和西藏自治区关于水资源费征收的相关规定对取用水单位征缴水资源费。在河湖管理方面，林芝市在 651 条大小河流上全部设置河长，设四级河长 980 人。截至 2018 年 10 月下旬，林芝市各级河长开展巡河 1916 人次，在开展巡河时发现了 6 大类 40 余项子问题。雅鲁藏布江及尼洋河两岸是老百姓的生活区域，林芝市对河流两岸的排污口进行了严格整治①。

林芝市积极开展环境保护宣传教育，树立"绿水青山就是金山银山，冰天雪地也是金山银山"理念。林芝市开辟了多条媒体渠道，对林芝市的环保路程进行宣传，包括《林芝报》、林芝市广播电台、林芝市电视台、中国西藏林芝网、微林芝、网信林芝等媒体平台；开展了环保教育进校园活动，通过结合教学与课外活动增强学生的环保意识；开展环保宣传进乡村活动，将环保纳入村规民约，发挥驻村工作队和村两委作用；开展环保宣传上街头，协调市（中、区）直各单位、各县区、沿街商铺、城区各大 LED 广告屏，插播环境保护公益广告和宣传标语口号；在干部培训中引入环保课，把环境保护知识纳入"两学一做"学习教育和党员干部教育培训重要内容；发挥林芝生态现场教学基地作用，开展现场培训；市环保局、林业局、水利局等环保相关部门，发挥自身专业优势，普及生态知识。林芝市以"争当生态战士·共建生态家园"、百日会战、消除"无林乡镇、无树户、无绿院落"活动等为载体，积极倡导勤俭节约、绿色低碳、文明健康生活方式和消费模式，引导广大干部群众树立生态文明理念②。

---

① 《西藏林芝：做好水资源保护这道"关键题"》，http：//k. sina. com. cn/article_ 2286908003_ 884f726302000y17r. html？cre = tianyi&mod = pcpager_ fintoutiao&loc = 34&r = 9&doct = 0&rfunc = 100&tj = none&tr = 9。

② 《强化宣传凝共识思想引领促整改——林芝市全面加强生态文明宣传教育工作》，http：// www. xzep. gov. cn/index. php/cms/item - view - id - 9648. shtml。

（三）本土社区的生态观与生态实践

林芝的边境地区长期处于封闭状态，虽然随着扎墨公路的开通，墨脱结束了不通公路的历史，但是这些地区仍然是不便进入的区域。林芝的边境地区人口以少数民族为主，其中墨脱主要是门巴族和珞巴族，察隅的民族较多，包括藏族、汉族、纳西族、独龙族、苗族、回族等十个民族，还有未识别民族——僜人。这些本地居民长期居住于此，形成了一套与当地生态环境相适应的宗教信仰和生活生产方式，成为自然的直接利用者和保护者。自然崇拜是当地最普遍的信仰，也成为当地居民与自然和谐相处的一种内在力量。

在青藏高原，"神山圣湖"是一种自然信仰，是一种有着悠久历史的生态保护意识，这种意识和当地的宗教文化相融合，并且世代相传，内化为当地居民自发的生态保护规范[①]。在青藏高原，有些公认的神山圣湖，比如冈底斯山、梅里雪山、玛旁雍措、纳木措、冈仁波齐等。在不同的地区，每个市、县、乡都有各自认定的神山圣湖。在林芝市，神山圣湖也不少，苯日神山、比日神山、南迦巴瓦峰等都是著名的神山，巴松措、那拉措等是当地的圣湖。除了神山圣湖，一些植物也被赋予神性，比如林芝巴结巨柏自然保护区的"巨柏王"被当地和昌都地区一带的群众视为"神树"。在青藏高原，有转山转湖的习俗，人们甚至将到达神山圣湖视为自己一生的追求和荣耀。某些固定的日期或者年份成为当地居民围绕神山圣湖转经的时间，比如每月十五藏民们会到比日神山转山。神山圣湖的自然崇拜对于生态保护的作用至今都是极其显著的。首先，神山圣湖区域是相对完整的生态系统，周围的生物和非生物都是其中的一部分[②]。其次，神山圣湖及其区域内的万物是有神性的，人类的行为和活动是有禁忌的，在神山圣湖周围生活的人们需要保护

[①] 边巴拉姆、王恒：《藏族神山圣湖环境保护的法治思考》，《西藏民族大学学报》（哲学社会科学版）2017年第1期，第139～143页。

[②] 洲塔：《崇山祭神——论藏族神山观念对生态保护的客观作用》，《甘肃社会科学》2010年第3期，第159～164页。

和崇拜神山圣湖，不能破坏一草一木，否则就等于得罪了神灵，会招致灾难。最后，这些对神山圣湖的敬畏之心，也体现在当地人的行为之上，比如在转山转湖过程中不会留下垃圾，别人丢掉的垃圾也会清理掉，保证了神山圣湖生态的洁净。

现今，生态环境保护观念逐渐从以往的信仰、习俗、禁忌等非正式的社会规范，转变为与正式制度相结合的方式，如认可并遵守正式的法律法规，或者制定公开的村规民约。察隅县人民政府办公室制定的《关于2018年虫草采集管理的公告》明确规定"禁止破坏草场植被、砍伐林木、污染水源、乱扔垃圾等污染破坏生态环境的行为"，对于生态环境的保护已经成为当地环保工作人员和普通居民共同认可的行为规范。此外，村规民约在当地乡村随处可见，比如，米林县南伊珞巴民族乡才召村的村规民约规定，"自觉维护村容环境，积极开展文明卫生村建设，搞好公共卫生，加强村容村貌整治，坚决做到垃圾不乱倒，粪土不乱堆，污水不乱流"。相比政府部门颁布的法律法规，村规民约在小的村集体范围内更具有道德层面的约束性。

三　林芝市生态对社会经济发展的支撑作用

（一）社会经济发展紧密依赖本地生态及自然资源

林芝市经济增速快，但是产业基础差，对当地经济起带动作用的仍然是直接依赖自然资源的第一产业。由2015～2017年的经济数据可以看出（见表2），林芝市的经济保持了两位数的高速增长，高于全区和全国的增速水平。从传统的三产分类的经济结构来看（见表3），林芝市虽然一产结构比例不高，甚至低于全区平均水平，但边境四县的一产结构比例相对偏高，比如察隅县和朗县基本为全区平均值的两倍。并且，通过实地调研可知，虽然粮食作物种植、经济果木种植、饲养殖业的现金收入比例并不高，却是当地农牧民解决自食的主要途径，并且也是带动当地经济发展的主要产业。此外，第二产业的增长主要来源于外部（国家或者援藏项目）对基础设施建设的投资拉动，而第三产业由于处于起步阶段，收入主要流向城镇区域，对农村地区特别是边境地区的农牧民增收拉动作用有限①。实地调研的情况显示，在察隅县、墨脱县和朗县，受交通和其他自然条件的限制，基本上无工业企业，旅游业也处于刚起步阶段，种植业、养殖业和少量手工业是当地的主要产业。米林县由于地理位置较为便利，还存在数家企业，如藏医药加工厂、青稞调料酿造厂、藏纸加工厂、灵芝种植加工厂等，也都是依托当地特有的生态环境和动植物资源建起来的，但是目前产值并不算高，甚至多数处于建设状态。

表2　2015～2017年林芝市GDP数据

单位：亿元，%

年份	GDP	林芝市增速	全区增速	全国增速
2015	104.33	11.2	11.1	6.9
2016	115.77	10.1	10.0	6.7
2017	133.31	10.1	10.0	6.9

数据来源：2015～2017年林芝市国民经济和社会发展统计公报。

表3　2017年林芝及边境四县三产经济结构

	一产	二产	三产
林芝	8.0	37.5	54.5
米林	11.0	38.0	51.0
朗县	16.1	31.4	52.5
墨脱	8.0	53.0	39.0
察隅	18.0	42.0	40.0
西藏	9.4	39.2	51.4
全国	7.9	40.5	51.6

注：此表格中林芝、米林、朗县、全国为2017年数据，墨脱及察隅为2015年数据。

---

① 二产和三产的经济拉动作用来源于实地调研。

从人口比例来看，林芝市乡村人口占到绝大多数（见表4），尤其是在边境地区这一比例均达到70%以上。这些人口大多数从事简单农业生产或者直接利用自然资源。在朗县，辣椒、苹果、核桃以及虫草采集是当地农牧民的主要收入来源。在墨脱县，当地人口主要依赖农业生产，产业结构非常单一，少数人口从事交通运输、修路等。墨脱县盛产水稻、鸡爪谷、玉米，水稻占播种面积的25%，玉米占播种面积的50%，鸡爪谷、青稞、小麦和荞麦等占播种面积的13%，其余为包括香蕉、柠檬、蜜柚、蜜橘、枇杷和野花椒等在内的特色经济作物。近些年，在林芝市和援藏单位的支持下，墨脱开始种植茶叶等经济价值较高的产品。此外，还有一些最简单、直接的利用模式，如少数居民采集蘑菇、木耳等用于自家食用，农村居民一般房前屋后散养藏香猪、家禽等，养殖规模不大。察隅县地理位置和交通状况比墨脱稍便利，但是农业生产也仍旧是当地农牧民最主要的就业方式。

表4　2017年林芝和边境四县乡村人口比例

单位：%

全国	西藏	林芝	米林	朗县	察隅	墨脱
41.48	69.10	58.77	77.60	73.00	76.03	76.70

注：此数据为常住人口数据。

（二）依托生态资源的产业将是未来经济发展的主动力

林芝未来五大支柱产业均依托当地生态环境及自然资源。林芝市"十三五"时期发展规划纲要确定了本市五大特色支柱产业，分别是生态旅游、特色藏医藏药、高原特色农畜林产品、水电和特色文化产业。

生态旅游依托林芝的自然风貌，是林芝市发展最迅猛的产业，也将成为墨脱、察隅等地未来经济发展最重要的引擎，在带动本地人收入增长和拉动就业方面将会有显著的作用。"人间净地，醉美林芝"是林芝旅游的主题，"十二五"以来，林芝市旅游经济保持两位数快速增长，旅游人次和旅游收入年平均增长率分别为21%和27%，2015年林芝旅游收入占全市GDP的

26.8%。生态旅游业对林芝经济社会发展的拉动和支撑作用越来越突出，已经成为林芝市的主导产业。生态旅游的富民作用尤为突出，截至2018年，林芝市农牧民家庭旅馆总数达到570家，参与旅游服务的农牧民群众达1358户8207人次，实现收入6122.4万元，户均增收4.51万元，人均增收7459元。但是，林芝市的旅游业处于初级阶段，景点开发不足、可进入性差、管理粗放，在未来仍然具有巨大的增长空间。随着米林机场扩建、拉林铁路通车、自驾游公路等级提升、新公路的建设等多项措施的落实，进入林芝旅游的游客会大幅增加。尤其是墨脱和察隅等具有神秘色彩的旅游地，将会成为热门旅游目的地。从目前当地的接待能力来看，宾馆饭店和家庭旅馆的数量都极为不足，带动当地人员就业的能力也有限。以察隅县为例，如表5所示，全县宾馆饭店和家庭旅馆的从业人员仅有216人，墨脱县也仅有家庭旅馆36家。随着旅游资源的开发，旅游业的就业空间将大幅扩大。

表5　察隅县旅游宾馆饭店和从业人员数量

单位：家，人

宾馆饭店		家庭旅馆	
数量	从业人数	数量	从业人数
38	142	37	74

农牧业是林芝边境地区发展的基础，发展特色藏医藏药和农畜林产品是凸显林芝生态品质和生态价值的重要途径。"十二五"期间，林芝市共实施农牧业特色产业项目113个，先后建成藏猪繁育养殖、藏药材及优质水果种植基地89个，发展特色产业专业村29个；全市林果种植面积达25.1万亩（已见效7.5万亩），设施蔬菜种植面积达1.07万亩，藏药材种植面积达9555亩（已见效5500亩），茶叶种植面积达1.05万亩（已见效5048亩）；藏猪养殖规模达35万头、出栏11.6万头、销售4.62万头；特色农牧业辐射带动农牧户1.9万余户7.8万余人，占农村人口的55.6%。以墨脱县的茶叶种植为例，墨脱县平均海拔1200米，在气候、纬度、土壤酸碱度方面都适合种植茶叶。并且，墨脱县茶叶凭借生态和品质优势，获得2017年第六

届中国·四川国际茶业博览会金奖。墨脱在 5 个乡镇 18 个行政村建成高标准高山有机茶园 25 个，总规模 7326 亩，其中 9 个茶园投产，投产面积 3798 亩，受益群众 5347 人，占到全县总人口的 1/3 以上。可见，特色农牧业虽然发展规模并不大，但是能有效提升当地产品的经济价值。

水电业的发展潜力源于林芝特殊的地貌和水文特征，为东部地区提供清洁能源。林芝水能资源丰富，水能蕴藏量达 1.18 亿千瓦，可供开发量在 1 亿千瓦以上，这是林芝重要的优势资源，是促进林芝市经济社会跨越式发展的重要源泉①。2015 年，林芝市共有水电开发企业 12 家，建成各类水电站 108 座，总装机容量 20 万千瓦。2014 年发电量达 6.73 亿千瓦时，向拉萨输送电力 3.88 亿千瓦时，实现增值 5.3 亿元②。老虎嘴、雪卡电站相继建成投产，尼洋河、玉曲河、易贡藏布等流域水电规划编制完成；多布、波堆等电源点建设进度加快，松塔、俄米、轰东等水电站前期工作稳步推进。林芝市"十三五"规划指出，要将林芝市建设成为"西电东送"接续基地。林芝市还将持续加强基础设施建设，加快推进林芝电站、扎拉电站等 5 个水电项目建设，织密能源网③。林芝水电资源的开发，不仅能够为东部地区提供清洁能源，还能促进当地基础设施的建设，增强稳边固边的能力。

林芝市特色文化的形成与当地自然生态密不可分，是当地居民日常生产生活与自然环境相互作用的产物。以察隅的僜人特色文化为例（见表 6），这是当地特色文化产业挖掘的重点，同时在当地也具有代表性。僜人的宗教信仰是自然崇拜和鬼神崇拜，这种原始宗教信仰来源于其对自然的畏惧与崇拜。当地的自然灾害和茂密的原始森林，成为僜人生产和生活中最不可控的因素，因此僜人以鬼神之说解释各种现象。僜人的生产方式为刀耕火种，这是西南地区很多山地民族适应森林的生产方式，烧荒、轮作、播种等方式都

---

① 今日西藏昌都网，《中国华能集团林芝水电开发基地建设正式开工》，http：//www.xzcd.com/_basuxian/zhaoshangyinzi/2014/0329/41110.html。

② 中国西藏新闻网，《林芝启动"藏电外送"工程建成各类水电站 108 座》，http：//xz.people.com.cn/n/2015/1113/c138901－27090633.html。

③ 中国新闻网，《西藏林芝所有县区有望今年脱贫》，http：//news.sina.com.cn/o/2018－03－03/doc－ifyrztfz7230993.shtml。

体现了当地人的生态智慧。此外，僜人的饮食、用具、服饰、手工艺品的原材料绝大多数都直接来源于自然界，形成了特有的文化呈现方式。不同侧面的文化展示，都依赖于对人与自然关系的深入了解，文化产业的发展也应立足于当地人与自然的长期互动关系。墨脱县的门巴族、珞巴族也是长期与大山为伴，由于封闭的地理条件，形成了基于自然崇拜的原始而特殊的珞隅文化风情，阐释了人与自然的关系。

表6　僜人文化与自然的关系

文化	具体内容	与自然的关系
宗教信仰	自然崇拜和鬼神崇拜	源于对自然界的畏惧与崇拜，对大自然的控制、适应能力有限
生产方式	刀耕火种、畜牧狩猎	刀耕火种是山地民族与当地森林生态系统的一种适应，体现了人类适应、认知、利用自然的智慧
饮食文化及生活器具	僜人以玉米、大米、鸡爪谷为主食，喜欢吃蔬菜、野菜和肉类；喜食辣椒；生活用具多数为竹木制品	采集野生植物、狩猎野生动物；吃辣椒适应潮湿气候；砍伐树木或者竹子制作生活用具
服饰	成年男子佩戴砍刀，上衣是对襟无领无扣的长坎肩（长及膝部），有的穿白衬衣或小背心	刀用来砍伐树木、耕作，并且是护身的武器，因为气候湿热且是林区，因此比其他青藏高原地区的服装轻便
手工艺	纺织	纺织原料来自当地野生植物大麻，取其白色纤维搓成麻线

注：限于篇幅，并未把所有的文化类型和特征列举出来。

资料来源：张江华：《僜人的原始宗教及其社会影响》，《西藏民族学院学报》（社会科学版）1989年第2期，第63～69页；张晓瑾：《僜人溯源——从其体质、宗教崇拜、民族迁徙社会影响的历史考析》，《湖北工业大学学报》2015年第3期，第104～108页；王健、丁武军：《察隅僜人生存状态考察报告》，《江西科技师范学院学报》2002年第4期，第11～15页；尹绍亭、耿言虎：《生态人类学的本土开拓：刀耕火种研究三十年回眸——尹绍亭教授访谈录》，《鄱阳湖学刊》2016年第1期，第46～59、126页；刘宗昌：《僜人文化综述》，《西藏艺术研究》1997年第4期，第53～57页。

（三）生态补偿政策在居民就业和脱贫方面发挥重要作用

林芝市生态补偿政策内容包括生态补偿资金的实施方式、覆盖范围及补偿标准。目前，林芝市有两类生态补偿，分别为森林生态效益补偿和草原生态保护补助奖励。森林生态效益补偿基金是中央财政用于重点公益林森林生态效益补偿的专项资金。林芝市拥有公益林4461.879万亩，其中重点公益林2752.2万亩、地方公益林1709.68万亩，补偿范围涉及7个县区54个乡镇，森林生态效益补偿已覆盖全市全部农村人口，共计139488人。仅在2017年，林芝市就落实生态公益林管护资金2.16亿元、草原生态补助奖励资金4571.99万元。在森林生态效益补偿中，林芝市林业局制定出台《林芝市森林生态效益补偿基金项目实施方案》和《林芝市森林生态效益补偿基金项目管理办法》等。聘请巴宜区、波密县、朗县部分有劳动力的村民为护林员，管理上由村负责人组成小组定时进行巡山，管护费每户均享有；工布江达县、米林县、察隅县、墨脱县根据当地实际地形地貌、管护面积、交通条件、火险等级、难易程度和群众意愿等采取集体管护与专人管护相结合的管护模式。在草原生态保护补助奖励方面，在西藏可利用天然草原范围内，实施禁牧补助、草畜平衡奖励、牧民生产资料综合补贴、牧草良种补贴等项目，切实提高牧民增收能力，全面促进牧区经济社会和生态环境协调发展。其中，禁牧补助只涉及工布江达县6个乡镇，草原生态保护补助奖励政策涉及全市农村人口127599人。

表7 生态补偿的类型、覆盖范围及补偿标准

项 目	具体项目	范围	标准
森林生态效益补偿	—	全部农村人口，共计139488人。其中建档立卡贫困人口22803人、农村低保人口6670人	4.85元/（亩·年）
草原生态保护补助奖励	禁牧补助	全市农村人口127599人	7.5元/（亩·年）
	草畜平衡奖励		2.5元/（亩·年）
	牧草良种补贴		10元/亩
	牧民生产资料综合补贴		500元/（户·年）
	草原监督员奖励		0.54万元/（人·年）

注：2016年的补偿标准，其余为2017年标准。

资料来源：林芝市林业局内部材料。

保护和建设生态环境成为本地居民的重要就业途径。2017 年林芝市各县区有生态岗位 28623 个，其中自治区要求生态补偿政策三年不变的岗位有 16104 个，市级统筹安排生态宣传员 5732 个，2017 年新增边境贫困人口岗位人员 6787 个，2018 年新增生态岗位 3809 个，生态岗位数量达到了 32432 个（见表 8）。生态脱贫是林芝市的一项重要工作，林芝市在与生态相关的 7 个部门，都设置了生态岗位，生态岗位的类型多达 18 种。比如，水利局提供了山洪灾害防止设施看护员、水管员、水资源管护员、水土保持监督员等岗位；林业局提供了护林员、宣传员等岗位；环保局提供了环境保洁员、环保监督员等岗位；国土资源局设立了地质灾害群测群防员等岗位。边境四县的生态岗位数量占到全市生态岗位总数的 55.2%，而四县人口基数小，从生态岗位的覆盖度来看，生态岗位数量占各县农村人口户数的比重都在 90% 以上。墨脱县有 4000 多个生态岗位，除掉建档立卡户中有劳动力的农户，还有 2000 多个岗位，甚至岗位数量多于有资格安排生态岗位的人数。在察隅县，生态岗位有 5720 个，几乎乡镇里面的每家每户都有生态岗位就业。

表 8　2018 年林芝全市及边境四县生态岗位及资金情况

单位：个，万元

牵头单位	岗位名称	全市生态岗位	边境四县生态岗位			
			米林县	朗县	察隅县	墨脱县
林业局	生态宣传员	5732	1000	672	680	700
	森林生态脱贫岗位	8815	837	1438	2310	1476
	林业生态岗位数	2453	105	456	329	512
	机动岗位	431	0	100	200	26
旅游局	乡村旅游保洁员	150	25	20	10	10
国土资源局	地质灾害群测群防员	252	33	31	62	55
环保局	环境保洁员	1494	201	156	291	138
	环境监督员	498	67	52	97	46
	农村饮用水源地保护员	498	67	52	97	46
	环境保护、监督员、农村饮用水源地保护员（2018 年新增）	440	0	0	0	404
交通局	农村公路养护员	1607	237	238	283	102

牵头单位	岗位名称	全市生态岗位	边境四县生态岗位			
			米林县	朗县	察隅县	墨脱县
水利局	水资源管护员、水土保持监督员、水管员和山洪灾害防止设施看护员	2234	350	224	464	234
	水资源和水利工程设施	904	45	67	40	204
农牧局	村级草原监督员	366	81	12	19	3
	护鱼员	190	46	47	0	0
	草原生态保护补助岗位	4290	550	829	838	200
岗位数合计		32432	3644	4394	5720	4149
资金合计		11351.2	1275.4	1537.9	2002	1452.15

数据来源：林芝市林业局内部材料。

生态补偿资金成为脱贫的主要资金。到 2018 年底，林芝市生态补偿脱贫 6718 人（各类生态补偿脱贫人口不相互覆盖的情况下），发放森林生态效益补偿资金普惠脱贫 2037 人。以察隅县为例，生态效益基金兑现共涉及 6 个乡镇，生态效益补偿基金支付力度逐年加大，2006～2015 年全县森林生态效益补偿基金共计兑现 2.05 亿元，2016 年生态效益补偿金共计兑现 5710.07 万元，2017 年生态效益补偿金共计兑现 5772.09 万元。目前，察隅县每年由中央财政支付的生态效益补偿资金使林农人均年增收 1967 元，林农的基本生活有了稳定、可靠的经济保障。以在察隅县调研的一个典型四口之家（两个成年人、两个孩子）的收入情况为例，生态补偿相关的政策性收入包括生态林补偿、退耕还林补偿、草原生态奖补，一家人的生态补偿收入达 9020 元，占到所有政策性收入的一半以上（见表 9）。

表 9 察隅县某典型四口之家的政策性收入

单位：元

政策性收入						
项目	边民补贴	退耕还林补偿	母猪补贴	粮食补贴	生态林补偿	草原生态奖补	合计
收入	6600	450	150	750	8120	450	16520

			政策性收入				
项目	边民补贴	退耕还林补偿	母猪补贴	粮食补贴	生态林补偿	草原生态奖补	合计
备注	16 岁以上，3300 元/人				4 人，2030 元/人		人均4130 元

数据来源：实地调研数据。

四　林芝市生态—社会互动中的矛盾点

（一）地理条件及自然灾害成为阻碍经济发展的主要因素

林芝市地质结构复杂，地质灾害及自然灾害频发。林芝市属于高山峡谷地区，位于冈底斯—念青唐古拉山脉以南、喜马拉雅以北的山前谷地，主要有三种地貌类型，即山地地貌、河谷地貌和冰川地貌。受特殊地形地貌和气候条件的影响，林芝市成为地质灾害高易发区，地质灾害对人民群众的生命财产及基础设施建设等诸多方面都有直接的影响。首先，林芝市处在地震活跃带，根据《西藏林芝市地质灾害防治规划》中的数据，林芝市处于多条构造活动带的周围，属纳木措—仲沙、嘉黎—然乌及墨脱—察隅强震带。据有关资料，该区域内近 50 年来发生 6 级以上的强烈地震达 9次之多，4.7～5.9 级地震约 40 次。其中最大一次震级为 8.6 级，发生于1950 年 8 月 15 日 22 时 9 分 34 秒，震中位于墨脱县境内，距波密县城区约 90 公里，此次地震波及区达到 3800 平方公里，余震 96 次，并持续到1952 年 8 月。林芝市一般地震发生频繁，几乎每年皆可发生能明显感觉到的地震3～5 次。此外，林芝市的其他地质灾害也非常频繁。资料显示，该区发育的地质灾害类型主要为泥石流、崩塌和滑坡，其次为地面沉降、地裂缝等。如表 10 所示，区内共有各类地质灾害点 921 处，其中滑坡 234处、崩塌 254 处，泥石流 430 处、地面沉降 1 处、地裂缝 2 处。这些地质灾害会频繁摧毁公路以及水利电力设施、通信设施、城镇及乡村的基础设施与居民的生产、生活设施，近些年就有多起自然灾害引起人员伤亡和财产损失。2016 年墨脱崩塌死亡 8 人，2017 年波密县滑坡死亡 3 人，2017年波密县泥石流直接导致 17 户需要搬迁。以扎墨公路为例，尽管实现通车，但是地质灾害路段多，尤其是在雨季，自然灾害造成的交通中断现象十分频繁，这些问题无法保证人员的安全和物流的安全、快速，是制约当地社会经济发展的主要问题之一。

表 10　林芝市各县地质灾害发育情况

单位：处

地　区	滑坡	崩塌	泥石流	地面沉降	地裂缝
米林县	21	24	71		1
波密县	34	32	114		
察隅县	47	70	106		
工布江达县	8	32	73	1	
朗县	39	34	9		
巴宜区	31	34	27		
墨脱县	54	28	30		1
合计	234	254	430	1	2

林芝边境地区自然资源总量丰富，但是受地形地貌等条件限制，可利用程度低。首先，林芝市人均土地面积大，但耕地面积小。土地面积为17189.52 万亩，实有耕地面积为 28.84 万亩，占土地总面积的 0.17%，人均土地面积达 1197.88 亩，人均耕地只有 2.01 亩。同时由于林芝市高山峡谷的地貌特征，耕地也多处于坡度较大的区域，质量差，水土流失严重，农业机械进入困难，难以实现规模化种植。从表 11 可以看出，从 1986 年到2014 年的 20 多年时间内，边境四县的耕地面积增加幅度非常小。其次，林芝市虽然水资源储量大，但是一些坡度较大的居住点及农田仍然缺乏饮用水设施和灌溉设施。

表 11　1986~2014 年林芝边境四县耕地面积

单位：公顷

年份	米林县	朗县	察隅县	墨脱县
1986	2905.00	1165.00	2260.00	1171.00
1990	2905.00	1179.93	2309.60	1420.13
1995	2930.67	1190.32	2860.13	1512.19
2000	2932.34	1190.50	2549.67	1785.84
2005	2742.07	1222.51	2594.00	1604.60
2010	3018.22	1245.30	2590.00	1815.87
2014	3088.34	1355.29	2746.00	1579.00

资料来源：1986~2014 年林芝统计年鉴。

　　林芝市贫困人口主要分布在大山区，当地开发建设成本高，是平原地区的数倍，并且大型机械、人员等进出困难，缺乏相应技术与设备，造成当地的开发建设投资高、进展慢，基础设施水平多年来依旧较差。以墨脱县为例，全县仍有 2 个乡 25 个行政村不通公路，12 个村未覆盖电网，7 个乡供排水工程未实施。普遍存在的电、水、通信等基础设施不完善、不配套问题，致使一些先进的利用方式、加工模式等无法推广。流通、储运成本居高不下，极大影响和制约了当地的发展。

　　在现代如火如荼的"互联网＋"产品销售，虽然能够解决信息上的对接，但是受限于自然条件尤其是交通条件，并不能保障商品的及时供给，这是本地产业发展面临的最主要问题之一。

（二）保护区面积大，经济发展和项目建设受限

　　林芝市境内保护区面积较大，保护区的建设与规划区域与当地人类活动区域重合度高，制约当地经济发展。如表 12 所示，林芝市境内有大面积的自然保护区，且均是限制开发区，一些县城、乡镇（墨脱全县、波密县易贡乡、米林县派镇）以及一些人流量较大的交通要道（318 国道东久—通麦段、派墨公路等）均位于雅鲁藏布大峡谷国家级自然保护区内，人类活动频繁，而国家级自然保护区的管理十分严格，对当地的经济发展起到了一定

的制约作用。比如，墨脱县全县均处于雅鲁藏布大峡谷国家级自然保护区内，目前墨脱县处于脱贫攻坚的关键节点，小康示范村建设以及各项基础设施建设对砂石料的需求大，但是按照《自然保护区管理条例》第 26 条规定"禁止在自然保护区内进行砍伐、放牧、狩猎、捕捞、采药、开垦、烧荒、开矿、采石、挖沙等活动；但是法律、法规另有规定的除外"，墨脱县境内不准采砂石，即便在墨脱县境内采砂石，成本都数倍于其他地区，不能在本地采砂石将极大提高建设成本和建设周期。再比如，帮辛石锅是墨脱的特色产品，但是受限于保护区的规定，已经禁止出售石锅，影响了当地人民收入。在墨脱县境内，一些原本是本地居民活动的地方被划为核心区，居民被禁止进入。

表 12 2018～2022 年林芝市生态环境保护规划

主体功能区	范围	主要目标
重点开发区	尼洋河中下游城镇，以巴宜区林芝镇和八一镇为主	经济和旅游中心
	边境市重点开发城镇，涉及察隅县竹瓦根镇和墨脱县墨脱镇	加大基础设施建设
限制开发区	藏东南高原边缘森林生态系统，涉及墨脱县和察隅县	限制大规模高强度工业化、城镇化开发
	雅鲁藏布江中游—拉萨河主产区，涉及朗县	自治区农产品主要产区
	藏东南主产区，涉及波密县	自治区农产品主要产区
	尼洋河中下游主产区，涉及工布江达县、米林县、巴宜区	自治区农产品主要产区
禁止开发区	辖区内的国家级和自治区级自然保护区、森林公园、自然遗产地、风景名胜区、地质公园，以及国家级水产种质资源保护区、国家级湿地公园、国际重要湿地等	禁止进行工业化城镇建设，任何单位和个人开展生产建设、勘探、旅游等必须符合有关法律、法规要求

建设项目办理林评、环评的流程周期长、难度大，进一步影响了林芝市一般工程项目，甚至是国防项目的建设。林芝市特别是边境地区属于国家级自然保护区的面积大，各类项目建设都需要经过国家林业局审批，一些本来在其他地区仅需要办理环境影响登记表的项目，也因在国家自然保护区境内而需要升级办理环境影响评价报告书或者报告表，其中报告书需要自治区环

保厅审批，报告表需要林芝市环保局审批。由于办理周期较长，而山区因受降雨、降雪、地质灾害等的影响，可施工时间很短，尤其是最佳施工季节短，建设进度又会受到阻碍。

（三）经济发展和生态保护双重压力，配套环保力量薄弱

林芝环保基础设施薄弱，环保压力大。比如墨脱县，受到交通、地形等因素的限制，各类基础设施均不齐全，而且行政村的位置偏远，农村生活垃圾、建筑垃圾、医疗废弃物等处理难度大、成本高。据调研，墨脱县仅有一个简易垃圾填埋场，但是因缺少专业管护人员无法达到使用标准，其他乡镇村庄仅有垃圾桶，垃圾处理方式基本是简单焚烧。

旅游业发展迅速，随之而来的环境问题凸显。在"十二五"期间，通过林芝市的大力宣传，每年来林芝旅游的游客以年均16.18%的速度递增，自驾游、骑行游、徒步游成为林芝旅游的主流，游客人数从2010年的152万人次增加到320万人次。按照林芝市旅游"十三五"规划，旅游业今后仍然是林芝市大力发展的主导产业。旅游业的快速发展会使外来人口大量、季节性地进入林芝，导致旅游旺季当地的环境压力骤增。目前阶段，林芝市的旅游景区还处于初步发展阶段，生产及生活垃圾、污水的处理设备并不完善。即便是在林芝市的A级景区中，环保设备也十分欠缺，在7个A级景区中，仅有雅鲁藏布大峡谷景区有污水处理厂，部分景区没有污水、垃圾处理设备。污水直排、垃圾无处理现象在景区内十分普遍（见表13）。

表13　2017年林芝市A级景区的排污量及环保设备情况

A级景区	日承载游客量（人次）	污水日产量（吨）		垃圾日产量（吨）		环卫人数（人）	环保设施
		生活	生产	生活	生产		
雅鲁藏布大峡谷（4A级）	54600	10	20	2	0.5	20	两个污水处理厂，垃圾运至雪卡处理厂

A级景区	日承载游客量（人次）	污水日产量（吨）		垃圾日产量（吨）		环卫人数（人）	环保设施
		生活	生产	生活	生产		
南伊沟（4A级）	45000	3	6	1	0	10	垃圾运至多卡垃圾填埋场
鲁朗（4A级）	5000	1	0	0.1	0	7	有垃圾处理设施
巴松措（4A级）	39231	20	0	4	0	25	有垃圾转运车和垃圾桶
卡定天佛瀑布（3A级）	3000	0.5	0	0.1	0	5	垃圾运至巴宜区垃圾中转站
千年核桃王（3A级）	165	0	2.5	0	0.35	3	垃圾桶
尼洋阁景区（3A级）	3000	0.5	0	0.1	0	3	化粪池、垃圾桶

林芝环保系统机构不健全、人才匮乏，不能满足工作需要。林芝市环保局共有工作人员37人、监测站8个，而林芝市辖区面积大、建设项目多，相比之下，人员少、设备少，环保力量极为不足。墨脱县环境监测站成立于2013年，目前仅有监测站站长1名，无专业技术人员，县内空气、水、声、土壤等监测项目属于委托监测。墨脱县环境监察大队成立于2015年，目前仅有监察大队队长1名、持执法证的队员3名、持国家级环境监察培训合格证的队员2名。

在自然保护区管理方面，林芝没有独立的自然保护区管理机构，管理机构和人员均与管理工作不匹配。林芝市各级自然保护区采取同林业局"两块牌子，一套人马"的管理模式。林芝市林业局下设自然保护区管理科（有2名正式工作人员），负责全市自然保护区、森林公园、湿地公园的统一管理。受全市人员编制总数的限制，各县区林业局（自然保护区管理分局）均没有配备专门的保护区管理人员，极大地制约了保护区管理效率。

（四）生态岗位脱贫，发展可持续性和内生性有待提高

生态岗位脱贫为林芝市的广大居民有效地解决了就业问题，但是生态岗

位所获得的收入基本以政策性补贴的形式发放，因此并不利于激发居民的劳动积极性和自身发展意愿。以墨脱县为例，当地农牧民收入来源单一，贫困发生率高，收入的 5% 来自农业、19% 来自工资性收入、76% 来自政府补贴，其中农业收入中包含很大一部分政府惠农补贴，农牧民实际收入超过 2/3 来自政府转移性收入。根据调研，目前的生态岗位并不需要付出太多的劳动，多数是类似巡山、管护等一年只需要在岗几次的岗位。生态岗位虽然能够解决就业问题、提高农牧民收入，但依旧是一种被动的管理方式，从生态与当地文化、习俗相关联的角度来看，还可以赋予更多的内涵。

五　增进生态—社会良性互动，助力边境地区稳边固边

林芝市的生态、经济发展和社会稳定对于西藏乃至全国都具有重要的意义。林芝市优越的生态环境是当地发展的优势，同时也是最主要的限制因素。面对生态和经济社会的矛盾点，需要找到有效的解决途径，构建生态保护和富民经济之间的和谐共融模式。

（一）克服与应对自然条件限制，提高可开发资源经济效益

加大对重要道路建设与维护的投资力度，确保生态环境的修复。道路不通畅、不安全是林芝边境地区面临的最主要问题，几乎贯穿了所有领域。加快交通要道的建设对林芝市而言是最关键的任务。由于涉及生态保护和修复，该地区的道路建设需要更多的投资。同时，环保、林业等部门要确保生态修复工作及时跟进并落实。

建立完善的监测、预警、救助机制，提高当地居民应对自然灾害的能力。在全市地质隐患点建立全面的监测设施，监测山洪、滑坡、塌方等地质灾害；在当地建立预警系统，确保灾害信息的传递与送达；建立自然灾害救助体系，在灾害发生之后，确保将人与财产损失降到最低。

自然资源具有双重属性，即生态属性和经济属性，只追求其中任何一种

属性的最大值对社会发展来说都是极为不利的。因此，对于自然资源的利用，其实是要在生态承受范围内实现其最大的经济价值。生态产品的价值根据其属性可以通过两种途径体现：一是市场价值，即生态产品因其产量少品质好，应该具有比一般产品更高的价格，这个方面需要生产者尽力挖掘消费者可接受的价值，并在市场价格上得以体现；二是需要体现公共物品的价值，这个方面需要政府来提供。对于有利于当地生态环境的产品，政府应该建立一套机制来购买这种生态产品所提供的生态服务，保障当地农牧民生产的产品抵得住巨大市场波动的影响，从而保障生态产品的有效供给和当地农牧民自身收入的稳定。

（二）探索边境地区保护区管理模式，协调保护与发展

对于已建保护区，根据国防与民生要求，适当调整保护区边界。2013年国家出台了《国务院关于印发国家级自然保护区调整管理规定的通知》（国函〔2013〕129号），指出在部分情况下可以进行保护区边界的调整①。对于林芝市来说，一些基础设施建设项目可以申请第三类调整，即"国家重大工程建设需要。国家重大工程包括国务院审批、核准的建设项目，列入国务院或国务院授权有关部门批准的规划且近期将开工建设的建设项目"。因此，林芝市可以通过重大工程建设申请的途径，适当调整保护区的边界范围。

对于不能调整边界的区域，在林评、环评等过程中可以申请开启边境地区绿色审批通道，优先获得审批。绝大多数建设项目是关乎当地社会经济发展的工程，这类工程同样十分必要，但是并不能绝对优先于生态保护，要在严格保护生态的基础上进行，将对自然生态的干扰降低到最小。因此，这类

---

① 《国务院关于印发国家级自然保护区调整管理规定的通知》中关于保护区可进行调整的情况：
第六条　存在下列情况的国家级自然保护区，可以申请进行调整：
（一）自然条件变化导致主要保护对象生存环境发生重大改变。
（二）在批准建立之前区内存在建制镇或城市主城区等人口密集区，且不具备保护价值。
（三）国家重大工程建设需要。国家重大工程包括国务院审批、核准的建设项目，列入国务院或国务院授权有关部门批准的规划且近期将开工建设的建设项目。
（四）确因所在地地名、主要保护对象发生重大变化的，可以申请更改名称。

项目的建设要严格执行林评、环评等程序。但是，鉴于当地特殊的社会经济发展需求和高昂的建设成本，可以向自治区和国家申请优先审批权，尽量缩短审批周期，降低建设成本，加快建设进度。

（三）发展与生态同步，加大环保投入力度

加强环保设施、环保队伍建设。加快建设生产生活污水、垃圾的处理设施，努力实现污水达标排放、垃圾无害化处理。环保需要专业的人才队伍和设备，招收环保人才、加强环境监测站点的建设、完善环保配套设施，确保环保队伍能与工作量、工作内容相匹配。

在大力发展旅游业的同时，严把环保关。在旅游景点开发之前，要严格做好环境影响评价、旅游环境容量测量；在建设过程中，配套环保设施的建设要作为硬性指标完成；在旅游经营过程中，旅游主管部门和环保、林业等相关部门要履行监督职责，对造成环境破坏的经营主体追究责任。

独立设置国家级自然保护区的管理机构。《关于印发国家级自然保护区规范化建设和管理导则（试行）的函》要求，"国家级自然保护区应该设置独立的管理机构，并尽可能由省级以上自然保护区主管部门直接管理。自然保护区管理机构内部科室设置应满足各项工作需要，可设保护科、科研科、宣教科、社区科、办公室、管理站等，并有明确的职能和责任。自然保护区管理人员应分为行政人员、技术人员（含科研、监测、宣教培训）、直接管护人员和其他。其中，行政管理人员一般不超过20%；技术人员（具有与自然保护区管理业务相适应的大专以上学历）不低于30%；其他人员不能超过20%"。因此，林芝市的两个国家级自然保护区应该以该文件为指导，尽快完善机构的设置。

（四）激发本土社区作用，实现文化、生态、经济共荣

挖掘并展示本土社区的生态元素。在林芝市的各民族文化中挖掘生态知识，并建立展示少数民族优秀传统文化的场所，体现本土社区优秀传统文化与生态文化有机融合，展示世界上独一无二的、具有林芝传统文化特色的自

然人文综合体。

发挥本地居民智慧，开发生态文化产品。挖掘生态文化旅游产品，以藏族、门巴族、珞巴族、僜人的生产生活为旅游吸引力的核心，展示历史、宗教文化，展示其现实生活和生活理念。在合适的地区，建立具有历史记忆、文化底蕴、地域风貌、民族特色的生态文化村。

以国家级自然保护区为依托，建立生态环境宣教场馆，并由本土社区居民负责讲解员等工作。当地居民对于自然保护区内的气候、植物、动物最为了解，宣教场馆不仅是对外宣传生态知识的窗口，同样也能够有效解决当地人的就业问题，促使当地居民更加了解自己所处的生态环境。

后　记

  本成果是中国社会科学院国情调研重大项目"西藏经济社会发展与守边固边治边稳藏调研——以林芝市为例"的最终成果，入选"国情调研丛书"项目，获得中国社会科学院创新工程学术出版资助。课题组组长为中国社会科学院"铸牢中华民族共同体意识研究基地"研究员刘小珉，课题组成员为中国社会科学院"铸牢中华民族共同体意识研究基地"吴兴旺、刘玲、宁亚芳副研究员，范明明、卢梅助理研究员；大理大学艾菊红教授；华中师范大学吴春宝副教授；中国社会科学院边疆研究所助理研究员刘诗谣；浙江财经大学讲师严米平；南京农业大学讲师尹秋玲；中国政法大学博士研究生刘畅；中国社会科学院大学硕士研究生沈金宇、赵雨洁；中国社会科学院大学本科生魏一帆、宋炽、满文鹏、李琦。感谢中国社会科学院科研局、中国社会科学院民族学与人类学研究所给予项目研究的支持和指导。

  课题组全体人员参加了在林芝市及米林县、墨脱县、察隅县、朗县的调研，并基于调研结果撰写完成本成果。刘小珉设计本成果整体框架和写作大纲，并对全书进行了统稿和审定。吴兴旺、卢梅、吴春宝及几位博士、硕士、本科生同学为课题调研、数据收集、整理做出了较大贡献。

  本书从筹备写作到付梓，历时逾四年，是课题组全体成员群策群力、团结协作的成果。本次调研得到了西藏自治区党委、政府，西藏社会科学院的大力支持，得到了林芝市及米林县、墨脱县、察隅县、朗县党委和政府的大力支持与配合，特别是得到了林芝市及察隅县、墨脱县、米林县、朗县县委宣传部、人大、政协、法院、发展和改革委员会、规划局、扶贫办、脱贫攻坚指挥部、财政局、民政局、自然资源局、教育局、文化和旅游局、环保局、人力资源和社会保障局、民宗局、统计局，以及当地武警边防部队等部门的支持。这些部门的领导和工作同志，给予了我们热情的接待，对我们的调研工作给予大力支持，为我们提供相关资料，并就相关问题和我们座谈、讨论。

我们在深入米林县、墨脱县、察隅县、朗县各乡镇、工厂、学校、医院、村民家庭进行调研的过程中，得到各调研点干部、群众的支持。我们访谈的所有对象，极其热情、不厌其烦，一边回答我们提出的各种问题，一边拿出茶和点心招待我们。

中国社会科学院科研局提供的帮助和支持，是我们课题组进行本项研究的根本保障。

中国社会科学院民族学与人类学研究所所领导对我们的调研工作给予了完全的支持，我的同事姚宇、吴兴旺、刘晓春、王经绫、宁亚芳、丰晓旭、王剑峰、张继焦等人多年来一直关注、支持我的研究工作。特别是我的同事和朋友丁赛副所长，在工作、生活中给予我各种支持和关怀，认真地跟我讨论相关的学术问题，给了我许多有益的启示。

社会科学文献出版社对于本书的出版也给予了很大的支持。邓泳红分社长亲自过问和操持相关事宜，王展编辑负责本书的编辑工作，在编辑本书的过程中，提出了许多非常有价值的意见和建议。

我在这里一并向上述机构、领导、干部和接受我们访谈的农牧民朋友表示最衷心的感谢！

当前，关于西藏社会经济高质量发展的研究尚处于起步阶段，本书的出版可以视为探索具有西藏特点、中国特色的林芝市乃至西藏的高质量跨越式发展路径的一次尝试。考虑到西藏高质量发展的特殊性、艰巨性与复杂性，未来，在厘清西藏高质量发展内涵的基础上，建构西藏高质量发展的指标体系，同时辅以针对西藏不同地域开展的扎根实地的调查研究，综合探讨西藏高质量发展的模式路径，从而为社会主义现代化新西藏的建设提供更具针对性的政策建议尤为必要。

刘小珉

2023 年 4 月 12 日

图书在版编目（CIP）数据

绿色和谐、共治共享：高质量跨越式发展的林芝实
践 / 刘小珉等著． -- 北京：社会科学文献出版社，
2023.4
ISBN 978 - 7 - 5228 - 1695 - 1

Ⅰ.①绿…　Ⅱ.①刘…　Ⅲ.①区域经济发展 - 调查研
究 - 林芝　Ⅳ.①F127.753

中国国家版本馆 CIP 数据核字（2023）第 060586 号

绿色和谐、共治共享：高质量跨越式发展的林芝实践

著　　者 / 刘小珉 等

出 版 人 / 王利民
组稿编辑 / 邓泳红
责任编辑 / 王　展
责任印制 / 王京美

出　　版 / 社会科学文献出版社
　　　　　地址：北京市北三环中路甲 29 号院华龙大厦　邮编：100029
　　　　　网址：www. ssap. com. cn
发　　行 / 社会科学文献出版社（010）59367028
印　　装 / 三河市龙林印务有限公司

规　　格 / 开　本：787mm×1092mm　1/16
　　　　　印　张：16　字　数：242 千字
版　　次 / 2023 年 4 月第 1 版　2023 年 4 月第 1 次印刷
书　　号 / ISBN 978 - 7 - 5228 - 1695 - 1
定　　价 / 98.00 元

读者服务电话：4008918866